AF714193

Der Weg der Liebe bei Platon

Bibliografische Information:
Die Deutsche Bibliothek verzeichnet diese Publikation in der Deutschen Nationalbibliografie; detaillierte bibliografische Daten sind im Internet über http://dnb.ddb.de abrufbar.

IMPRESSUM

Originalausgabe 2024
– kartoniert –
Edition »fabrica libri«
© 2022 Pomaska-Brand Verlag

Alle Rechte der Verbreitung im deutschsprachigen Raum,
auch auszugsweise, vorbehalten

Layout und Umschlaggestaltung
Sigrid Pomaska

Herstellung
Druck und Verlag Pomaska-Brand GmbH
Schalksmühle
www.pomaska-brand-verlag.de

ISBN 978-3-943304-46-6

CLAUS MORISCH

Der Weg der Liebe bei Platon

Ein Plädoyer für die Verwirklichung der Seele

fabrica libri

Zu lieben heißt,
nach dem eigenen Wesen zu fragen

C. M.

INHALTSVERZEICHNIS

IV. Der Rückweg bei Platon

Seele und zweifache Zeugung des Erôs

Anhang

VORWORT

Sich mit Platon zu beschäftigen bedeutet, die Frage nach unseren geistigen und kulturellen Wurzeln zu stellen, welche sowohl das Gemeinschaftsleben und das humanistische Bildungsideal in Europa als auch die christliche Botschaft der Liebe und ihre Korollarien in Gestalt der Freiheit, Gleichheit und Brüderlichkeit betreffen. Diese Prägung erfolgte durch Platon und die Orphik und zeitigte für das gesamte europäische Christentum einen immensen Einfluss, was heute aber nahezu in Vergessenheit geraten ist.

Mit Platon hebt die Metaphysik an, eine Anschauung des Seins, die die sinnlich wahrnehmbare Natur sowohl in ihrem grobstofflichen als auch in ihrem feinstofflichen und geistigen Zustand überschreitet und zu deren unumstößlichem intelligiblen Fundament wird. Sie legt der körperlichen Welt ein geistiges Prinzip zugrunde und fragt nach den letzten Bedingungen.

Wenn wir heute von Seele beziehungsweise von Seelenwanderung sprechen oder uns fragen, ob nach dem körperlichen Tod alles zu Ende ist, bewegen wir uns bereits auf platonischem und orphischem Terrain.

Für Platon steht es außer Frage, dass sich die menschliche Existenz nicht in ihrer Körperlichkeit erschöpft, vielmehr ist der physische Leib lediglich der materielle Ausdruck der Seele, die diesem Leben einhaucht, ihn geistig bewegt. Platons eigentliches Anliegen kreist um die Seele, genauer gesagt, um die Sorge für die Seele, und zwar im Hinblick auf ihre Beschaffenheit, ihr Verhältnis zum Leib, zum Geist und schließlich zum Sein, und wird hierdurch zur Frage, was denn das Wesen eines Menschen ausmacht.

Die Sorge um die Seele ist bei Platon untrennbar mit der Güterlehre, der Frage nach der Gerechtigkeit und dem glücklichen Leben verbunden. Denn letztlich gilt es nicht das zu lieben, was man besitzt, im Sinne äußerer, materieller Güter, sondern das, was man ist. Es geht ihm also weniger um Selbstverwirklichung als um *Seinsverwirklichung*.

Deshalb muss betont werden, dass Platons Hauptwerk *Politeía* (Πολιτεία), welches häufig mit dem unzureichenden Titel „Staat" anstatt „Verfassung" wiedergegeben wird, keine politische Philosophie, sondern eine initiatische Philosophie ist, die den Gang nach innen voraussetzt. Es ist die Verfassung, welche der Mensch in sich selbst, in seiner Seele vorfindet und strukturieren muss, getreu dem Diktum der Inschrift des Apollontempels von Delphi „gnôthi seautón" (γνῶθι σεαυτόν), „erkenne dich selbst".

Wie es der Titel dieses Buches schon andeutet, soll neben den oben bereits programmatisch angekündigten Punkten gezeigt werden, dass Platon in der Traditionslinie der „heiligen Überlieferung", der „philosophia perennis"(1) steht. Sie geht von *einer* Wahrheit, *einer* Wirklichkeit aus, ist gleichsam kultur- und religionsübergreifend, übergeschichtlich, also nicht in der Zeit durch einen menschlichen Akt entstanden, und hat universale Gültigkeit. Daher werden auch immer wieder Querverweise zu seinen Vorgängern sowie Konkordanzen zur östlichen Metaphysik, den indischen *Upaniṣaden* und dem *Advaita Vedanta*, angeführt.

Eine solche Sichtweise bereitet – neben der ohnehin schon schwierigen Thematik der Metaphysik – vielen Menschen heutzutage Schwierigkeiten, da diese eine anthropozentrische Weltauslegung bevorzugen, sich in ihrem Denken, Handeln und Herstellen als Nabel der Welt sehen, als ein finales Produkt der Evolution, welches sich seine Lebensbedingungen selbst diktieren kann.

Platons metaphysische Lehre ist dabei stets auch Aufforderung zur „praktischen Philosophie". Letztlich kann nur durch sie Einblick in das Sein, das Immerwährende, das Identische in der Vielfalt der manifestierten Welt gewonnen werden. Das bedeutet aber auch, dass dies kein *productum*, sondern ein *receptum* ist, nämlich etwas, das über die analytische Verstandestätigkeit des Menschen hinausgeht, und dass diese Hierarchie eines kosmozentrischen Weltgeistes somit nur durch Kontemplation respektive Intuition empfangen werden kann.

Platon und andere Weise wie Pythagoras, Plotin, Parmenides, Buddha, Shankara, Yogananda und Jesus, um nur einige zu nennen, wussten sehr wohl, dass die letzte Wahrheit eigenschaftslos sein muss und somit unaussprechlich bleibt. Sprache kann hier nur eine Approximation, eine Annäherung, an die Totalität bieten.

Folglich können für Platon die Elemente unserer Daseinsstruktur nicht allein mit dem Verstand erfasst werden, vielmehr bedarf es einer anderen Wahrnehmungsdimension, nämlich der *noetischen Intuition*, welche aber nicht die breite Zustimmung anderer benötigt und überdies auch von der sinnlichen Wahrnehmung absieht.

Joseph Bocheński formulierte dies einmal so: „… [es] sollte selbstverständlich sein, [dass] es ganz sicher mehr Dinge [gibt], als wir kennen, und wir erkennen mehr, als wir den anderen mitteilen können.“(2)

Das ist auch bei der östlichen Überlieferung der Fall, die sich häufig auf Bilder, Koans, Haikus, Symbole und Mythen bei der Nennung der *einen höchsten Wirklichkeit* beruft. Ist Letztere dann *praktisch realisiert* worden, werden schließlich auch diese obsolet.

Bei Platon ist es der Mythos. Mit und durch ihn verweist er auf den intelligiblen Bereich der Ideen und die Mysterien. Womit ein weiterer Schwerpunkt dieser Untersuchung genannt ist, nämlich die Funktion des Mythos und sein Verhältnis zum *lógos* (λόγος).

Lógos in seinem weiten, ursprünglichen Sinn heißt Sprache, Wort, Aufzählung, Erzählung (Mytho*logie* ist somit erst einmal Erzählung des Mythos), Rechenschaft sowie Weltvernunft bei Heraklit und Weg bei Parmenides, ferner schöpferische Intelligenz. Seit Aristoteles haben wir eine verkürzte Bedeutung des *lógos* hin zur Logik, womit nur noch die Folgerichtigkeit und eine widerspruchsfreie sprachliche Verknüpfung verstanden werden.

Durch diese enge Fassung des *lógos* – im Sinne von Aufzählung, Einordnung und Bestimmung – erhält er somit die Bedeutung von „Definition" und wird zur paradigmatischen Grundlage wissenschaftlichen Denkens und Forschens sowie später auch des Experimentierens. In der Folge verlässlicher Darstellung durch Wissenschaft bezüglich des Wahrheitsgehalts einer Sache wird der Mythos als unwahre Fiktion in Opposition zum *lógos* gesetzt. Der Ausformulierung der exakten Wissenschaften und der Sammlung empirischer Daten stand ab diesem Zeitpunkt nichts mehr entgegen. Alles messen, was messbar ist, und was nicht messbar ist, messbar machen, war dann die Losung des Galilei in der Renaissance.

Die Wissenschaft fordert den Wahrheitsanspruch nun für sich allein, so wie wir das auch für uns in Anspruch nehmen, wenn wir unsere Argumente bekräftigen, indem wir sagen, dass etwas wissenschaftlich bewiesen sei. Dabei wird allerdings vergessen, dass die Weisheit die Wahrheit schon immer mit im Blick hatte, die Wissenschaft also aus der Philosophie hervorging, ihre Tochter ist.

Platons Anliegen ist es, der gefallenen menschlichen Seele den Anschluss an das universale Prinzip wieder zu ermöglichen und ihr zu helfen, den Eingang in den intelligiblen Bereich, ihre ursprüngliche Heimat, zu finden. Als Wegweiser auf diesem Rückweg dienen Platon die zeitlosen Fragen nach dem Guten, Wahren und Schönen. Und hier betritt Platons vielleicht eindrucksvollste Figur die Bühne: *Érōs*. Er vermittelt den Menschen, was unter wahrer Liebe zu verstehen ist und warum diese kein Gefühl ist.

Érōs-Liebe als der Steuermann der Seele ist auf der Suche nach dem Schönen und Wahren somit untrennbar mit ihr verbunden. Bei dieser Suche geht es aber weniger um Zuneigung zu einem anderen Individuum, als vielmehr um einen Erkenntnisprozess, um Verstehen, Integration und die Rhythmik (Ordnung) unserer eigenen seelischen Bewegungen durch die Aktualisierung der Tugenden, welche gleichsam Forderungen an die Seele während ihres Aufenthaltes im Irdischen darstellen. Unverwechselbar und großartig bettet Platon diese immer wieder in die stets lebendige Form des Mythos.

Noch ein Hinweis: Die Platon-Zitate sowie die sinngemäß angeführten Textstellen entstammen der deutschen Übersetzung (GA) von Otto Apelt, Platon, Sämtliche Dialoge, Hamburg 1998. Bei Verweisen auf griechische Begriffe diente die zweisprachige (gr.-dt.) Gesamtausgabe von Friedrich Schleiermacher als Grundlage, Platon, Darmstadt 1990. Bei Apelt ist stets von „Der Staat" und vom „Gastmahl" die Rede, während Schleiermacher von der „Politeia" und vom „Symposion" spricht. Sämtliche Kursivsetzungen sowie Einfügungen in eckigen Klammern stammen vom Autor (C. M.).

Die angenehme Pflicht der Danksagung:

Neben einer mehrjährigen Beschäftigung mit den Themen der Mythologie, der Seele und der Orphik stammen die wesentlichen Impulse und Inspirationen, die zur Fertigstellung dieser Arbeit führten, aus dem Studium des bisher veröffentlichten Gesamtwerks von Raphael, einem profunden Kenner und Weisheitslehrer der westlichen und östlichen Überlieferung. Unersetzlich waren und sind nach wie vor die intensiven Wochenendseminare mit der Freiburger Gruppe, die sich spirituellen Themen widmen – wenn auch zurzeit, im zweiten Corona-Jahr, nur aus der Ferne. Tiefe Dankbarkeit gebührt Beate Schleep, denn ihr ist die Übersetzung gleichermaßen Herzensangelegenheit und Lebensaufgabe, sodass bereits ein Großteil des Œuvres von Raphael durch sie den Eingang vom Italienischen in den deutschen Sprachraum gefunden hat.

Denzlingen im Februar 2021
C. M.

Theater von Delphi. *Es diente im 4. Jh v. Chr. lyrischen und dramatischen Aufführungen (eigenes Bild)*

Warum überhaupt Philosophie?

Diese Frage wird oft gestellt, spricht man der Philosophie doch häufig einen Nutzen für die Gesellschaft ab, behandelt sie als Orchideenfach, das auf der Universität studiert werden kann, als Glasperlenspiel für Intellektuelle und Grübler im Elfenbeinturm, die keine verwertbaren Ergebnisse zu liefern vermögen. Andererseits ist sie in unserer medial vermittelten Welt zu einem Dauerbrenner für Firmen aller Art geworden, die dem Kunden ihre jeweilige sogenannte „Firmenphilosophie" nahezubringen trachten. Doch genügt bereits ein zarter Windhauch, um dieses Feigenblatt wegzuwehen und eine Verkaufsstrategie dahinter sichtbar werden zu lassen.

Wird Philosophie so verstanden, tritt sie in ihrer entfremdeten Gestalt auf. Genauso wenig ist sie etwas Elitäres oder Schwieriges, das eine verständnisorientierte Beschäftigung mit ihr zu einem hoffnungslosen Unterfangen werden lässt.

Der Beginn der Philosophie wird auf das 6. vorchristliche Jahrhundert datiert, mit Griechenland und seinen damaligen Kolonien an der türkischen Küste (Ionien), Unteritalien (Elea) und Sizilien als geistigem Brennpunkt. Als seefahrendes Volk und durch weitreichende Handelsbeziehungen kommen die Griechen in Kontakt mit fremden Völkern und deren Lebensformen, was für sie selbst nicht unerhebliche Folgen in der eigenen Lebensgestaltung mit sich bringt, da neues Wissen subversiv ist und das bisherige infrage stellt, feste Anhaltspunkte und für gültig gehaltene Normen ihre Verbindlichkeit verlieren.

Fremde Sprachen waren in den damaligen Handelszentren kein Hindernis, ja, die Griechen, und in der Folge alle auf ihnen beruhenden Kulturen, verdanken den Phöniziern ihr Alphabet und das dekadische Zahlensystem; dem Austausch von Lebensmitteln und manuell angefertigten Gütern entsprach der Austausch von Geisteserzeugnissen.[(3)]

Diese lange Zeitspanne legt einem wiederum nahe, dass die heutige Bedeutung von Philosophie lediglich in einer geschichtlichen Beschäftigung mit ihr bestehe. Dass dem jedoch nicht so ist, zeigt sich nicht nur an unserer Sprache – vor allem in grammatikalischer Hinsicht –, sondern auch am wissenschaftlichen Denken mit seiner Begrifflichkeit sowie an einer nie verloren gegangenen Aktualität menschlicher Fragestellungen.

Grundlegende Begriffe und Gegensatzpaare wie Prinzip, Element, Atom, Materie, Geist, Seele, Stoff und Form, Substanz und Akzidens, Sein und Werden, Idee, Kategorie, Theorie, Hypothese, Physik, Mathematik, Urteil, Schluss, Beweis, Ganzheit etc. entstammen griechischem Denken. Und der Begriff „*lógos*", das griechische Wort für „Sprache, Rede, Lehre", findet sich heute noch in den meisten Wissenschaftsbezeichnungen wie Biologie, Theologie, Geologie, Psychologie, Kosmologie und vor allem in der Logik selbst, um nur einige aufzuzählen. Verschiedene Ausrichtungen philosophischen Denkens liegen bereits entwickelt oder ansatzweise vor: Idealismus, Realismus, Empirismus und Materialismus. Aus dieser Erbmasse machen in der Folge auch Soziologen und politische Denker ihre geistigen Anleihen, um ganze Systeme zu errichten, die in ihren extremsten Formen vom verordneten Agrarkommunismus bis zum regellosen Kapitalismus reichen.

Oben genannte Aufzählung weist in ihrer Verschiedenartigkeit aber auch etwas Gemeinsames auf. Es ist das Fragen! Ein Fragen, das ein Hinterfragen ist, ein Staunen, aber auch ein Zweifeln, aus welchem wiederum ein Streben nach Wissen und Wahrheit resultiert. So gesehen, ein Grundanliegen des Menschen, der hinter all dem Vielen,

Unterschiedlichen, Beweglichen, Veränderlichen, das ihm begegnet und das von ihm bewältigt werden will, eine Einheit, das Eine oder das Unveränderliche sucht, eine Bestimmung dessen, „was das Wesentliche ist“ oder, wie wir heute sagen, „was an der Sache dran ist“, sprich: ihren Kern ausmacht.

Waren zu Beginn dieser Zeitspanne Philosophie und Wissenschaft (Logos) noch gemeinsam diesem Anliegen verpflichtet, gehen sie heute fast hoffnungslos getrennte Wege, wobei vor allem die Naturwissenschaften durch einen enormen Wissenszuwachs mit immer neuen Ergebnissen aufwarten können. Unter Zuhilfenahme der Technik fühlt sie sich der Wahrheit verpflichtet – genauso wie es die Philosophie tut –, aber unter völlig anderen Vorzeichen. Denn die Naturwissenschaft arbeitet seit der Neuzeit fast ausschließlich quantitativ, d. h., die Phänomene werden messbar gemacht und anhand mathematischer Modelle dargestellt und erklärt.

Evident wird dies beispielsweise in der Physik mit ihren entgegengesetzten Blickrichtungen: der Astrophysik, die mithilfe von gewaltigen Teleskopen Einblick in die Unendlichkeiten des Weltalls gewinnen will, und der Quantenphysik, die mithilfe von Teilchenbeschleunigern und Elektronenmikroskopen dem Aufbau des Universums im Allerkleinsten auf die Spur kommen will. Aber durch ihre spezifische methodische Vorgehensweise, die Erforschung ihres jeweiligen Teilbereiches und das Verbleiben im Empirischen verlieren die Wissenschaften das Ganze aus dem Blick. Nicht wenigen namhaften Physikern ist dies auf befremdliche Weise klar geworden.

Allgemein besteht heutzutage die Tendenz, neue Wissenschaftsgebiete zu etablieren, was zugleich mit einer wachsenden Spezialisierung einhergeht.

Wie schnell fallen Körper? Wie viele Knochen hat der Mensch? Wann schmilzt Silber? Wer entdeckte Amerika? Dies sind alles wissenschaftliche Fragen, mit deren Beantwortung sich nicht nur die empirische Wissenschaft, sondern inzwischen auch ein breites Fernsehpublikum beschäftigt.

Trotzdem können viele Fragen von größtem Interesse von der Wissenschaft nicht beantwortet werden.

Besteht die Welt aus Geist und Materie, und wenn ja, was ist dann Geist und was Materie? Liegt dem Universum etwas Einheitliches zugrunde? Wohnt ihm ein Zweck inne? Strebt es in seiner Entwicklung einem Ziel zu? Ist der Geist an Materie gebunden oder wird er von unabhängigen Kräften beherrscht? Was zeichnet eine gute Lebensführung aus?(4) Was ist Leben? Gibt es Selbstbestimmung aus Freiheit? Warum ist Seiendes und nicht vielmehr nichts? Existiert Gott? Was kommt nach dem Tod? Was ist Wahrheit? Was ist Erkenntnis? Was ist die Seele? Was ist Gerechtigkeit?

Vor allem aber ist es in unserem abendländischen Kulturkreis, seit und mit Platon, die Frage nach der Metaphysik, deren Anliegen es ist, sowohl das Grobstoffliche als auch das feinstoffliche Psychische und letztlich das kausal Keimhafte, den noch nicht zur Reife gelangten Samen, zu transzendieren. Ihr Ziel ist es, das Absolute, Immerwährende, Eigenschaftslose und zeitlos Konstante zu erfassen.(5)

Dies sind Beispiele für philosophische Fragen, welche sicherlich nicht im Labor beantwortet werden können, aber auf die eine oder andere Weise bestimmt schon von jedem gestellt wurden. Dabei zeigt sich auch, dass Philosophie überhaupt nichts Neues ist, im Gegenteil. Die Fragen sind dieselben geblieben, ob sie ein Kind oder ein Erwachsener stellt, ob sie heute oder vor zweieinhalbtausend Jahren gestellt wurden, und sie sind unabhängig von der jeweiligen Kultur.

Die Philosophie macht sich oft ungefragt zu unserem Lebensbegleiter, wenn das Alltägliche in der Welt seine Selbstverständlichkeit und Vertrautheit zu verlieren droht und fragwürdig wird. Dies kann durch den Verlust des Arbeitsplatzes, durch Krankheit, Tod, Leiden und Kampf geschehen, also durch alle Arten von „Grenzsituationen", um mit Karl Jaspers zu sprechen. Doch ebenso kann der gewohnte Alltag im Rückzug, in der Stille und Einsamkeit durchbrochen werden und den Menschen zu solchen Fragen führen.

Aber auch die Verantwortung der Menschheit gegenüber einer dramatisch verschmutzten Natur nötigt uns, sie nicht mehr nur als Umwelt, sondern auch als Mitwelt zu sehen und unsere zukünftigen Handlungen und Ziele zu überdenken. Der Natur wurde schon seit der Antike immer mehr entnommen, als ihr gegeben wurde; man denke nur an die weltweiten Abholzungen und die allgegenwärtige Verschmutzung der Luft, der Meere und der Böden. Die Bezeichnung „Mitweltverschmutzung" wäre bei Weitem präziser als „Umweltverschmutzung", um auf die Dringlichkeit hinzuweisen, dass die Natur als umfassendes Ganzes, als *bíos* (βίος), anzusehen ist, in das sich auch der Mensch, trotz seiner besonderen Stellung, einordnen sollte – ein Aspekt, der schon in der frühgriechischen Naturphilosophie der Vorsokratiker, die zu den ältesten Philosophen zählen, besondere Beachtung fand und zuvor bei indigenen Völkern und archaischen Gesellschaften integraler Bestandteil ihrer Lebensbewältigung war.

Philosophie ist darüber hinaus jedoch immer auch Zeitkritik an den bestehenden politischen Ordnungen – respektive Unordnungen – und umfasst neue, daraus resultierende Fragestellungen. In einer stetig kleiner werdenden, zunehmend beschleunigten Welt, in welcher sich die Reisezeiten selbst zu den entferntesten geographischen Punkten der Erde verkürzen und die Kommunikation in Echtzeit auch grenzüberschreitende Finanzströme ermöglicht, muss vor allem die Frage gestellt werden, was das Beste für die kommenden Menschheitsgenerationen ist und nicht nur wenigen Nationen oder privilegierten Gesellschaftsschichten zum Vorteil gereicht.

Diesbezüglich scheint die Menschheit durch ihre gewählten Mandatsträger nicht allzu viel dazugelernt zu haben. Ein Umstand, der schon vor mehr als 2500 Jahren von Platon heftig kritisiert wurde, an Aktualität nichts verloren zu haben scheint und an dessen Ende sich der sprichwörtliche Schiffsuntergang mit Zuschauern ereignen könnte.

Kapitel I

BEMERKUNGEN ZU MYTHOS UND LOGOS

1. Struktur und Aufgabe des Mythos

Dass wir nicht vollends Herr unserer Existenzbedingungen sind, wird uns nicht zuletzt angesichts des Todes bewusst, welcher beständig in unser Leben hineinragt. Schon von Geburt an sind wir dazu verurteilt, das nahende Ende ohnmächtig hin- und anzunehmen und auch zu reflektieren. Sei es durch eine Religion und der mit ihr verbundenen Orthodoxie oder durch philosophische Diskurse. Doch wie auch immer, das Leben erscheint uns vor dem dunklen, unbekannten Hintergrund als etwas Lichtvolles, Helles mit einer großen Fülle von verschiedenen Dingen und Ereignissen, bevor es wieder diesen dunklen Raum betritt.

Die Menschen des mythischen Zeitalters erfahren durch das Numinose eine innere Zerrissenheit, denn das Übermächtige ist zugleich erschreckend, Angst einflößend *und* faszinierend, rein und kostbar. In dieser Verehrung strahlt das Heilige auf, und mit ihm der Wunsch nach Verbindung. Es kommt zur Hierophanie.

In der Offenbarung der heiligen Dinge und ihrer rituellen Orientierung werden auch die Strukturen des sakralen Raumes sichtbar. Die geheiligten Orte, wo „es" geschah, können überall sein: Berge, Tempel, aber auch Steine, Pflanzen, Flüsse, Meere oder Weggabelungen. Diese Räume, an denen die mythische Ewigkeit dem Menschen erscheinen kann, geben ihm in seiner religiösen Haltung Sicherheit und verwandeln das „Chaos" in „Kosmos".

Auf dieser archaischen Kulturstufe erfahren das „Sein" und das „Heilige" noch keine Trennung, wie sie die Philosophie in der Folge zu vollziehen versucht, indem sie auf die Macht der Vernunft setzt, mit dem Vorrecht des „Begriffs", und im Mythos lediglich eine rudimentäre Form von Wahrheit erkennt. Desgleichen fehlt dem Mythos hinsichtlich der Erkenntnis ganz bewusst die scharfe Trennung zwischen Subjekt und Objekt, wo die Gegenstände analysiert, also aufgelöst und vor den diskursiven Verstand gebracht werden. Ja, eine wissenschaftliche Präzisierung des Mythos verbietet sich geradezu von selbst. Denn die lebensweltlichen Vorgänge sind für den mythischen Menschen Ehrfurcht gebietend und mit ihm einheitlich verschmolzen, und dies sowohl ideell als auch materiell. Der Unterschied zwischen Ganzem und Teil ist nur graduell, da überall die gleiche Wirklichkeit herrscht. So besehen, stellen Traum, Ekstase und Realität keine Gegensätze dar.(6)

Fragt die Philosophie nach dem Grund, dem „Warum", und die Wissenschaft nach der Funktionalität, dem „Wie", so geht es im Mythos nur um das „Woher", den Ursprung. Dieser wird aber nicht „erfragt", sondern gegeben. Das Fragen hat in der Mythologie kein großes Gewicht, die Begründung ist mehr ein passiver Vorgang, ein „Sichzurückfallenlassen auf den Grund", auf das Göttliche.(7)

Der Umgang mit Geburt und Tod, die Aussaat und die Vorbereitung der Jagd, das Handwerk und der Krieg – alles wird im mythischen Zeitalter einem ereignishaften Archetypus zugesprochen und bestimmt das kollektive Leben und Denken.(8)

Diesen Faden nimmt später auch die Psychologie auf. Freud sieht in Traum, Phantasie und Mythos Ergebnisse des „Unbewussten", eine Art Wunscherfüllung des verdrängten menschlichen Sexualtriebs.

C. G. Jung teilt diese Ansicht, allerdings mit Ausnahme der Verdrängungstheorie. Die mythischen Formen sind nach Jung niemals verdrängt worden, da sie vorgängig und kollektiv im Denken der Kulturen vorhanden waren und jederzeit aus dem Möglichkeitsbereich in den Wirklichkeitsbereich wechseln können. Sie sind Urphänomene der Menschheit, die die Tiefe der Dinge anzeigen, eine eigene Sprache der Wahrheit, „die durch nichts ersetzt oder überholt werden kann, deren Verlust einen Verlust von Wirklichkeit bedeutet"(9). Der Mythos ist keineswegs nur vorwissenschaftlich und überholt, verweist er doch mit seinen unterschiedlichen Mitteln auf etwas Transzendentes, Göttliches, auf etwas, das wir aber vielleicht nie zur Gänze in Erfahrung bringen können, selbst nicht durch die modernste Physik, in welcher immer wieder aufs Neue weitere subatomare Ebenen entdeckt werden.

An der Schwelle zur Philosophie steht daher in unseren Augen etwas sehr Unphilosophisches, nämlich der Mythos.

Eine allgemeine Definition dessen geben zu wollen, was ein Mythos sei, würde bedeuten, ihn seiner vielschichtigen kulturellen Realität zu berauben, ihn unzulässig einzugrenzen. Zunächst gilt es festzuhalten, dass die älteste etymologische Bedeutung des griechischen Wortes *mŷthos* (μῦθος) dieselbe wie *lógos* ist: Beides heißt „Wort", wobei sich der Mythos aber viel näher am gesprochenen Wort orientiert, sich durch die mündliche Erzählung dem irrationalen, noetischen und intuitiven Teil der menschlichen Seele zuwendet – und weniger am Verstand, an der Ratio als der vernünftigen, widerspruchsfreien Rede und letztlich auch an der Schrift, wie es auch der *lógos* macht.

Mythos *ist* die Geschichte der Seele, wie es der deutsche Altphilologe Karl Reinhardt einmal zum Ausdruck brachte. Die literarische Ausgestaltung erfolgte dann in Griechenland durch Homer und Hesiod. Infolgedessen verschob sich die Bedeutung des Wortes *mŷthos* zu „Legende", „Märchen", „Sage" und „unwahre Geschichte" und diente mehr der Geschichtsschreibung und der Unterhaltung, was Platon später auch an diesen beiden Dichtern heftig kritisierte.

Für die archaischen Gesellschaften waren die Mythen und die mit ihnen verbundenen Symbole also nichts Faktisches, sondern eine Richtschnur für die spirituelle Orientierung in ihrem Alltag. Inhaltlich beschreiben die Mythen häufig eine Schöpfungsgeschichte, einen Ursprung, eine Totalität oder das verloren gegangene Paradies der Menschheit, den Umstand, warum der Mensch nun sein Dasein in Trennung, Dualität und Vielheit fristen muss, statt in göttlicher Einheit. Oft ist in Mythen auch vom Leben aus dem Tod, von einer

Schöpfung aus einem Opfertod die Rede, wie es Orpheus, Dionysos Zagreus, Osiris oder die Zerstückelung des Urriesen Purusha bezeugen. Mythische Erzählungen lassen – zu bestimmten Zeiten und an eigens dafür vorgesehenen Orten – diese Worte zu „heiligen Worten" (ἱεροὶ λόγοι/hieroí lógoi) werden und somit zu einem geweihten Akt, in welchem die Zuhörer die spirituelle Dimension als zwingende Realität erfahren können.

„Der Mythos muss zur Nachahmung oder Teilhabe führen, nicht zur passiven Kontemplation. Wir verstehen es nicht mehr, unser mythisches Leben so zu gestalten, dass es uns spirituell herausfordert und verändert."[(10)] Durch die Aktualgenese ihrer Erzählung verlangen die Mythen überdies ein bestimmtes Maß an Identifikation und Ergriffensein des Zuhörers, damit sich diesem die sakralen Archetypen erneut zu erkennen geben, er sich sozusagen wieder an sie erinnert (ἀνάμνησις/anámnēsis). Das, was im Alltag der Menschen nur andeutungsweise, fragmentarisch und verborgen, also kryptisch vorliegt, wird im Mythos nun transparent, zusammenhängend und von einer plötzlichen Klarheit.

Mircea Eliade drückt dies wie folgt aus:

> „Der Mythos erzählt eine heilige Geschichte, d. h. ein primordiales Ereignis, das am Anbeginn der Zeit, *ab initio*, stattgefunden hat. Eine heilige Geschichte erzählen bedeutet aber soviel wie ein Mysterium zu enthüllen, denn die Personen des Mythos sind keine menschlichen Wesen: sie sind Götter oder Kulturheroen, und deshalb bilden ihre *gesta* Mysterien, die der Mensch nicht erfahren könnte, wenn sie ihm nicht enthüllt würden. […] Einen Mythos ‚sagen' heißt verkünden, was *ab origine* geschehen ist. Sobald der Mythos einmal ‚gesagt', d. h. enthüllt worden ist, wird er zur unumstößlichen Wahrheit: er gründet die absolute Wahrheit."[(11)]

Von einer absoluten Wahrheit kann nur gesprochen werden, wenn man gewahr wird, „dass hinter bestimmten Namen universale Prinzipien verborgen sind. In der Tat berichten alle Überlieferungen des Ostens und des Westens, des Nordens und des Südens von Gottheiten, die sich im Grunde entsprechen [...]. Demeter zum Beispiel entspricht Isis und Dionysos Osiris; Isis und Osiris aus Ägypten sind somit der Abriss eines ‚Mythos', der identisch mit jenem von Demeter und Dionysos aus Griechenland ist. Auch in der babylonischen und assyrischen Religion gibt es, mit anderen Namen, Entsprechungen zu Demeter und Dionysos, abgesehen davon, dass sie denselben ‚Mythos' des Gottes haben, der stirbt und wiedergeboren wird."[(12)]

Sie weisen tiefgründige Analogien und Identisches auf, was bedeutet, „dass die *Wahrheit* eine einzige ist und dass diese Wahrheit nicht individueller, sondern überindividueller und übersinnlicher Ordnung, also der *Überlieferung* entstammt. [Die] *Überlieferung* basiert nicht auf einer individuellen Meinung, sondern auf einem noetischen, vernunftgemäßen Erkennen."[(13)] Und diese universalen Prinzipien – im platonischen Sinne Ideen – sind, sofern man sie einsieht, allgemeingültig und kulturübergreifend, und somit kann die höchste Wahrheit weder konzeptualisiert noch empirisch bewiesen werden, sondern bedarf ihrer Verwirklichung.[(14)]

Die Menschen der traditionsgebundenen Gesellschaften sehen in ihm [dem Mythos] sogar die *„einzig gültige Offenbarung der Wirklichkeit"*[(15)].

Dahingehend sollte auch das Wirken von historischen Gestalten wie Platon, Pythagoras, Parmenides, Shankara, Gaudapada, Buddha, Jesus oder Yogananda eingeordnet werden. Sie verfügten über ein ungewöhnlich erhabenes Bewusstsein und die Fähigkeit, ihren Mitmenschen die Aspekte der immerwährenden noetischen Wahrheit – auch in mythischer Form – darzulegen. Umso mehr erstaunt die Tatsache, dass zunächst nur wenige Menschen ihre Botschaften erfassten respektive annahmen. In ihrer Lehre, dass nicht das sinnlich Wahrnehmbare, Relative und Vergängliche, sondern das Geistige das *Wirkliche* ist, waren sie identisch und somit auch Avatare, das heißt „göttliche Übermittler", wie man sie im Osten nennt, Mediatoren einer immerwährenden Philosophie *(philosophia perennis).*(16)

So wird beispielsweise Platons Gesamtwerk, überaus reich an Mythen, „stets ein unzerstörbarer Meilenstein und das Fundament in der Welt der Philosophie, Mystik und Spiritualität bleiben"(17).

Die gemeinsame Struktur und Funktion von Mythen weist nach Eliade fünf Charakteristika auf:

„1. daß der Mythos, so wie er von den archaischen Gesellschaften gelebt wird, die Geschichte der Taten der übermenschlichen Wesen konstituiert;
2. daß diese Geschichte als absolut *wahr* (weil sie sich auf Realitäten bezieht) und *heilig* gilt (weil sie das Werk übernatürlicher Wesen ist);
3. daß der Mythos sich immer auf eine ‚Schöpfung' bezieht, da er erzählt, wie etwas zur Existenz gelangt ist oder wie ein Verhalten, eine Institution, eine Arbeitsweise gegründet wurde; das ist der Grund, weshalb die Mythen die Paradigmata jeder bedeutsamen menschlichen Handlung bilden;
4. daß man, wenn man den Mythos kennt, auch den ‚Ursprung' der Dinge kennt und sie daher nach Belieben zu beherrschen vermag […]; es handelt sich nicht um eine ‚äußerliche', ‚abstrakte' Kenntnis, sondern um eine Kenntnis, die man auf rituelle Weise ‚lebt', entweder indem man den Mythos zeremoniell erzählt oder indem man das Ritual ausführt […];
5. […] daß man von der heiligen, erhebenden Kraft der Ereignisse, die man in Erinnerung ruft oder reaktualisiert, ergriffen wird."(18)

Der reaktualisierte Mythos ist mehr als nur eine erzählte Geschichte, welcher der Zuhörer lauscht, er ist eine „schwer errungene aktive Kraft“[(19)], mit deren Hilfe der Mensch in die heilige Aura des Ursprünglichen eintauchen kann und so den schöpferischen Werken der übernatürlichen Wesen mit ihrer heiligen Wirkkraft, gesättigt mit Sein, beiwohnen kann.

Einmal mehr kommt hier deutlich die menschliche Sehnsucht nach dem Bleibenden zum Ausdruck. Durch die Anwesenheit und Kenntnis des Heiligen entzieht sich der Mensch seinem beschwerlichen Alltag und lässt das Profane hinter sich. Gleichermaßen transzendiert er durch die Vergegenwärtigung des Mythos auch seine lebensweltliche Zeit, die zu etwas Transhistorischem wird, indem er Zeuge der ewigen heiligen Schöpfung, der Hierophanie, wird.

Und durch diese Manifestation entdeckt der Mensch auch das Heilige in sich selbst, da er ja selbst Teil dieser göttlichen Schöpfung ist, ein Mikrokosmos des beseelten Makrokosmos. In und durch diesen feierlichen spirituellen Kult findet im Menschen ein Erneuerungsprozess statt: Etwas stirbt, um wieder neu geboren zu werden.

In der regelmäßigen Erneuerung des Bundes mit den Göttern wird auch noch etwas anderes von großer Wichtigkeit sichtbar: die Auffassung von Zeit und Raum. Das Uranfängliche wird immer wieder neu im Heute gegenwärtig und somit zyklisch. Wir haben es mit einer Vorstellung von Zeit zu tun, die sich im Kreis bewegt und zum Postulat der „ewigen Wiederkehr“ führt. Diese Zeitauffassung ist im Mythos gegenüber dem „linearen“ Zeitgeschehen vorrangig. In der Vorstellung eines linearen Ablaufs fließt die Zeit von der Zukunft durch die Gegenwart in die Vergangenheit. Alles wird einmalig und unumkehrbar, das Neue wird alt und verwest. Hier sind wesentliche Ansatzpunkte für einen späteren Vergleich zum östlichen Denken zu sehen.

In unserer weitestgehend entsakralisierten Welt sind diese Gedanken oft nur schwer nachzuvollziehen, wirken auf uns wie niedere

Formen des Denkens, da wir auf wissenschaftliche Rationalität und ihre pragmatischen Lösungen setzen und der Sinn mythischer, intuitiver Denkweisen uns nichts mehr zu sagen vermag.

2. Das Verhältnis von Mythos und Logos

Eine erste Zäsur bezüglich der Hinwendung zum *lógos* kann auf den Beginn des 6. Jahrhunderts v. Chr. datiert werden. Es ist die Zeit der Vorsokratiker, die gemeinhin auch als Übergangszeit vom Mythos zum Logos und zur Philosophie bezeichnet wird. Das logische Denken positioniert sich nun qua eigener Erkenntniskraft kampfbereit gegen den Mythos.

Der Mythos tritt zwar genauso wie die Wissenschaft auch mit dem Anliegen auf, einen Widerspruch zu überwinden, ist aber mehr auf der bildlich-symbolischen als auf der begrifflichen Ebene angesiedelt. Das bisher Fraglose wird nun fragwürdig, denn von jetzt an heißt *lógos*, Rechenschaft abzulegen, Verhältnisse zu bestimmen, modern gesprochen: Informationen respektive Daten zu sammeln und zu vergleichen, sie auf den Begriff zu bringen. Der Mythos *erzählt*, der Logos *zählt*. Die Gedanken dieser frühen Philosophen sind davon bestimmt, dass es für die Mannigfaltigkeit in der Welt einen gemeinsamen Ursprung (ἀρχή/archḗ), einen Urstoff geben muss, welcher wiederum allen Phänomenen ursächlich ihre Sichtbarkeit verleiht. Nachfolgend seien einige genannt:

- Für Thales (624-546 v. Chr.) ist es das Wasser.
- Anaximander (611-546 v. Chr.), sein Schüler, bestimmt das Unendliche (τὸ ἄπειρον/tó ápeiron) als Urprinzip.
- Für Anaximenes (585-525 v. Chr.) ist es die Luft.
- Empedokles (492-432 v. Chr.) bestimmt dafür die Elemente Wasser, Feuer, Erde, Luft, welche durch die Kräfte „Liebe und Hass" bewegt werden.

- Leukipp (5. Jh. v. Chr.) gilt als der Begründer der Atomlehre. Alles ist aus unteilbaren Körpern (ἄτομος/átomos) zusammengesetzt.
- Für Anaxagoras (ca. 500-425 v. Chr.) bestehen Körper aus unterschiedlichen Mischungsverhältnissen von Grundstoffen. Diese wiederum werden durch den Geist (νοῦς/noûs) bewegt.
- Für Pythagoras (570-500 v. Chr.) wird die Zahl maßgebend für die Ordnung und die Harmonie im Kosmos.
- Folgenreich wird Parmenides' Lehre von der Einheit des Seins.

Die beiden Letzteren werden in der Folge für Platons Lehre wegweisend.

Ist der Mythos zweifellos eine große geistige Schöpfung der Griechen, erfährt er nun seine Ergänzung durch den Logos. Indem auf die Mündigkeit des Verstandes und der Vernunft gesetzt wird, die Dialektik(20) zur Methode, ja zum Mittel der Wahl wird, emanzipiert der Logos sich jedoch vom Mythos, was sich bis zum heutigen Tag nicht geändert hat.

Von nun an ist der Verstand dominant, und es wird auch ersichtlich, dass er über die Brauchbarkeit der Dinge und eine weiterführende Verwendung dieser nicht hinauskommt. Die Anbindung an ein göttliches Wesen respektive der Zugang, den Mythos und Philosophie zu einem solchen anbieten, scheint dem wissenschaftlichen, an der Technik orientierten Verstand – im engeren Sinn also dem *lógos* – völlig zu fehlen. Die heute so hochgeschätzten Leistungen des „Bewusstseins", wie Intelligenz, Denken, Wille, Begrifflichkeit oder der Einblick in die Funktionalität einer Sache, sind in der mythologischen Kultur eindeutig weniger weit ausgeprägt als in unserem aufgeklärten Zeitalter. Stolz auf die technischen Errungenschaften der Moderne, wähnt sich der Mensch in der Lage, seine Umwelt nach seinem Gutdünken zu manipulieren und so sein Lebenslos selbst in die Hand zu nehmen.

In unserer modernen Welt sind durch die gewaltigen technischen und methodischen Neuerungen, von der Renaissance über die Neuzeit bis hin zur Moderne, Fortschritt und Entwicklung die Zauberworte und Indikatoren für die Beherrschung der Welt. Doch die Bedeutung dieser Worte geht viel tiefer, als ihr leichtfertiger Gebrauch dies vermuten lässt.

So ist beispielsweise der technische Fortschritt, ein ständiger Begleiter in fast allen unseren Lebensbereichen, immer auch ein Schritt weg von etwas, nämlich in eine Richtung, die den Menschen vom Ursprung, von seiner Quelle entfernt. Das Neue ersetzt das Alte, wird als das Bessere erachtet und lässt das Vorherige antiquiert und museal erscheinen. Das Neue übt eine derart große Faszination aus, dass die negativen Begleiterscheinungen in dieser technischen Evolution[21] völlig verdrängt werden.

Indem wir aber diese technisierte wissenschaftliche Art und Weise zu denken und wahrzunehmen wählen, nehmen wir nur einen sehr begrenzten Teil unserer körperlichen und psychischen Kräfte in Anspruch. Lévi-Strauss führt Beispiele von Völkern an, die in der Lage sind, bei vollem Tageslicht den Planeten Venus zu erblicken, wie es auch von einigen Seefahrern aus früheren Zeiten überliefert wurde. Schriftlose Völker haben desgleichen eine weitaus bessere Kenntnis über Pflanzen und Tiere in ihrer Umwelt, eine bessere Fähigkeit der Orientierung in der Natur.

All dies haben wir weitestgehend verloren. Im Gegenzug steigen wir heute in Autos und Flugzeuge, benutzen den Fernseher und das Radio. Wir verfügen über Fähigkeiten, welche besagte Völker nicht „entwickelten“, weil ihre Lebensweise es nicht erforderte.

Ungeachtet der menschlichen Kulturunterschiede, kommt Lévi-Strauss[22] zu dem Ergebnis, dass der menschliche Geist überall der gleiche ist und lediglich die gewählte Lebensweise verschiedene Ausformungen desselben zeitigt. Die daraus resultierenden Unterschiede besitzen nichts Trennendes, sondern stellen durchaus etwas

Fruchtbares, Verbindendes dar. Für ihn ist der Mythos Ausdruck eines Denkens, das sogar in der „Anwendung seiner Logik" genauso exakt ist wie das der modernen Wissenschaften mit ihrer Methodik.

Bei der Erforschung vieler schriftloser Kulturen gelang es ihm, in mythischen Tradierungen Gesetzmäßigkeiten und Konstanten aufzuweisen „die sich jenseits aller Beliebigkeit sowohl im geschichtlichen Wandel wie gegenüber der Erfindungskraft der Phantasie wie unverbrüchliche Gesetze"[(23)] durchhielten. Ein unerwartetes Ergebnis, das aber auf viel Rationalität im „mythischen Wolkengebilde" verweist. In seinem Buch *Das wilde Denken* zeigt er detailliert, dass das Denken, die sozialen Institutionen, die Glaubensvorstellungen und die Mythologien dieser Völker keineswegs nur vor dem Hintergrund der täglichen, mühsamen Bedürfnisbefriedigung, etwa in Gestalt der Nahrungssuche, zu erklären sind, so sehr der Überlebenstrieb unter den äußerst harten materiellen Bedingungen auch gefordert ist. Diese Völker sind in seinen Augen alles andere als „primitiv" und sehr wohl zu uneigennützigem Denken in der Lage. Denn sie besitzen den Wunsch, das Universum, dessen Teil sie sind, zu verstehen, und zwar in seiner Totalität und auf dem kürzesten Weg.

Lévi-Strauss, dessen philosophische Verdienste mindestens genauso wertvoll sind wie seine ethnologischen Erkenntnisse, bringt das prägnant zum Ausdruck: „…es handelt sich um eine Art des Denkens, die beinhaltet, daß man, solange man nicht alles versteht, nichts erklären kann"[(24)]. Ein wissenschaftlich orientierter Mensch würde an dieser Stelle sofort heftig protestieren und diesen totalitären Anspruch mit der Begründung zurückweisen, dass einem „Verständnis von der Welt" nur beizukommen sei, wenn alle Phänomene, wie schon seit Descartes, in Teilschritte zerlegt und untersucht werden.

Natürlich schickt sich die Menschheit an, durch die Wissenschaft die Natur zu beherrschen, unterdessen der Mythos diesen Anspruch aber überhaupt nicht einlösen will. Vielmehr verschafft er den Menschen eine andere Art von intuitiver Wahrnehmung, das Universum im und durch den Mythos verstehen zu können. In diesem Verständnis – „Vernehmen" wäre bei Lévi-Strauss der konzisere Ausdruck – tritt auch die Individualität völlig in den Hintergrund und es kommt sogar dazu, dass kein „Ich" mehr vorhanden ist, das den Mythos denkt, vielmehr ist dieser anwesend „ohne dass er [der Mensch] etwas davon weiß"[(25)]. Der einzelne Mensch kann ekstatisch in der Gemeinschaft seines Stammes aufgehen. Zugegeben, ein abstruser Gedanke für einen Wissenschaftler, der über seine Vorgehensweise Rechenschaft abzulegen hat und dessen Experimente von anderen nachvollziehbar sein müssen.

Gegenwärtig scheint dies zu der Überzeugung eines Antagonismus bzw. einer Antithese von Mythos und Logos geführt zu haben, wobei letztlich der Logos aus dem Mythos hervorgeht und ihn sozusagen verdrängt, ihn irrational und bedeutungslos werden lässt, wie dies auch manche Bücher mit dem einschlägigen Titel *Vom Mythos zum Logos* etc. uns nahelegen wollen. Doch das Credo an einen scheinbar linearen Fortschritt, hin zu einer immer besser werdenden Welt im Hegel'schen Sinne, hat im 20. Jahrhundert durch zwei Weltkriege, unzählige Verbrechen totalitärer Regime, mehrere atomare Unfälle und einer damit einhergehenden globalen Schädigung der Umwelt drastisch an Glaubwürdigkeit eingebüßt, ja, er scheint sich sogar zu einer negativen Dialektik zu entwickeln.

Philosophiert man über das Wesen des Fortschritts, welcher in unserer Moderne die beherrschende Ideologie darstellt, wird ersichtlich, dass er, wie es bereits das Wort zum Ausdruck bringt, reine Bewegung in Zeit und Raum ist, welche eine kontinuierliche Beschleunigung erfährt. Kürzlich gemachte Erfindungen können endlos durch neue fortschrittlichere Methoden revidiert oder vollends ersetzt werden, was dann wiederum als Fortschritt betrachtet wird. Je mehr man danach trachtet, Systeme noch effizienter zu machen (sei es das Verkehrs-, Gesundheits-, Finanz- oder Bildungssystem), desto schlechter sind sie zu regulieren und mit desto negativeren Auswirkungen ist zu rechnen. Ihre Bewegungen erfolgen in jede beliebige Richtung, aber stets unter dem Signum der Machbarkeit.

In diesem „Hinausgehen", diesem Fortgang, entfernt sich der Mensch selbstbewusst von dem, was er vormals im Mythos zu finden erhoffte, nämlich den Grund, die Herrschaft und Ordnung (ἀρχή/ archḗ).

Dass also nur der Logos – im Sinne wissenschaftlicher Methodik – den Anspruch auf Wahrheit für die Menschheit einzulösen vermag, weil er es ist, der im Gegensatz zum Mythos den objektiven Tatsachen entspricht und Beweise liefert, kann somit nicht in Gänze stimmen. Ferner wird uns auch immer wieder durch die Kunst und Dichtung gezeigt, dass der Mythos nicht tot ist, ja, dass er sogar als gleichberechtigt und komplementär zum Logos besteht, weil auch er die Totalität des Seins zu erhellen imstande ist.(26)

Mythos und Logos sind komplementäre Phänomene und für die Wissenssphären der Menschen gleichermaßen von Bedeutung, wenn auch mit diametraler Blickrichtung: „Wo der Mythos zurückblickt auf die imaginäre Welt des sakralen Archetypus oder ein verlorenes Paradies, ist der Logos nach vorne gerichtet, versucht ständig Neues zu entdecken"(27), um etwas in der Außenwelt bewirken zu können. Durch ihn wurde die Erde astralisiert und die Planeten terrestrisiert. Der Logos hat streng pragmatische Züge, durch die er sich dem Faktischen widmet, wohingegen der Mythos das Bedürfnis nach Transzendenz, nach dem, was hinter den Phänomenen liegt, und somit die Sinnfrage für die Menschen anspricht und darüber hinaus als ein Therapeutikum dient. „Ein Mythos konnte einem Jäger nicht sagen, wie er seine Beute erlegen oder eine Jagd effizient organisieren sollte, aber er half ihm, mit seinen Gefühlen beim Töten der Tiere umzugehen."(28)

Oben genanntes Beispiel zeigt auch, dass Mythos und Logos für die Menschen sehr lange Zeit koexistierten, indem sie unterschiedliche Aufgaben erfüllten – so vor allem bei Platon. Erst im Zuge der Aufklärung – durch das Primat der Wissenschaften – verloren bisherige Entitäten wie Geist und Bewusstsein, das Göttliche und das Noumenale an Bedeutung für die menschliche Existenz und hinterließen dergestalt bei vielen Menschen eine schmerzliche Lücke.

3. Mysterien, Symbolik und Initiation

Die Tradierung von Mythen geschieht jedoch nicht nur in Form von Erzählungen, sondern findet auch durch Symbole und Riten sowie in den Mysterien statt. Indem der Mythos, wie weiter oben schon erwähnt, das Uranfängliche, den Archetypus einer Schöpfung – im platonischen Sinne die Idee – in Erinnerung rufen möchte, stellt er ein exemplarisches Modell für alle wesentlichen Betätigungen des Menschen wie Arbeit, Bestellung des Bodens, Ernährung, Sexualität und Erziehung dar, das heißt, er gründet die Kultur einer Gemeinschaft.[(29)]

Die Erde galt den archaischen Gemeinschaften als der immer fruchtbare, lebendige, sakrale Mutterleib schlechthin, weil er allem das Leben spendete: den Pflanzen, Tieren und eben auch den Menschen. Das Wirken dieser in der Erde verborgenen Kraft war für die Menschen gleichsam eine göttliche Offenbarung„ die ihnen auch selbst innewohnte. So ist es auch verständlich, dass diese Gemeinschaften in der Sexualität mehr als lediglich eine Vergrößerung ihrer Sippschaft sahen, vielmehr war für sie die gleiche göttliche Kraft am Werk, die auch der Erde zuteilwurde.[(30)]

„Zu jener Zeit galt die Geburt eines Kindes nicht ausschließlich und allein als die Nachkommenschaft einer Mutter und eines Vaters, sondern als jene der gesamten Natur, mit der alle symbiotisch verbunden waren. Diese Individuen empfanden die Natur als Erweiterung ihrer selbst und betrachteten sich daher als Elemente, die in einer wechselseitigen Beziehung zu ihr standen."[31]

Diese Verbindung zwischen Mann und Frau galt als eine heilige Verbindung, eine heilige Hochzeit bzw. hierogamía (ιερογαμία) mit einer bemerkenswerten metaphysischen Perspektive. Denn die Fortpflanzung als Liebesakt ist „das Symbol für die Umarmung des Himmels und der Erde, aus der die Wesen entstanden sind. Sie ist die Versinnbildlichung der Harmonie und der Vereinigung der Gegensätze"[32]. Sie hebt die Vielheit und Disparatheit auf und führt zu dem ursprünglichen Zustand, in welchem die Wesen noch androgyn sind und eine Einheit bilden, es mithin noch zu keiner Teilung in Männer und Frauen kam.

Solche Mysterien, deren Grundlage eben der Mythos war, wurden als periodisch wiederkehrende Danksagungen an die Gottheiten regelrecht zelebriert und bedurften weitreichender kultischer Vorbereitungen, wie dies auch sehr gut von den Eleusinischen Mysterien bezeugt ist, welche ortsfest waren – sie fanden in Eleusis bei Athen statt – und unter der Aufsicht zweier Priesterdynastien, den Eumolpiden und Keryken, standen. Diese Mysterien erreichten damals panhellenische Bedeutung und wurden zum Staatskult der Athener. An ihnen teilzunehmen hatte größere Bedeutung als beispielsweise an den Olympischen Spielen zu partizipieren.

Die Mysterien von Eleusis galten zwei Göttinnen: der Göttin des Korns und der Fruchtbarkeit, Demeter, und ihrer Tochter Persephone, auch Kore genannt. Der Mythos erzählt vom Raub der Tochter durch den Unterweltsgott Hades. In ihrer Trauer und der unablässigen Suche nach ihrem Kind vernachlässigte Demeter ihre Pflichten auf der Erde, welche schließlich gefror und daher nichts mehr hervorzubringen vermochte. Doch letzten Endes gelang es ihr, Persephone/Kore zurückzuholen und die Erde dadurch wieder fruchtbar werden zu lassen. Während des Aufenthaltes in der Unterwelt gab Hades Persephone jedoch einige Samen des Granatapfels zu essen, weshalb es ihr von nun an nicht mehr vergönnt war, ständig auf der Erde zu verweilen – sie musste längere Zeit auch in der Unterwelt verbringen. Die Rückkehr Persephones brachten die Menschen mit Fruchtbarkeit und Blüte, den Jahreszeiten und der Wiedergeburt allen Lebens im Allgemeinen in Verbindung. Sie huldigten ihr jährlich in rituellen Feierlichkeiten.

Die Eleusinischen Mysterien wurden zweimal im Jahr abgehalten, die kleinen im Frühjahr – nach unserer Zeitrechnung im Februar/März –, die großen Mysterien im August/September, was folglich mit Aussaat und Ernte zusammenfällt. Die Prozession zog auf der „Heiligen Straße" von Athen nach Eleusis entlang, um dort an der nächtlichen Feier im Telesterion, einem Heiligtum, welches Tausende von Mysten aufnehmen konnte, teilzunehmen.(33)

Das Wort „Mysterium" hat in unserem Sprachgebrauch im Wesentlichen die Bedeutung von „Geheimnis", was vor allem auf das Neue Testament zurückzuführen ist. Die lateinischen Übersetzungen der griechischen Wortfamilie *mysteria, myein, myesis* sind: *initia, initiare, initiatio*.(34) Das Wort „Initiation" bedeutet, nach innen gehen, in etwas hineingehen (lat. *in* und *ire*) und meint in einem spezifischeren Sinne „in eine neue Bewusstseinsdimension eintreten".(35) Eine weitere Wortfamilie, „die sich mit *mysteria* überschneidet, ist *telein*, ‚vollenden', ‚feiern', ‚weihen'; dazu *telete* ‚Fest', ‚Weihe', ‚Ritual', *telestes* ‚Weihepriester', *telesterion* ‚Weihehaus', ‚Halle der Initiationen'". (36) Diese Termini beziehen sich in erster Linie auf die Weihen des Gottes Dionysos.

Die Aufrechterhaltung und Einhaltung der Feierlichkeiten oblag – wie weiter oben schon kurz skizziert – den heiligen Familien der Eumolpiden und Keryken. Darüber hinaus bestand aber der krönende Abschluss in einer Auslese von Menschen, welche sich als würdig und fähig erwiesen, in das höchste Stadium der Mysterien, die Einheitserfahrung (ἐποπτεία/epopteía), eingeführt zu werden. Dies konnte frühestens ein Jahr nach der Einweihung in die Großen Mysterien erfolgen und es verstand sich von selbst, dass die Anzahl der Auserwählten am Ende dieses Prozesses nicht sonderlich groß sein konnte, zumal die erforderlichen Vorschriften wie beispielsweise eine streng asketische Lebensführung, bedingungslose Disziplin und absolute Geheimhaltung von den Initianden verlangten.

Hier zeigt sich ein deutlicher Unterschied zwischen dem initiatischen und dem mystischen Weg. Bei Letzterem ist das Individuum passiv, religiös, empfängt also das, was ihm dargeboten wird. Nicht so beim initiatischen Weg, welcher die Aktivität und das Bedürfnis nach Transzendenz, nach lebenslanger praktischer Verwirklichung verlangt.(37) Es wird vermutet, dass bei den kleinen Mysterien in Eleusis Demeter und Kore die Hoheit repräsentierten und es bei den Großen Mysterien und der abschließenden *epopteía* Dionysos war.

Die Mitteilung einer erfahrenen Wahrheit erfolgt zunächst einmal über die Sprache, dann über das Symbol. Hierzu Raphael:

> „Sie kann bildhaft, analog, symbolisch, diskursiv, metaphysisch etc. sein.
> Eine überlieferte oder initiatische Lehre ist fast immer symbolisch und auch bildhaft und analog. Warum? Aus zwei fundamentalen Gründen: Mit Hilfe des Symbols oder der Analogie versucht sie im Schüler die symbolisierte Wahrheit *wachzurufen*, denn die initiatische Wahrheit richtet sich nicht an den analytischen Verstand, sondern an das ‚Herz' des Schülers und außerdem gehen das Symbol und die Analogie über Zeit und Raum hinaus."(38)

Diese Art der Initiation antiker Mysterien geht also weit über die aus der Ethnologie bekannten soziologischen Weihen, welche lediglich eine vollwertige Mitgliedschaft eines jungen Menschen in die Gemeinschaft der Erwachsenen nach sich ziehen, hinaus. Indem der Eingeweihte in den inneren Kreis weiterer Vertrauter eintritt, ist es weniger sein sozialer Status, welcher in der Außensicht eine Veränderung erfährt, vielmehr findet die Veränderung in seiner Persönlichkeitsstruktur durch die Innensicht auf eine Gottheit und die Erfahrung des Heiligen statt.(39)

„Pythagoras, Parmenides, Empedokles und Sophokles, Euripides, Platon, Plutarch, Apuleius und andere wurden zweifellos in die Großen Mysterien eingeweiht; einige von ihnen sogar in die *epopteía.*“(40)

Bereist man heute die antiken Siedlungsgebiete der Griechen fällt auf, dass kaum eine Stadt ohne Theater war. Zum einen lag das daran, dass die Menschen Unterhaltung suchten, zum anderen war das Theater ein Ort der Frömmigkeit und der Kulthandlungen für die Götter und hier im Besonderen für den Gott Dionysos aus Kleinasien.(41) Er ging aus der Verbindung seines Vaters, Zeus, mit der schönen Königstochter aus Theben, Semele, einer Sterblichen, hervor.

Dionysos, auch Bákchos genannt, genießt bis heute unter den antiken Göttern große Bekanntheit, nicht zuletzt deshalb, weil er als Fruchtbarkeitsgott auch der Gott des Weines und des Rausches ist. Zu welchem Zeitpunkt der Dionysos-Kult Einlass in das Leben der Griechen fand, ist nicht exakt datierbar, doch scheint es kurz vor Beginn der historischen Zeitrechnung gewesen zu sein. Sicher ist jedenfalls, dass Dionysos bei Homer erwähnt wird, aber in seinen Epen nur Geringschätzung erfährt, da er viele barbarische Elemente der Tieropferung beinhaltet. Bunt schillernd, ausschweifend, rasend, orgiastisch und zerstörerisch in seinem Auftritt, passt er nur bedingt in die Familie der olympischen Götter. Ja, er stellt geradezu einen Gegenpol zur homerisch-apollinischen Götterwelt dar.

Apoll, Sohn des Zeus und der Göttin Leto, war der Gott der Künste, des Maßes, des Lichts, der Weissagung und vor allem der Einheit („a-póllōn" bedeutet das „Nicht-Viele", Ἀ-πόλλων). Er ist ein Gott, der alles sieht, vorhersieht, auch das Schlechte und Böse, welches unnachsichtig mit Gewalt verfolgt und gerächt wird. Neben der Leier beherrscht er den Umgang mit Pfeil und Bogen ebenso gut. Es soll auch gegen seine Natur gewesen sein, zu lügen, sodass er als Gott der Wahrheit bezeichnet werden kann. Sein Leumund bei Orakelbefragungen war in ganz Griechenland unübertroffen und ließ die Menschen für größere Vorhaben, beispielsweise die Gründung neuer Kolonien, oder Rechtsprechungen zu Apollons berühmtestem Ort, nämlich nach Delphi reisen. Hier konnte dann seine Priesterin, die Pythia, vermitteln. Delphi erlangte als griechisches Heiligtum seine immense Bedeutung auch durch die Tatsache, dass Apollon aus der Verbindung reiner Gottheiten hervorging, also nicht wie sein Halbbruder Dionysos aus der Verbindung mit einer Sterblichen, und so auch einen größeren Abstand zu den Erdenbürgern hatte.

Doch wie in allen Völkern, deren Kultur sich schnell durch Tugendgebote, Vorschriften und Autoritäten entwickelt, sind die dazugehörigen Schattenkräfte nicht weit entfernt. Vernünftig zu sein ist für den Menschen nicht immer einfach, erfordert es doch Beherrschtheit, Einschränkungen, Mühsal und Verzicht, wie das ja auch jeder bei sich selbst feststellen kann. Zielsetzungen müssen zeitlich hinausgeschoben werden und stellen eine sofortige Bedürfnisbefriedigung hinten an. Das lässt sich auch gut an dem Wort „Kultur" zeigen, das aus dem Lateinischen Verb *colere* abgeleitet ist und zunächst einmal die Bestellung und die Pflege des Ackers bedeutet, das Warten auf den Aufgang der Saat, bevor dann die geistigen und künstlerischen Lebensäußerungen einer Gemeinschaft darunterfallen. Vorsorge, Sittlichkeit, Gesetze und Handeln aus Einsicht machen das Leben über die Gegenwart hinaus zwar planbar, sind aber auch selbst auferlegte Zwänge und Einschränkungen, die wie eine Last wirken können.

Die Heftigkeit, mit der dieser Kult nun am Ende des siebten vorchristlichen Jahrhunderts in Griechenland aufflammt, ist auch dadurch zu erklären, dass sich eben viele Griechen nach einem leidenschaftlicheren und triebhafteren Lebenswandel sehnten, als die Moralvorschriften es zuließen. Im Rausch verschwimmen die Grenzen, verlieren sich Distanziertheit und Besonnenheit. Die klaren Konturen des Apollinischen, welche die Dinge an ihrem angestammten Ort lassen, verschmelzen zu einer bacchantischen Einheit.

Neben der entfernten Erwähnung dieses Gottes bei Homer und Hesiod, die ihn als Freudenbringer bezeichnen, scheint das anfängliche Befremden gegenüber diesem rauschbringenden, rasenden und lärmenden Gott in der Bevölkerung sehr schnell zu weichen, um dann sogar dankbar angenommen zu werden. Diese magische Verzückung und Festfreude, die, von Ionien ausgehend, auch die anderen Poleis ergreift, gipfelt einige Jahre später in der höchsten Poesie Griechenlands: der attischen Tragödie.

Andererseits steht Dionysos für das Lebensgefühl der Nähe, der Erneuerungsfähigkeit, der Zeugungskraft. So wird an den Lenäen, an den großen Feierlichkeiten zur Huldigung des Halbgottes Dionysos in Griechenland, eine übergroße Darstellung eines erigierten männlichen Phallus ihm zu Ehren in der Prozession umhergetragen. Zudem wird der Zug im Mythos von den Mänaden, lasziv tanzenden Frauen begleitet, die ihre Weiblichkeit aufreizend zur Schau stellen und die über die Männer herfallen.

Die eleusinischen Mysterienspiele rund um den Weihetempel feierten also eine Initiation der Fruchtbarkeit. Und zwar auch mithilfe der Nachbildung eines Mutterschoßes, „den der Myste berühren mußte, um durch diesen Akt, dem alles Vorher und Nachher zugeordnet war, zu neuem Leben geboren zu werden. Die heiligen signa Wasser, Fackel, Feuer, Ähre und Cista sind innerhalb der Mysterien überragend; durch sie und das Erlebnis des gespielten Mythos erlebt der Myste Sühnung und Reinigung, Erhöhung und Beseligung.“[42]

Dies ist das heitere Gesicht des Dionysos, das symbolisch für das Werden in der Welt steht und den Menschen zugewandt ist.

Während dieser heiligen Handlungen, bei denen dienende Frauen Wein mischen, ist der erdverbundene Gott Dionysos vor allem auch in Gestalt einer Maske gegenwärtig. Walter F. Otto beschreibt die Zeremonie ausführlich:

> „Diese heilige Handlung ist uns durch eine Reihe von Vasenbildern […] ziemlich genau bekannt. Die große Maske des Gottes hing an einer hölzernen Säule, und der Wein wurde nicht nur vor ihr gemischt und geschöpft, sondern ihr zuerst zum Trunke dargeboten […]. Unter dem bärtigen Kopfe fällt ein langes Gewand (oder Doppelgewand) herab, wodurch der Eindruck eines vollständigen Idols entsteht. Efeuzweige buschen sich baumkronenartig über der Maske, ranken sich um die freien Teile der Holzsäule oder wachsen von ihrem Grunde herauf, gehen auch zuweilen, wie Baumzweige, von dem Gewande des Gottes selbst aus.“[43]

Das Phänomen der Maske hat etwas Magisches an sich und repräsentiert die Macht von Geistern und Schreckgespenstern, die aus der Tiefe kommen. So ist bei Platon in seinen *Gesetzen* (Nόμοι/Nómoi) zu lesen, dass Einweihungen und Reinigungen nachts in einer ekstatischen Atmosphäre mit Tanz und Musik von Personen durchgeführt wurden, welche sich als Nymphen, Pane, Silenen und Satyrn maskiert hatten.[44]

Die Maskentradition hat sich von den einfachen Kulturen bis in die Gegenwart erhalten, wie es ja auch die Karnevalsbräuche belegen. Die Maske in ihrer heutigen rituellen Funktion benötigt eine Person als Träger, um diesen zu verbergen, was sich auch im Sprachgebrauch niederschlägt: Redewendungen wie „er legt seine Maske ab", „er verbirgt sich hinter einer Maske" oder „jemanden demaskieren" sind letztlich allesamt negativ konnotiert, da sie davon ausgehen, dass dadurch das unzivilisierte und lebensverachtende Wesen des Menschen „entlarvt" wird.

Etymologisch gesehen, bedeutet unser Wort „Person", was sich aus dem Etruskischen ableitet, ja auch nichts anderes als Maske. Doch das Unheimliche an einer Maske besteht nicht nur im Verbergen und Aufdecken desjenigen, der einem damit nahekommt. Dies sind alles noch untergeordnete Funktionen. Vielmehr kann die Maske auch für sich selbst stehen, denn sie will in erster Linie eines: erschrecken. Durch ihre Reglosigkeit, ihren unveränderlichen Gesichtsausdruck blickt einen der Tod an. Ihrem starren Blick scheint niemand zu entkommen. Er scheint aber auch keine Nähe zuzulassen. Aufgrund des sich nie verändernden Gesichtsausdrucks ist die Maske „das stärkste Sinnbild der Gegenwärtigkeit".[(45)] Die machtvolle Begegnung mit ihr beschränkt sich auf das reine Vis-à-vis und auf nichts Darüber-hinaus-Gehendes.

In dieser Form der Annäherung wird aber auch deutlich, dass ihr kein volles Dasein zukommt, denn sie will ihre Rückseite nicht preisgeben. Und das ist eben die andere, übermächtige, dunkle Seite des erdverbundenen Dionysos, der durch seine Nähe zu den sterblichen Menschen auch mit dem Reich des Hades in enger Verbindung steht. In den animalisch anmutenden Feierlichkeiten für das Leben und im überschwänglichen Optimismus ist nämlich auch der Tod gegenwärtig. Ja, er ist ein ständiger Begleiter, wie sich an vielem zeigt, das von uns angestrebt wird. Selbst in positiven Zuständen, die von Glück, Wohlbefinden, Frieden, Gesundheit, Schönheit oder Reichtum geprägt sind, schwingt deren Negation mit, lauert die Vergänglichkeit. Daher ist die durch Dionysos zur Schau gestellte Lebensfülle „nur die Maske, durch die der Tod in unser Leben hineingrinst".[(46)]

Der Gebrauch der Maske lässt das schon einmal Dagewesene nochmals anwesend werden, und so finden in der Folge vor allem in der griechischen Tragödie durch Aischylos, Sophokles und Euripides die verstorbenen Helden Verbindung zu den Lebenden. Durch ihre Werke wird ein Lebensgefühl ausgedrückt, in dem das Tragische im Leben dominiert und die von ihnen dargestellten Helden das auferlegte Schicksal klaglos zu tragen haben. Sicher ist der Stoff der Tragödie, der heroische Mythos, selbst schon tragisch, aber die dramatische Unmittelbarkeit der Darstellung durch Masken stellt die Neuerung in der Tragödie dar. Aus dieser Ergriffenheit spricht kein Wünschen oder Sehnen, sondern die Weltwahrheit eines Dionysos in Form der Zweiheit, „des erschütternden Zusammentreffens mit dem Unwiederbringlichen, der Bruderbegegnung von Leben und Tod".[(47)]

Insgesamt sind uns von diesen großen Tragödiendichtern nur 32 Werke erhalten geblieben. Die Beschäftigung mit ihr reicht aber bis in die Moderne. Im deutschen Schrifttum ist es – neben Hölderlin, Rilke und Novalis – vor allem Nietzsche, der sich mit dem tragischen Bewusstsein der Griechen philosophisch auseinandersetzt und aufzuweisen versucht, dass seit Sokrates und der vermeintlichen Beherrschbarkeit des Lebens durch das rationale Denken die tragische Dimension im Leben der Menschen immer stärker ausgeblendet wird und dergestalt das Verhältnis zwischen der Allmacht der Götter und der Ohnmacht der Menschen keine entsprechende Berücksichtigung zu finden scheint.

Ist Apoll der Gott der Distanz, steht Dionysos – der auch „der zweimal Geborene" genannt wird –, zumindest bis zur Verbreitung der Orphik, für den Überschwang, das Orgiastische und vor allem den Rausch, in welchem die Grenzen verschwimmen und alles wieder zur Einheit zurückzukehren scheint, also versöhnt wird.

Durch die Symbole und Riten der Mythen und Mysterien wird das zum Ausdruck gebracht, was der Mensch in seinem Innersten oft schon zu erahnen vermag: Dass hinter allem, was erscheint und wieder vergeht, höhere Prinzipien walten müssen. Das kann jeder auch an sich selbst feststellen.

In der griechischen Mythologie werden Schlaf und Tod, *Hýpnos* und *Thánatos* gleichgesetzt, sie sind sozusagen Zwillingsbrüder. Wenn wir schlafen und wieder aufwachen, erleben wir stets eine gewisse Periodizität, wie wir sie auch in der Natur vorfinden, so im Rhythmus des Mondes mit seinen vier Phasen: Neumond, zunehmender Mond, Vollmond und abnehmender Mond, in denen sich das ewige Gesetz der Natur, ihr Werden, Wachsen, Blühen und Verwelken, widerspiegelt. Durch den Mondsymbolismus konnten die Menschen heterogene Dinge, die auch ihre irdische Existenzweise betrafen, in zyklische Verbindung bringen. Aus unseren Jahreszeiten können wir dasselbe Prinzip herauslesen und im größeren Umfang zeigt sich uns neben der lunaren Struktur und den Jahreszeiten noch eine solare Struktur im Umlauf der Planeten.[(48)]

Vereinfacht kann ergo gefragt werden:

Wo sind wir, wenn wir schlafen?

Was ist Bewusstsein?

Oder:

Ist der Tod das Ende?

Symbol, Erkennungszeichen, vom griechischen Verb *symbállein* (συμβάλλειν) abgeleitet, bedeutet „zusammenwerfen“ und somit „getrennte Dinge wieder miteinander verbinden“, „einen“. Auffallend oft wird in den Mythen das Symbol des Weges, in Form eines Ab- und Aufstiegs verwendet, so bei Parmenides und bei Platon in seinem berühmten Höhlengleichnis. Von weiterer symbolischer Bedeutung ist die Androgynie, die Gleichgeschlechtlichkeit von Mann und Frau. In Ihr fallen alle Gegensätze zusammen und sie versinnbildlicht Selbstgenügsamkeit und Vollkommenheit.[(49)]

Die Symbolik des Wassers ist vielleicht die vielseitigste, welche wir in den uns überlieferten Mythen – und auch heute noch – antreffen. Wasser symbolisiert immer einen keimhaften, virtuellen und latenten Zustand. Alles, was Form ist, Gestalt annimmt und damit aufhört, Keim zu sein, scheidet sich nun von den Gewässern, nimmt somit am zeitlichen Werden teil, bis die Form wieder zugrunde geht und abermals von ihnen aufgenommen wird.

Rituelle Waschungen und Reinigungen mit Hilfe des Wassers drücken die symbolische Wiederholung einer neuen Geburt des Menschen oder der Welt aus.[(50)] Reinigung, Regeneration, das Hinwegwaschen von Sünden – das ist die Funktion von Gewässern in ihrer sakralen Bedeutung, einerlei, ob es sich um die Sintflut oder um die Taufe im Christentum handelt, bei der das Untertauchen des Kopfes das Grab, das Auftauchen den neuen Menschen symbolisiert und die Nacktheit des Täuflings für die Unversehrtheit und paradiesische Reinheit steht.

4. Mythos und Alltag

Wie steht es heute mit dem Mythos in unserer aufgeklärten, rationalen Epoche? Unsere modernen Gesellschaften sind unzweifelhaft durch eine Zurücknahme des Heiligen und Rituellen bestimmt. Hat der Mythos als ehemals tragendes Element der Zivilisation durch die zunehmende Entsakralisierung des Lebens und des Kosmos gegenwärtig noch einen Aufenthaltsort?

Offenkundig ist die moderne Welt nicht sehr reich an Mythen. Doch auf der sozialen Ebene treten sie verschleiert und profanisiert in Erscheinung. Hier fühlt auch der aufgeklärte Mensch noch das dunkle Bedürfnis, mythische Rituale – wenn auch ihrer sakralen Form weitestgehend entkleidet – wieder aufleben zu lassen. Wenn der Bräutigam seine Braut noch selbst über die Türschwelle trägt, man einander zum Jahreswechsel viel Glück wünscht, Menschen sich an Fasching hinter einer Maske verbergen, Danksagungen für eine gute Ernte ausgesprochen werden, die Geburt und die Taufe eines Kindes, das Richtfest eines Hauses oder der Umzug in eine neue Wohnung gefeiert werden, zeugen all diese Rituale von einem Schnitt, einem Wunsch nach völliger Erneuerung, nach einem uneingeschränkten Neubeginn.[(51)]

Sieht man etwas genauer hin, so treten nicht wenige mythologische Relikte in unserem Alltag zutage, denn bei dem Versuch des Menschen, seine eigene Stellung im Kosmos zu interpretieren und seinem *In-der-Welt-Sein* Richtung und Gehalt zu geben, kommt er nicht umhin, sich an Archetypen respektive Modellen und Vorbildern zu orientieren. Sei es in der Literatur, in der Traumfabrik Kino, in der Heldenverehrung im Sport oder in den politischen Ideologien, welche uns den besten gemeinsamen Nenner für das Leben in der Gemeinschaft und allseitiges Gelingen bei unseren eigenen Vorhaben liefern sollen. In all diesem schlägt sich noch immer das archaische Erbe von mythischen Gottheiten nieder.

5. Homer und Hesiod

Die griechischen Götter sind ursprünglich, ebenso wie bei den übrigen indogermanischen Völkern, Personifikationen von Naturerscheinungen und Naturkräften, umfassen aber bei den Griechen auch Geschichten von Halbgöttern, Heilsstiftern, Heroen, Musen und Ahnengeistern[(52)], die für ihre eigene Entstehung und die Entstehung der Welt Zeugnis ablegen. Besitzen die Naturgötter der Inder in den Hymnen des *Rigveda* noch große Transparenz, tragen sie in der griechischen Literatur durch Homer (ca. 750 v. Chr.) und Hesiod (ca. 740-670 v. Chr.) schon durchaus menschliche Züge. Sie sind aus Fleisch und Blut wie die Menschen, also keine rein geistigen Wesen wie der christliche Gott in seiner Allmächtigkeit, Grundgütigkeit und Allwissenheit. Sie streiten sich und hintergehen einander, sind aber unsterblich, das heißt, nicht wie die Menschen dem Tod ohnmächtig ausgeliefert.

In der griechischen Mythologie sind sich Menschen und Götter besonders nah und miteinander verschränkt, sie leben sozusagen in einer diesseitigen Doppelwelt, in welcher es weder einen ethischen noch metaphysischen, geschweige denn einen genealogischen Unterschied gibt.(53)

Prometheus, einst in den Tartaros verbannt und nun Fürsprecher für die Angelegenheiten der Menschen, sitzt beim festlichen Mahl mit der Familie des Zeus zusammen, scherzt, lacht und versucht, selbst den Göttern die besten Stücke des geopferten Tiers durch eine List vorzuenthalten, was dann für die Menschen, die ja in der Zeit leben, Konsequenzen hat. Die Götter der Griechen sind anthropomorph, das heißt, sie besitzen Menschengestalt, und unterscheiden sich nur aufgrund ihrer Unsterblichkeit von den Menschen. Die Weltzugehörigkeit dieser Götter ist für die Griechen somit eine völlige Selbstverständlichkeit, die weder geglaubt noch rational bewiesen werden muss.

Aufgrund dieser engen Verbundenheit mit den Göttern besitzt der Mythos bei den Griechen eine etwas andere Bedeutung als beispielsweise in Ägypten und Mesopotamien, wo die Mythen von einer Priesterkaste verwaltet wurden und daher viel näher am Heiligen waren. In Griechenland gab es so etwas wie eine „heilige Geschichte" nicht, denn die Überlieferung der Wahrheit erfolgte durch Sänger und Dichter, die den Mythen eine viel größere Eigentümlichkeit, Variabilität und Instabilität bezüglich der Darstellung verliehen, auch was die Widersprüchlichkeit anbelangt. Daran haben sich die Griechen jedoch nicht sonderlich gestoßen, sollten die Mythen doch eher die „Bedeutung im Bewusstsein der Zeit" wiedergeben als die faktische Wahrheit einer „heiligen Geschichte", denn es war ja nicht der einzelne Dichter, der zu ihnen sprach, „sondern ein kollektives Bewusstsein".[54]

Chronologisch gesehen geht Homer mit seinen Werken „Ilias" und „Odyssee" Hesiod voran, wobei die alleinige Autorschaft Homers im Falle der „Odyssee" umstritten ist.[55]

Das jüngere Epos „Odyssee" handelt von der mehrjährigen Gefangenschaft des listenreichen Odysseus, König von Ithaka, fernab seiner Heimat, von der anschließenden Irrfahrt und den vielen Prüfungen, die er zu bestehen hat, bevor er seine Frau Penelope und seinen Sohn Telemachos wiedersehen kann. Die Strahlkraft, die von diesem Epos auf die abendländische Literatur und Philosophie ausging, ist enorm. Goethe, Hegel, Joyce und nicht zuletzt die Frankfurter Schule mit Adorno und Horkheimer holten sich geistige Anleihen von diesem Werk, um auf die Situation des Menschen als Subjekt in der Welt hinzuweisen.

Die „Ilias" Homers erzählt den zeitlich weit zurückliegenden Kampf um Troja unter der Führung des Königs von Mykene, Agamemnon. Krieg ist in der „Ilias" das bestimmende Thema, das aber durch den jederzeit möglichen Tod einen deutlichen Gegensatz zum Leben aufwirft. Auch in der szenischen Darstellung der Helden treten bei Homer gegensätzliche Charaktere auf, wie sie deutlicher nicht sein könnten. Dem erfahrenen Nestor steht der blutjunge Antilochos gegenüber, dem schnellfüßigen Kämpfer Achill der behäbige Aias und in Hektor und Paris werden zwei unterschiedliche Lebensformen aufgezeigt: ein von Krieg und Ehre bestimmtes Leben einerseits und ein musisches, dem weiblichen Geschlecht zugeneigtes Leben andererseits.

So finden sich in der „Ilias" in poetischer Weise eine Menge von Dichotomien, welche die menschliche Situation in der Welt widerspiegeln. Erde – Meer, Tag – Nacht, Jugend – Alter, Götter – Menschen, Worte – Taten, Hochzeit – Streit und viele andere mehr. In der

Fülle der Erscheinungen steht der Mensch meist nur im Partiellen, Abgesonderten, doch wird durch die Entgegensetzungen auch das Ganze sichtbar. In Tag *und* Nacht haben wir das Ganze des Zeitablaufs, Jugend *und* Alter umreißen ein ganzes Menschenleben, Worte *und* Taten bestimmen die ethische Haltung eines Menschen, das Göttliche *und* das Menschliche lassen uns eine Ordnung in der Welt suchen, führen zur Philosophie. Diese Sichtweise Homers auf das Sein trägt durch die anscheinend unüberwindbaren Polaritäten stark agonale Züge, ein Wesensmerkmal der griechischen Lebensauffassung, die sich später in der Tragödie manifestiert. Vor allem das Verhältnis Gott – Mensch zeichnet sich stets durch eine Insuffizienz aus, denn die Götter haben es nicht nötig zu philosophieren, dies ist das Vorrecht der unvollkommenen Menschen. Im Ansatz werden hier schon Heraklits Gegensatzlehre und Platons Dialektik vorweggenommen.

Himmel, Erde (Meer) und Unterwelt stellen die drei Bereiche dar, für welche die Brüder Zeus, Poseidon und Hades bei Homer zuständig sind.

Homer zeichnet auch in seiner Schildbeschreibung im achtzehnten Gesang der „Ilias" ein Bild der Welt vor.[(56)] Das Wort *kósmos*, im Sinne eines geordneten Weltganzen, sucht man bei ihm vergebens. Erde und Meer bilden als kreisrunde Scheibe unsere Lebenswelt, begrenzt durch den Okeanos und vom Himmel mit seinen Sternen kuppelförmig umwölbt. Dies ist der für den Menschen sichtbare Bereich, der durch den unter ihr liegenden unsichtbaren Bereich, den Hades und Tartaros, in Gedanken ergänzt werden muss, was dann zweifellos zu der Gestalt einer Kugel führt.[(57)] Der die Erde umgrenzende Okeanos hat bei Homer eine besondere Bedeutung. Denn er ist der Ursprung der Götter und somit auch der Anfang von allem. Unerschöpflich, in sich zurückfließend, ein steter Kreislauf, aus dem alles seine Kraft bezieht.[(58)]

Durch die Kugelgestalt der Welt entsteht die Vorstellung von Einheit und Ganzheit, des *hén kaí hólon* (ἓν καὶ ὅλον), das spätere Fundament für einen entscheidenden philosophischen Begriff. Ferner beinhaltet die Form des Kreises die Grenze (πέρας/péras), zu welchem in der Folge dann das Unbegrenzte (ἄπειρον/ápeiron), Unendliche hinzugedacht wird.

Hesiod war nicht mehr Sänger wie die anderen vor ihm, vielmehr trug er seine Dichtung im Sprechgesang vor, inspiriert von den Musen der Künste, welche den Menschen die Harmonie des göttlichen Geistes und des Seins vermitteln konnten, die sozusagen das Verbindungsglied von *poíēsis* (vgl. πάθεσις/pathesis) und Spiritualität darstellten. Zudem weisen seine Erzählungen nicht nur ein Schöpfungs- und Religionsgefüge auf, sie sind auch stark durchdrungen von dem Motiv des Rechts (δίκη/díkē), also der ethischen Frage.

Haben in Homers Welt Aristokratie, Standesehre, Eleganz und Schönheit noch großes Gewicht, sucht man diese typisch griechischen Eigenschaften bei Hesiod vergeblich. Er verleugnet seine bäuerliche Abstammung und die damit verbundene tägliche Mühsal nicht. Im Gegenteil, in „Werke und Tage", einer Art Bauernkalender, verkündet er dem Volk die segensreiche Notwendigkeit der menschlichen Arbeit auf dem Land, denn „vor das Gedeihen […] haben die ewigen Götter den Schweiß gesetzt".(59)

Ferner umreißt er hier die Bedeutung der Einhaltung von Ordnung und Recht für das Zusammenleben der Menschen und deren Lebensführung. Die oben zitierte Stelle lohnt eines genaueren Blickes, denn das Wort „Gedeihen" ist die Übersetzung von *aretē* (ἀρετή), dem zentralen Begriff der griechischen *Paideía*, des Bildungsideals, wie es im „Staat" ausgeführt wird, und wird oft völlig unzureichend mit „Tugend" wiedergegeben. Sicherlich hat der Bauer erst einmal Interesse am Gedeihen seines Korns und seines Viehs, er möchte das Beste erzielen, wofür er natürlich schwitzen muss. Doch Hesiod spricht mehr als nur die heroischen Taten von Kriegern an, wie das bei Homer der Fall ist.

Stärker als heute wird der Mensch in dieser Zeit als in der Gemeinschaft stehend betrachtet, und hier geht es um das Miteinanderleben und die Art und Weise, in welcher dieses zu vollziehen ist.

Der Mensch ist von Natur aus ein „politisches Lebewesen", ein zôon politikón (ζῷον πολιτικόν), wie Aristoteles später sagen wird. In der sozialen Sphäre der Griechen spielt der Gedanke der „Gerechtigkeit" (δικαιοσύνη/dikaiosýnē) eine große Bedeutung, ja strukturiert sie sogar, und hier tritt eben die Frage auf, was das „Werk" des Menschen (ἔργον/érgon) in dieser sein soll. Wie weit ist also der Mensch dazu bestimmt, seine partiellen „Bestheiten" (ἀρεταὶ/aretai) auszubilden oder gar die Erfüllung im Streben nach Totalität zu suchen, wie es später in Platons Metaphysik deutlich zum Ausdruck kommt und einen wesentlichen Charakterzug des Menschen darstellt?

Der „aretḗ"-Begriff bei Homer kommt über eine gewisse Engführung nicht hinaus, da er ihn vor allem der Ehre zuschreibt, welche den mutigen Kriegern entgegenzubringen ist. Heroische Leistung, Tapferkeit und Kraft sind die Prädikate, durch die die Krieger geadelt werden. Nur ihre aufgrund einer Annäherung an ein Ideal erworbenen Verdienste prägen ihre Standesmoral und verpflichten sie in ihrer Vorbildfunktion gegenüber der Gemeinschaft.[(60)]

Doch so weit geht Hesiod in seinen „Werken und Tagen" nicht. Die Ausbildung der „Bestheit" muss bei ihm am Normalen, Typischen und eben nicht am Einzelnen und Individuellen abgelesen werden.[(61)] Es geht ihm um die Überwindung von Habgier und Streit, indem man der „Gerechtigkeit" (δίκη/díkē) – *siehe den entsprechenden Vermerk im Glossar* – folgt und nicht mehr so sehr der „Ehre" (τιμή/timḗ). Dies ist jetzt der höchste Wert für die Gemeinschaft. Hierdurch kann man auch mit den Nachbarn in einen löblichen

Wettkampf treten und Wohlstand durch ehrliche Arbeit erlangen, was in der homerischen Adelsgesellschaft noch undenkbar war.

Neben dem jederzeit möglichen Tod im Krieg ist es vor allem die Missachtung der Regeln im ohnehin entbehrungsreichen Alltag, was die Menschen gefährdet. Hesiod hat dies in den Mythen von der Büchse der Pandora und den Weltaltern eindringlich dargestellt.

Im Politischen geht Hesiod also einen entscheidenden Schritt weiter als Homer, ja, er steht sozusagen am Anfang des griechischen Denkens über Politik, so wie er auch als Vorläufer der Geschichtsphilosophie, Anthropologie und der ethischen Fragestellungen gesehen werden kann.

Daher findet der Mythos bei Hesiod durch Imperative, Lob- und Mahnreden an vielen Stellen eine normative Verwendung. So auch bei der Erzählung von den fünf sich verschlechternden Weltaltern, die ihren Ursprung im Orient hat.(62) „Du aber präge dir ein, daß Götter und sterbliche Menschen vom gleichen Ursprung herstammen."(63) Es ist das Goldene Zeitalter, das die Menschen ohne Not in Glück und Gerechtigkeit auf dem Olymp leben lässt, das auf ergiebigem Boden Frucht und Korn in Hülle und Fülle wachsen lässt. Im Übergang zum Silbernen Zeitalter muss man sich den ehrlosen Sündenfall des Prometheus an den Göttern vorstellen, denn das zweite Zeitalter ist weit geringer als das erste. Die Menschen werden zwar hundert Jahre alt, doch sie bleiben körperlich und geistig auf einer jugendlichen, vernunftlosen Stufe stehen und sterben nach Ablauf ihrer Zeit einen qualvollen Tod. Das dritte Zeitalter, das Zeus hervorbringt, ist das Eherne. Es ist wild und kriegerisch. Die Menschen besitzen klobige Körper und ungeheure Kraft, die sie aber nur für die Auseinandersetzungen mit ihresgleichen verwenden. Krieg und Hybris sind ihr Lebensinhalt. Im vierten Zeitalter keimt Hoffnung für die Menschen auf, denn es ist das Zeitalter der Heroen. Sie haben die freie Wahl, ein Leben in Gerechtigkeit zu führen, ihr Schicksal zu verbessern und auf den Inseln der Seligen ein Dasein fast wie im Goldenen Zeitalter zu fristen. Doch der Krieg gegen Theben und die gefährliche Fahrt nach Troja, einer schönen Frau wegen, tilgen auch diese Generation bis auf wenige. Mit Letzteren hat Zeus Einsehen und versetzt sie fernab von den anderen Menschen auf die Insel der Seligen. Im fünften Zeitalter, dem Eisernen, in dem Hesiod selbst zu leben gezwungen ist, ist das Leben der Menschen von nicht endender Mühsal und Leid bestimmt. Gebeugt von Sorgen und Not, gebären diese Menschen Nachkommen, deren Schläfen schon bei der Geburt ergraut sind. Familien sind zerstritten, Eltern werden nicht geehrt, Eide werden gebrochen, Güte wird nicht gedankt und Gerechtigkeit wird durch das Faustrecht ersetzt.

Doch trotz dieses pessimistischen Grundtons besteht kein Anlass, sich dem Schicksal zu ergeben. Denn die Mahnungen, die Hesiod in seine Erzählungen einflicht, sind gleichzeitig praktische Regeln für die Bodenbestellung, die Aussaat, die Ernte und die Vorratsspeicherung. Auf der moralischen Seite steht die Aufforderung respektive die freie Entscheidung, Maß zu halten und das Leben in der Gemeinschaft zu pflegen. Dies gilt für jedes zuvor beschriebene Zeitalter auch. Der Aspekt der Gemeinschaft wird dann später bei Aristoteles und Platon noch große Beachtung finden.

Die Erzählung der Zeitalter darf jedoch nicht im historischen Sinne als eine Abfolge verschiedener Epochen aufgefasst werden, vielmehr ist sie der Ausdruck eines verloren gegangenen Idealzustandes, eines Paradieses, welches trotz der scheinbar großen Entfernung in besonderen Bewusstseinszuständen erlebt werden kann und an dessen Ende Harmonie und ein Leben ohne Mühsal stehen.

Hesiods „Werke“ sind zwar weniger lichthaft und bei Weitem schwermütiger als die des Homer, aber deshalb nicht weniger eindringlich und arm an Pathos. Weist die Auffassung über die Götterordnung beider Dichter viele Gemeinsamkeiten auf, geht Hesiod doch weit hinter Homer zurück, indem er auch Gottheiten auftreten lässt, teilweise aus frühorientalischen Mythen entlehnte, die das Ungestalte und Feindliche repräsentieren, so etwa in der grausigen Geschichte von Uranos und Kronos[64] – Mächte, die bei Homer bewusst keine ausführliche Nennung erfuhren. Er aber möchte zeigen, was wirklich existent ist, die Menschen bedroht und nicht in der Zeit überwunden werden kann.

In Hesiods Schriften „Theogonie" und „Werke und Tage" wird die Entstehung der Welt und des Göttlichen aus den Urwesen Chaos, Gaia und Eros bis zur Machtergreifung des Zeus in großen Linien entfaltet. Chaos darf in diesem Zusammenhang aber nicht mit Unordnung übersetzt werden, sondern hat die Bedeutung von „gähnender, klaffender Schlund" eines Tieres, spielt also auf die Leere des Raumes an.[65] In der „Theogonie" beschreibt er drei Generationen.

Hesiod beginnt mit den Nachkommen des Chaos. Die Nacht, Nyx, Tochter des Chaos, bringt durch die Verbindung mit der Urfinsternis, Erebos (Ἔρεβος), aithḗr (αἰθήρ) und Tag hervor. Woher die Erde, Gaia (Γαία), kommt, wird bei Hesiod nicht erwähnt und erfährt lediglich eine Deskription. Sie ist breitbrüstig, groß und kann viele Menschen und Götter ernähren. Ihre Nachkommen sind Himmel, Berge und Meer. Durch den Regen, der vom Himmel auf die Erde fällt, vollbringt Eros sein Werk, indem diese befruchtet wird und die ungeliebten Titanen gebiert.

In der zweiten Generation bringt die Nacht Nachkommen aus sich selbst hervor. Neid, Täuschung, Eifersucht, Alter, Streit, Mord, Hunger und Schmerz sind ausnahmslos Kinder der Nacht, die dem Leben nicht gewogen sind. Unter vielen anderen wird auch Éris, die Göttin des Streits, geboren. Hiermit verbindet Hesiod ein persönliches Erlebnis, nämlich die Auseinandersetzung mit seinem Bruder Perses um das väterliche Anwesen. Eris erfährt in seiner Erzählung eine gewisse Doppeldeutigkeit, wahrscheinlich um die Richter im laufenden Prozess zu beeinflussen. Sie verkörpert nun nicht mehr nur das trennende, kriegerische Prinzip, sondern hat daneben auch ein versöhnliches, gutes Element, indem eine Einigung gesucht wird.(66) Dies soll besagen, dass Streiten letztlich Streben nach Einheit ist.

In der dritten Generation kommen in der „Theogonie“ schließlich die den Menschen wohlgesinnten Nereïden vor. Sie sind wunderschöne Seenymphen, die das Wesen der See, den Zauber der Inseln verkörpern und in die Zukunft blicken können. Hesiod erweitert die in der „Ilias“ vorkommenden vierunddreißig Namen von Nereïden auf fünfzig.(67)

Darauf folgt eine Erzählung von Kämpfen mit Titanen und anderen Ungeheuern, an deren Ende Zeus die olympische Herrschaft gewinnt. Sind die Machtbefugnisse bei Homer unter den Göttern noch verteilt, wird in der „Theogonie“ des Hesiod Zeus an die Spitze der Götterordnung gestellt. Er ist somit in vollem Umfang ein König, dem Folge geleistet werden muss – ein Gedanke, der dann auch von monotheistischen Religionen aufgegriffen wird. Er bringt also die Vielzahl der göttlichen Wesen, die bei Homer noch alle nebeneinanderstehen, in eine gewisse Systematik und stellt ihre gegenseitige Abhängigkeit dar.

Seine Genealogie der Götter ordnet Hesiod nach dem Vorbild eines menschlichen Stammbaumes, an dem die Entstehungsgeschichte bei den Olympiern, beginnend über die Heroen bis zur Schwelle der Menschheit, abwärts verfolgt werden kann. Es ist ihm dadurch auch möglich, über das Wesen und Werden der Götter selbst zu reflektieren: Wer stammt von wem ab (γένος/génos) und was bildete den Anfang? Aufgrund dieses Ursprungsdenkens mündet seine Theogonie mithin in eine Kosmogonie.

Auf seiner Suche nach Wahrheit beschreitet Hesiod ganz bewusst einen anderen Weg als Homer. Bei ihm wollen die Musen jetzt nicht mehr wie bei Homer irgendwelche Erzählungen tradieren, die ohnehin nur Schein sind, sondern der Wahrheit selbst nachgehen. So kann man eingangs in der „Theogonie“ lesen: „… vielen Trug *(pseudea)* verstehen wir zu sagen, als wäre es Wahrheit, doch können wir, wenn wir es wollen, auch Wahrheit verkünden.“(68) Infolgedessen erhält er von den Musen den Stab des Propheten und nicht die Leyer des Sängers, um seinem Volk das Wort Gottes mitzuteilen.

Es fällt auf, dass Hesiod die Homerischen Epen sehr eigenständig auslegt und auch erweitert und somit neue Motive und Möglichkeiten findet. Einzelne Worte und Namen(69) werden bei ihm etymologisch erklärt. Auch macht er sie hierdurch – neben seinem Anliegen, den Anfang zu erfassen – zu selbstständigen Sinnträgern. Dies sind ausgeprägte Züge rationalen Denkens hin zum Begrifflich-Abstrakten, die neben das Gestalthaft-Wahrgenommene gesetzt werden. Und so findet neben der allegorischen Mythendeutung eine rationale Mythendeutung ihren Platz, die auch die nähere Umwelt der Menschen in den Blick nimmt.

Die Zielintention von Hesiod ist deutlich: Er will lehren und erziehen und nicht nur unterhalten, wie das bei Homer der Fall ist. Sein Moralgesetz (díkē) zur Aufrechterhaltung von Maß, Ordnung und Rechtschaffenheit, welches für den Bettler wie den König zu gelten hat, steht in diametralem Gegensatz zu der Homerischen Lebensanschauung einiger wenigen Helden und kapriziösen Göttern, die den Menschen als Vorbild dienen sollen.

Die Griechen hatten zu jener Zeit noch keine Offenbarungsbücher und heilige Lehren; ebenso fehlten die Priesterkasten, welche als Wächter für eine Überlieferung verantwortlich waren. Die Epen Homers und die Werke Hesiods sind die einzigen Quellen, aus denen Rückschlüsse auf das religiöse Verständnis der Menschen zu jener Zeit gezogen werden können.(70)

Auffällig bei Homer und Hesiod ist jedoch neben dem freien Umgang mit den Mythen auch die Tatsache, dass beispielsweise die

Seele bei ihnen keine Entität darstellt, wie das später bei Platon der Fall sein wird. Auch die meisten Naturvölker schreiben den von den Leibern gesonderten Seelen eine gewaltige, unsichtbare Macht zu. Nicht so Homer. Er kennt weder eine Wirkung der Psyche auf das Reich des Sichtbaren noch einen Kult derselben. Wenn der Tod eintritt, entschweben die Seelen, ihr Schicksal bejammernd, zum Hades, wo sie nach der Feuerbestattung des Leibes für immer in den Tiefen des Erebos verschwinden, um in diesem dunklen Höhlenbereich „bewusstlos, oder höchstens in dämmerndem Halbbewußtsein, mit halber, zirpender Stimme begabt, schwach, [und] gleichgültig“(71), aller Geistes- und Willenskräfte beraubt, zu verweilen. Einmal dorthin verbannt, ist es ihnen nicht mehr möglich, auch nur das Geringste von der Oberwelt wahrzunehmen, geschweige denn sich an sie zu erinnern, da sie ja nicht mehr denken können und somit nichts mehr vom Jenseits wissen.(72)

Die Griechen zur Zeit Homers wurden also ermuntert, ihre Existenz so anzunehmen, wie sie eben war, und Leiden und Tod klaglos zu akzeptieren, ohne eine Aussicht auf Besserung durch eigene Bemühung.

Kapitel II

ORPHEUS UND SEINE LEHRE

1. Herkunft und Verbreitung

Die Rituale des Dionysos-Kultes waren in ihrer ursprünglichen Form oft grausam und wirkten daher auf viele Menschen abstoßend. Einen weitaus größeren Einfluss hatte in der Folge eine vergeistigte Form dieses Kultes, die ohne Tieropfer und physische Ausschweifungen zelebriert wurde und einem Priester des Dionysos, namens Orpheus, zugeschrieben wurde.

Seine Herkunft bleibt dunkel, und es ist nicht sicher, ob er tatsächlich gelebt hat oder eine Phantasiegestalt ist. Seine Bedeutung für die Dichtung, die Musik und später auch die Philosophie und Pädagogik kann jedoch nicht hoch genug eingeschätzt werden. Laut der Überlieferung, also der Durchleuchtung der Mythen in Form späterer Verschriftlichungen, kam er von den Bergen Thrakiens nach Griechenland. Neuere Funde aus Grabbeigaben, die sogenannten Goldplättchen und der Papyrus von Derveni, erlauben Rückschlüsse auf Ägypten als Herkunftsland der Orphik. Andere Indizien scheinen auch auf den Iran und eine vedische Abstammung hinzuweisen. [(73)] In der allgemeingültigen Version der mythischen Erzählung wird jedoch Thrakien als sein Vaterland angeführt.

Wo die Heimat des Orpheus auch zu suchen ist, sicher ist jedenfalls, dass diese neue Mysterienreligion von außen nach Griechenland getragen wurde. Er soll aus der Verbindung von Apollon mit Kalliope, der Muse der epischen Dichtung, hervorgegangen sein.

Orpheus war mit vielen Talenten gesegnet. Die siebensaitige Lyra[(74)], die er von seinem Vater als Geschenk bekommen hatte, verstand er so virtuos zu spielen, dass sogar wilde Tiere ihren Klängen lauschten und die Bäume sich zu ihm neigten, ja, selbst die unbändigen Bacchantinnen fühlten sich aufgrund seiner Ausstrahlung von ihm angezogen. Doch nicht nur sein Gesang und seine Musik, mit denen er Mensch und Natur zu beeinflussen vermochte, sondern auch seine Gabe, mit den Göttern zu kommunizieren, erklärten seine magische Anziehungskraft. An dieser Stelle erzählt der Mythos von Orpheus' Gang in die Unterwelt (κατάβασις/katábasis), um seine geliebte Frau Eurydike, die durch einen Schlangenbiss zu Tode gekommen war, wieder in die Welt der Lebenden zurückzuholen. Dort angekommen, spielte er vor Hades und Persephone so betörend, dass diese sich erweichen ließen, Eurydike mit Orpheus ziehen zu lassen, und zwar unter einer Bedingung: Orpheus musste vorangehen und durfte sich nicht nach seiner Frau umdrehen. Da Eurydike bis zum Erreichen der Oberwelt als Tote lediglich ein Schatten war und er ihre Schritte nicht hörte, drehte er sich aus Sorge nach ihr um. So verlor er sie ein zweites Mal an den unbarmherzigen Hades und sein größter Sieg wandelte sich unversehens in seine größte Niederlage.

Ein weiterer Mythos rankt sich um seinen eigenen Tod, der durch die Bassariden erfolgte, die seinen Körper in Stücke rissen. Dieser Mythos hat seine Entsprechung in der Erzählung vom Tod des Dionysos-Zagreus, dem göttlichen Sohn des Zeus und der Persephone, der von den Titanen zerfleischt, aber von Zeus wieder ins Leben gerufen wurde. Aus Rache schleudert Zeus Blitze nach ihnen und sie zerfallen zu Asche, aus welcher daraufhin das Menschengeschlecht entsteht, das nun sowohl die göttliche Essenz wie auch das tellurisch-titanische Element in sich trägt.[75]

Aus geographischer Sicht hat das Land Thrakien in der griechischen Mythologie eine besondere Bedeutung. Wild, rau, dunkel, schwer zugänglich aufgrund langer Bergrücken, tiefer Täler und dichter Eichenwälder, steht es sinnbildlich für die Griechen und ihr heiliges Land. Ein Land der Musen, der Geister, aber auch der Heiligtümer, da die Bergspitzen Sitz der Götter sind. Es ist ein Land, in dem der gewaltige Kampf zwischen den solaren und lunaren Kräften um die Vorherrschaft mit ungeheurer Hartnäckigkeit tobt. Die solaren oder uranischen (Uranos) Kulte finden in den Tempeln auf den Bergkämmen durch männliche Priester statt. Die lunaren Kulte werden von Frauen in den dunklen Wäldern und Tälern in okkulter Form abgehalten. Es ist der Kampf der Priester gegen die Priesterinnen respektive der Kampf der Geschlechter, der nie durch eine Vorherrschaft zu einem Ende kommen kann. Das Volk entschied sich anfangs jedoch für die wilden, weiblichen Gottheiten und ihren Bacchuskult, über den im vorigen Kapitel ja schon einiges gesagt wurde.

Zu dieser Zeit der blutigen bacchischen Orgien, bei denen die Männlichkeit auf perverse Art und Weise abgetötet wurde, tritt Orpheus in Erscheinung. Zwanzig Jahre lang war er Thrakien ferngeblieben, um in Ägypten und anderen Ländern Zuflucht bei Priestern zu suchen und sich in ihre Mysterien einweihen zu lassen. Als Zeichen seiner Mission gaben ihm seine Lehrer den Namen Orpheus oder Arpha mit, was so viel bedeutet wie „der durch das Licht Heilende“[(76)].

Orpheus ist nun der Pontifex, der Hohepriester des Zeus und offenbart den Eingeweihten die himmlische Seite des Dionysos. Seine Botschaft beginnt sich im 7. und 6. vorchristlichen Jahrhundert allmählich von Thrakien aus über Attika bis nach Unteritalien auszubreiten. Sind es anfangs nur kleine Gemeinden im Mutterland, in denen sich diese religiöse Strömung verbreitet, folgen alsbald auch Fürstenhöfe und der Adelsstand, was aus den Schriften vieler Philosophen und Dichter zu dieser Zeit hervorgeht. Die Bedeutung der neuen Religion der Griechen ist auch daran abzulesen, dass sie verständnisvollen Eingang findet in ihr maßgebendes Heiligtum für alle religiösen Belange: Delphi.

Orpheus gilt als der Rektifikator des bacchischen Kultes und Gründer der Großen Mysterien. Er besteigt nachts den Berg Pangaion, um bei Tagesanbruch dem Licht der Sonne mit Lobgesängen zu huldigen. „Orpheus folgt, im Gegensatz zu den Bacchantinnen, dem *Sonnenweg* oder *Feuerweg*, und die orphischen Priester nähren ein *Feuer* als lebendiges Symbol der spirituellen *Sonne*.“[(77)]

So ist bei Euripides zu lesen:

> „Doch ist mir von Orpheus ein äußerst wirksamer Ritus bekannt, bei dem das Feuer unmittelbar zum Kopf aufsteigt und den einäugigen Sohn der Erde von unten verbrennt.“[78]

Die Bevorzugung der Höhenlagen gegenüber den lunaren Ebenen erklärt Raphael wie folgt:

> „… Menschenmassen als solche entfesseln mächtige Energieströme mit einer schweren, individualisierten Ausstrahlung; so ein grobstofflicher Schwingungsstrom trifft sensible Organismen, die ihre Noten, Töne und Rhythmen erhöhen wollen, auf negative Weise.“[79]

So wenig über Orpheus selbst auch heute in Erfahrung zu bringen ist – oft sind es nur vage Andeutungen in schriftlichen Hinterlassenschaften anderer, die häufig sogar wenig Kongruenz aufweisen –, seine Lehre, die Orphik, ist dessen ungeachtet wohlbekannt. Euripides, Aristophanes, Pindar und Platon, später um die Zeitenwende Horaz, Vergil und Ovid sowie andere Autoren im Neuplatonismus bezeugen jedoch, dass zu ihrer Zeit umfängliche Schriften kursierten, die sich auf Orpheus bezogen.[80]

2. Geschichtliche Belegung und Schriftlichkeit der Orphik

Für die Historizität von Orpheus und seinen Lehren sprechen neben den mündlich tradierten mythischen Quellen auch einige Schriften, die ihm selbst zuzuordnen sind oder in späteren Schulen entstanden. Zweifellos ist die „Theogonie" das bestbezeugte orphische Gedicht, das um die Schöpfung des Kosmos, der Götter und der Menschen kreist und im Übrigen eine ähnliche Struktur wie bei Hesiod aufweist.

Der Neuplatoniker Damaskios, das letzte Oberhaupt der Athener Akademie im 5. Jahrhundert n. Chr., kannte von der „Theogonie" drei Fassungen. Die älteste Fassung wird hier dem Aristoteles-Schüler Eudemos (4. Jh. v. Chr.) zugeschrieben und zeugt von deutlichen Unterschieden zu der Version Hesiods. Sie ist umfangreicher und es werden mehr Urgewalten aufgezählt – so auch das „Weltei", aus dem ein geflügelter Érōs hervorgeht –, und alle anfänglichen Elemente beseelt. In der Symbolik steht das Ei für die Überwindung von Dualität, das Ineinanderfließen von Gegensätzen und die Einheit des Seins.

In einer weiteren Fassung führt Damaskios die „Heiligen Schriften (hieroí lógoi) in 24 Rhapsodien" an, die ebenfalls Orpheus zugeschrieben werden und bei seinen Anhängern kursierten. Bezeugt wird dies ferner durch die von Euripides im Jahre 427. v. Chr. aufgeführte Tragödie „Hippolytos". In diesen Schriften wird von Chronos, der Zeit, berichtet. Sie steht für den Eintritt in die Geschichtlichkeit. Aus ihr geht der aithḗr, die Luft, eine der Grundbedingungen jeglichen Lebens, hervor.(81) Aus ihm wiederum entsteht ein silbernes Ei, das Phanes (von Φαίνειν/phainein = „zum Licht bringen", „erscheinen lassen") oder Eros, wie er in den späteren orphischen Schriften genannt wird, gebiert. Von Eros werden sämtliche Götter der Welt gezeugt, und seine goldenen Flügel symbolisieren das Licht der Sonne, die alles offenbar macht. Zur Bestätigung der Herrschaft übergibt er nun das Zepter an Nyx (Nacht), die zugleich seine Mutter, seine Frau und seine Tochter ist.[82]

In der orphischen Theogonie besitzt die Nacht eine besondere Machtstellung; sie hält sich zwar im Hintergrund, ist aber immer da und wird von den anderen Göttern geachtet und um Rat gefragt.[83] So steht in der orphischen Dichtung Nyx auch Zeus mit Rat zur Seite, als es um die Neuordnung der Welt und den Bau des Weltalls geht. Alles, was bisher durch Phanes geschaffen wurde, also die gesamte Schöpfung, wird auf ihr Anraten von Zeus verschlungen. Fortan trägt auch er alle Kraft des Phanes in sich. In dieser mythologischen Deutung werden Universum und Zeus identisch, werden Eines. Die lange Reihe der herrschenden Götter, die auch noch selbst aus sich hervorgehen, steht für die unendliche Mannigfaltigkeit des Werdens in der Welt, fällt aber durch den Akt der Verschlingung zu dem beseelten Einen zurück, aus welchem alles sein Wirken bezieht. Der Glaube an *einen* Gott (Monotheismus) tritt dergestalt neben die Verehrung der *vielen* Götter (Polytheismus) in Griechenland.

Den nächsten Anhaltspunkt bieten die „Orphischen Argonautika" (vermutlich 5. Jh. n. Chr.), ein Gedicht aus 1376 Hexametern, das also vergleichsweise spät entstand und von dem homerischen Epos und den „Argonautika" des Apollinios von Rhodos (240 v. Chr.) in den wesentlichen Zügen stark beeinflusst ist. Hier lässt der Autor, sehr wahrscheinlich aus seiner Anhängerschaft, Orpheus selbst von seiner Teilnahme an Bord der Argo, einem wendigen Schiff, das etwa 50 furchtlosen Ruderern Platz bietet, berichten. Obwohl er schon ein Greis ist, gibt er den Bitten Iasons nach, an der Expedition teilzunehmen, um das Goldene Vlies[84] heimzuholen. Die jüngere Version unterscheidet sich von der älteren insbesondere aufgrund der Darstellung des Orpheus. In allen Situationen und Gefahren, vor allem auf dem Rückweg, tritt er nun als derjenige auf, der entscheidenden Anteil am Gelingen des Unternehmens hat. Er ist das geistige Oberhaupt, der Seher, hinter dem jeder andere Teilnehmer in seiner Funktion weit zurücksteht.

Die Rückholung des Goldenen Vlieses, was der ursprüngliche Grund der Reise ist, erhält in der weiteren Erzählung eine neue Zielrichtung. Auf der Suche nach ihm müssen die Helden in den Palast von Aietes gelangen, der von Hekate und Artemis bewacht wird und jenseits der Welt der Sterblichen liegt. Die Erzählung dieses Weges in das Schloss ist Anlass, daraus einen Initiationsweg zu machen, und er ist nur möglich, wenn zahlreiche kathartische Handlungen vollzogen werden.[(85)]

Auf einer sehr viel älteren Darstellung, einem Steinrelief (Metope) von Delphi aus dem 6. Jahrhundert v. Chr. wird Orpheus auf dem Argonautenschiff aber lediglich als Sänger (kaleustes) und Taktgeber für die Ruderer dargestellt. Mit Recht darf somit die beschönigende jüngere Darstellung in einigen Bereichen in Zweifel gezogen und der poetischen Fiktion zugeschrieben werden.

Unzweifelhaft ist auf jeden Fall Orpheus' Teilnahme an der Expedition als Bestandteil des frühen griechischen Mythos, was die archäologischen Funde außerdem belegen, sowie der Umstand, dass er schon bald über die alleinige Tätigkeit eines Musikers hinausgewachsen und für die Menschen zu einem Hüter göttlicher Geheimnisse, einem Weisen und letztlich einem Religionsstifter geworden ist.

Ein weiterer Anhaltspunkt, der auf die Existenz des Orpheus schließen lässt, sind die *Hymnen*. Es sind 87 Gedichte verschiedener Länge, die von ebenso vielen Göttern und deren Mächten berichten. Durch Anweisungen und bestimmte rituelle Handlungen wie Gebete und Hinterlegung von Gaben können die Menschen diese Götter anrufen und sie um Hilfe bitten. Es wird vermutet, dass diese Hymnen für die Verwendung einer Kultgemeinde in Kleinasien bestimmt waren und aus dem 2. Jahrhundert n. Chr. stammen.[(86)]

Weitere Indizien für die sakralen Zeremonien (Praktiken) der Orphiker sind durch die Weihepriester dieser religiösen Bewegung, die Orpheotelesten, gegeben. Sie leiteten die Initiationsrituale und führten die religiösen Weihen (teletai) durch, wobei sie ein heiliges Buch (Orphische Theogonie) zugrunde legten und auch Schriften verteilten, die der Gewinnung neuer Anhänger dienen sollten.

Überhaupt unterschied sich die Zeremonie der Orphiker nicht unerheblich von den herkömmlichen hellenischen Kulthandlungen. Das Umherziehen der Priester, der Verzicht auf Tempel und die aktive Suche nach Menschen, die der Glaubensgemeinschaft beitreten wollten, waren keine typisch griechischen Merkmale.(87)

Gelegentlich wird in der Literatur auch Onomakritos von Athen, ein Dichter im 6. Jahrhundert. v. Chr., ins Feld geführt, um als Beleg orphischer Schriften zu dienen. Doch trotz seiner passionierten Neuredaktion und Verbreitung bekannter Texte, auch der homerischen, ist ihm eine gewisse Unlauterkeit nicht abzusprechen und eine Beweisführung durch ihn kritisch zu sehen. Denn er wurde von einem Zeitgenossen bei eigenmächtigen Einfügungen ertappt. Ein Skandal, der öffentlich zu werden drohte. So konnten auch seine Mentoren am Tyrannenhof der Peisistratiden, wo er als theologischer Berater arbeitete, ihre schützenden Hände nicht länger über ihn halten und er musste den Gang in die Verbannung antreten.(88)

Zu guter Letzt dienen auch die in jüngster Zeit bei Ausgrabungen gefundenen Inschriften der Goldplättchen von Petelia, Thurioi und Pharsalos, welche aus dem 4. vorchristlichen Jahrhundert datieren und den Anhängern der Orphik bei ihrer Beisetzung um den Hals gelegt wurden, als Beweis für die orphisch-metaphysische Anschauung, dass der Mensch als eine Zusammensetzung aus einem unsterblichen, göttlichen Teil (Seele) und einem sterblichen, titanischen Teil (Körper) zu betrachten ist. Auf die Inschriften wird weiter unten noch genauer eingegangen werden.

3. Seelenlehre und Lebensform der neuen Religion

Mit dem Eintritt des Menschen in die Schöpfung beginnt das gegenwärtige Zeitalter und die Genese der Götter wird beendet. Das bedeutet, dass sich Mythos und Dichtung nun den Erdenbewohnern zuwenden, um ihnen ihr Los, ihre Pflichten und ihre Ziele zu offenbaren. Die Beschaffenheit der Menschen aus dionysisch-guten und titanisch-bösen Anteilen weist zugleich auf deren Sonderstellung in der Welt hin: ihre Teilhabe am Göttlichen.

Diese polaren Kräfte kommen auch in der Unterscheidung von Körper und Seele zum Ausdruck, mit denen das Wesen des Menschen, unter deutlicher Wertabstufung des Ersteren, bezeichnet wird. Sprechen wir von einem Körper, so verbinden wir damit meist etwas Materielles, das an Raum und Zeit gebunden ist. Dem gegenüber hat sich der ominöse Begriff der Seele etabliert, der jedoch in akademischen Kreisen eine breite Negierung erfährt, selbst in der für ihn zuständigen Wissenschaft, der Psychologie.

Dabei wissen die Menschen – und zwar nicht erst seit unserer historischen Zeitrechnung, sondern auch schon weit davor, wie es beispielsweise alte Bestattungsrituale bezeugen –, dass sich die Existenz eines jeden Individuums nicht in seiner Körperlichkeit erschöpft und dies bei einigem Nachdenken auch evident wird. Die Frage, was ein menschliches Herz schlagen lässt, kann nicht aufgrund eines linearen medizinischen Kausalnexus beantwortet werden, genauso wenig wie die Frage nach der Entstehung von Gedanken, von Willensimpulsen oder von Intuition. Da die Seele immateriell ist, können ihr auch keine Raum- und Zeitkoordinaten zugewiesen werden.

Bemerkenswert ist auch, dass in der Physik der Substanzbegriff immer weniger dafür geeignet erscheint, Phänomene auf der subatomaren Ebene der Materie zu erklären, da sich die entsprechenden Strukturen ständig verändern und sich einer Verortung immer wieder entziehen. Genau betrachtet, liegen die wissenschaftliche Position und die philosophische oder theologische Annahme einer Seele gar nicht so weit auseinander, da, wie noch mit Platon zu zeigen sein wird, die Seele immer das dem Körper vorgeordnete Prinzip zu dessen Bewegung darstellt. Zumindest wird es für die Wissenschaft, in diesem Fall die Physik, immer schwieriger, begrifflich exakt auf einer rein substanziellen Ebene zu operieren und ihre Beweise, meistens in Form von Implikationen, also Wenn-dann-Beziehungen, ohne geistiges Prinzip zu führen.

Es ist auch auffällig, dass Körper und Seele oft als gegensätzlich angesehen werden, so vor allem dann, wenn in der Biologie an dem Postulat der Evolutionstheorie festgehalten wird, was einer rein materialistischen, seelenlosen Anschauung gleichkommt, da man das Höhere aus dem Niedrigen zu erklären versucht, das „Missing Link" jedoch stets schuldig bleibt. Aus metaphysischer Sicht ist es eben genau umgekehrt, das Höhere ist die Grundlage für das Niedrige, welches darauf angewiesen ist, aber immer nur in dieser Richtung und nie umgekehrt. In dieser Ordnung stellt das Geistige somit die vorauszusetzende Möglichkeit dar, etwas aktual werden zu lassen, ergo das Körperliche zu integrieren und zu bewegen. Daher ist das Geistige alles andere als ein Oppositum des Körperlichen.

Bei Homer, aber auch schon vor ihm, sind die entsprechenden Bezeichnungen für Körper (σῶμα/sôma) und Seele (Ψυχή/psyché) keinesfalls eindeutig, bestimmen aber die damalige Auffassung des Menschen und in der Folge den Glauben an die Göttlichkeit der Seele und die Beschäftigung mit der Metaphysik.

Zunächst bedeutet „psyché" bei Homer nur das Lebensprinzip eines Menschen, insofern es ihn „beseelt", das heißt, er durch sie am Leben[(89)] gehalten wird. Es hat die Bedeutung von „hauchen, atmen" (ψύχειν/psýchein), Lebensatem. Beim Sterben verlässt die Seele den Körper durch den Mund und geht in das Reich des Hades ein, um dort als Gespenst ein Schattendasein zu führen. An einigen anderen Stellen der „Ilias“ werden für „Seelisches“ von Homer auch noch die Wörter „thymós“ (Θυμός) und „noûs“ (νοῦς) angeführt, wobei mit Ersterem eher dasjenige benannt wird, was Regungen und Emotionen verursacht, und Letzteres dasjenige bezeichnet, das für das geistige Erfassen, die „Ein-sicht“ zuständig ist.(90)

Jedenfalls zeigt das umfassende Wort „psyché“, welches sich dann auch gegen den Parallelbegriff „thymós“ durchsetzt, dass der Mensch im Besitz von etwas ist, das seine Körperlichkeit am Leben erhält, aber selbst nichts Körperliches ist. Ansonsten sind die homerischen Beschreibungen der Seele stark individualisiert und weisen wenig göttliche Züge auf. Ja, er spricht eingangs der „Ilias“ sogar davon, wie die Seelen der Toten in den Hades hinabgestoßen werden, um dort ein tristes Dasein zu fristen.

Während bei Homer der Mensch selbst noch mit seinem Körper identifiziert wird, ändert sich das mit der Orphik. Hier und bei den Pythagoreern erfährt die unsterbliche Seele gegenüber dem Körper eine derart große Aufwertung, dass der Körper nur noch als ihr Träger, ja sogar als ihr Grab angesehen wird (Σῶμα σῆμα/sôma sêma).

Die Unsterblichkeit der Seele und die Vergänglichkeit des Körpers ziehen nun ein Mehrfaches nach sich: Die Seele muss nach dem Ableben des Körpers weiter wandern, also in einem anderen Körper wiedergeboren werden. Dieser duale Grundsatz führt zu dem Gedanken einer Jenseitigkeit und adelt die Seele als etwas Göttliches, das sie zwar von Beginn an schon war, aber durch die Verbindung mit dem Körper im Diesseits teilweise verloren hat und nun dafür büßen muss.

Die Reinkarnationen können nach orphischer Lehre so lange und in jeglicher Form – ganz gleich, ob menschlich, pflanzlich oder tierisch – erfolgen, bis die Schuld abgegolten ist. Erst dann gelangt die Seele ins Elysium und kann somit wieder göttlich werden.(91)

In der Orphik wird nun auch die bis dahin bestehende theologisch-anthropologische Grenze überschritten, und zwar indem der sterbliche Orpheus aus dem Totenreich zurückkehrt und in der Lage ist, vom menschlichen Schicksal nach dem Tod zu berichten. In ideengeschichtlicher Perspektive werden hier im griechischen Denken erstmals Leib und Seele sowie Leben und Tod in ein dialektisches Verhältnis gesetzt und erfahren eine völlige Umwertung im Vergleich zu Homer.

Das wahre, göttliche Leben findet folglich in der Jenseitigkeit statt und nicht im Diesseits, welches lediglich ein Sühneaufenthalt für die Seele der Menschen darstellt.

Es gibt kaum jemanden, der dies prägnanter zum Ausdruck gebracht hat als der große Tragiker Euripides (ca. 480 – 406 v. Chr.):

> „Wer weiß denn, ob das Leben nicht ein Sterben ist
> Und, was wir Sterben nennen, drunten Leben heißt?“(92)

Und:

> „Gar nicht geboren zu werden, wär’ irdischen Menschen das beste;
> Sind sie aber geboren, so früh als möglich zu sterben …“

Hier wird nicht das Nichtsein glorifiziert, sondern das Verbleiben im Einen, also in der Gegenwart Gottes, um eben nicht in einem Körper den beschwerlichen Gang der Sühne gehen zu müssen und ein Leben zu fristen, das in Wirklichkeit eine Strafe ist.

Diese Gedanken werfen schon ihre ersten Schatten auf die Philosophie Platons, Aristoteles’ und Plotins, die in der Folge für das Christentum von größter Tragweite werden.

Die Auffassung einer ständig durch verschiedene Körper wandernden Seele (μετεμψύχωσις/metempsýchōsis) wird auch dadurch bestärkt, dass die die Seele (psyché) mit dem „Hauch“ und der Vorstellung des Fliegens in Zusammenhang gebracht wird. Der griechische

Begriff hierfür ist „ἄνεμος/ánemos“ (Wind), von dem sich auch die lateinischen Wörter „anima“ (Leben, Hauch, Seele) und „animal“ (Tier) herleiten und damit auch den Tieren eine Seele zugesprochen wird. Jedenfalls gehen die Orphiker in ihrem Glauben von einer jenseitigen Welt aus, die erst nach dem Tod eines Menschen betreten werden kann. Dort erwartet diejenigen, die sich im Leben schuldig gemacht haben, ein strenges Gericht, das ihnen weitere Mühsal und Qualen auferlegt.

Mit dieser bereits weiter oben angedeuteten Eschatologie kommt die hohe theologische und soteriologische Bedeutung des Seelenglaubens sehr deutlich zum Ausdruck. Diese innere Verbundenheit der Seele mit einer Welt des höheren Seins führt die Menschen zur Metaphysik und Transzendenz, also weit weg von einem bloßen Erkennen mithilfe des Verstandes oder einer liturgischen Dogmatik. Aus dieser Quelle schöpfen die Gläubigen die Gewissheit des Göttlichen und tragen daher so auch schon im Diesseits Sorge für das zukünftige Schicksal ihrer Seele nach dem Tod.[93] Das weltliche Leben erscheint angesichts der Wiedergeburt nach dem Tod nun als etwas Geringeres, ja im Grunde genommen als etwas Beklagenswertes, das lediglich der Vorbereitung auf das zu Erwartende dient. Dieser anthropologische Dualismus, der nun Eingang in die griechische Gedankenwelt hält, findet seine Fortsetzung später bei Platon und in der Folge auch im Christentum.

Ein Entrinnen aus der ewigen Wiederkehr unwürdiger Aufenthalte auf Erden gibt es für die Menschen nur, wenn sie sich Orpheus und seinen bacchischen Weihen zuwenden und sich somit Dionysos und seiner erlösenden Kraft anvertrauen, um sich von den titanischen Elementen zu befreien. Die Zuversicht in die eigene Kraft, ein bis dahin hervorstechendes Kennzeichen des stolzen Griechen, bedarf nun der Vermittlung des Orpheus, damit die Seele ihr Heil findet.[94]

Mit der Eschatologie verbindet sich bei den Orphikern aber auch ein Leben nach bestimmten Vorschriften. Denn Frömmigkeit und die Erlangung der orphischen Weihen sind nur Teile in der Vorbereitung des Gläubigen, um seine Seele von der ewigen Wiederkehr in einem Körper zu befreien.

Eine andere Grundbedingung, die erfüllt werden muss, ist die Askese, die auch ihre Ethik einschließt. Die Ausübung eines reinen Lebens, im Sinne der Orphik, geht weit über eine Einhaltung von bürgerlichen Tugenden und die Abwendung sittlicher Verfehlungen hinaus, sie fordert vielmehr die generelle Abkehr von irdischen Dingen und in letzter Konsequenz von allem, was mit dem Leibesleben und der Sterblichkeit zu tun hat. Als vielleicht auffälligste Merkmale sind hier der Fleischverzicht und jegliche Form des Blutvergießens zu nennen, welche gleichermaßen Gewaltlosigkeit und Achtung vor anderem Leben implizieren. Der Verzehr von Fleisch hätte letztlich auch eine Art von Kannibalismus sein können, denn es hätte ja der reinkarnierte Nachbar sein können.

Um das Sündenregister nicht unnötig anzufüllen und somit die Bußezeit in der Unterwelt, die von einem Totengericht in dieser verhängt wurde, nicht zusätzlich zu verlängern, wurde für die orphische Lebensführung auch ein gesittetes Verhalten, wozu Einehe und Keuschheit zählten, eingefordert.

Die dogmatischen Vorschriften hinsichtlich der Ernährung legten ihren Anhängern zudem nahe, keine Eier zu essen und auf das Tragen von Wollkleidern zu verzichten, was auch für die Bestattung ihrer Toten in diesen galt. Das orphische Gebot schien auch für den Genuss von Bohnen zu gelten, wie dies aus verschiedenen Fragmenten des Empedokles hervorgeht, da auch in den Pflanzen lebendige Wesen gesehen wurden. Inwieweit diese Vorschriften aber tatsächlich eingehalten worden sind, erscheint sehr fraglich, denn genau genommen durften dann auch keine Bäume für den Hausbau oder die Fertigung von Schiffen gefällt werden.

Dass in ihrem ungebrochenen Bemühen nach der Herrschaft der

Liebe und dem Frieden unter allen Lebewesen aber auf öffentliche und private Blutopfer verzichtet wurde und stattdessen die Symbolik frommer Weihegaben als Ersatz zur Huldigung an den „heiligen Geist", der in allem Lebendigen waltet, zum Einsatz kam, gilt als sicher. So lesen wir bei Platon:

> „Und wir sehen doch, daß auch jetzt noch bei vielen Menschen die Sitte besteht einander zu opfern. Und umgekehrt hören wir wieder von anderen, dass sie selbst den Genuß von Ochsenfleisch mieden und den Göttern keine Tiere als Opfer darbrachten, sondern Kuchen und mit Honig befeuchtete Früchte und sonstige unschuldige Opfer dieser Art, während sie sich des Fleischgenusses enthielten als einer sündlichen Speise, wie sie denn auch die Befleckung der Götteraltäre mit Blut für eine Sünde hielten. Vielmehr hielten sich die damaligen Menschen an die sogenannte orphische Lebensweise, indem sie sich den Genuß alles Leblosen gestatteten, dagegen den Genuß alles Beseelten vermieden."[(95)]

Es ist ersichtlich, wie schwer ein pflichtgetreues Handeln durch eine entsprechend ausgerichtete Ethik in der orphischen Religionsgemeinschaft für diese Männer und Frauen zu realisieren war. In einem so gearteten Leben verwundert es auch nicht, dass Reinigungen und Sühnungen in Gottesdiensten durch die Orpheotelesten (Weihepriester) einen ganz besonderen Stellenwert einnahmen, zumal diese Reinigungen nicht nur zur Zeit der Feiern selbst – wie bei den Mysterien von Eleusis und Samothrake – gefordert wurden, sondern ein ganzes Leben lang. Dennoch unterzogen sich die Mitglieder diesen Entbehrungen, um ihre Seelen zu läutern und sie der Dunkelheit der Tiefe zu entreißen, getrieben von dem übermächtigen Wunsch nach einem inhaltsreicheren Dasein, das sie dem göttlichen Licht der Jenseitigkeit entgegenführen sollte.

4. Neuerungen durch die Orphik

In der Welt der Gelehrten ist man sich uneins darüber, ob Orpheus eine historische Figur oder eine Gestalt der Sage war. Denn sollte er am Zug der Argonauten teilgenommen haben, welcher auf das 13. Jahrhundert v. Chr. zu datieren ist, gehörte er zur Generation der vorhomerischen Helden, und bis zur rasanten Ausbreitung seiner Lehre in Griechenland und Unteritalien ab dem 6. Jahrhundert v. Chr. klafft somit eine chronologische Lücke von nahezu 800 Jahren. Doch dieser strittige Punkt ist vor dem Hintergrund und der Wirkkraft seiner Lehre sekundär. Hierzu bemerkt Raphael:

> „Über die Geburt und das Leben des Orpheus gibt es zahlreiche widersprüchliche Angaben. Es ist aber auch wahr, dass es ‚Figuren' gibt, die die Fähigkeit haben, mitten unter den Menschen zu wandeln, ewige Wahrheiten zu verankern und heilige Organismen zu gründen, um dann im Nichts zu verschwinden, und die nur das Mysterium hinterlassen. Mit anderen Worten: Es gibt große *Wesen*, die keine persönliche Geschichte haben. Eine Sache ist auf jeden Fall sicher: Mit Orpheus und der Orphik nimmt die westliche Hemisphäre die überlieferten Großen und Kleinen Mysterien in Besitz.“(96)

Mit der Verbreitung der Orphik im 6. und 5. Jahrhundert v. Chr. erfährt das Gemeinschaftsleben in Griechenland eine starke Innovation und bisher für gültig gehaltene Bestimmungen werden in eine neue Ordnung überführt. Bis dato galt der Mensch als sterblich. Nur durch einen heroischen oder olympischen Akt konnte er sich in die Gemeinschaft der Götter einreihen und unsterblich werden – ein Privileg, das eben nur wenigen vorbehalten war.

> „Gegen die individuelle und kollektive Unberechenbarkeit der Götter und Menschen der homerischen Tradition setzt die Or-

> phik mit der *Adrasteia* ein Prinzip universaler Ordnung und universaler Harmonie, das nicht nur über den Menschen, sondern sogar über den Göttern steht. So repräsentiert die *Adrasteia* dieses Prinzip aus *Gesetz, Ordnung und Norm*, das die gesamte Manifestation durchdringt; [...] das beinhaltet also, dass die Manifestation nicht durch die Unberechenbarkeit ihrer vielfältigen Bewegungen oder durch den kapriziösen und täuschenden Zufall regiert wird, sondern durch das *Gesetz*; jenes *Gesetz*, das die Vielfalt in die Einheit zurückführt."(97)

Wie schon weiter oben angezeigt, wird die Seele nun zu einer festen, ja der bestimmenden Größe für die menschliche Existenz. Sie ist das göttliche Prinzip eines jeden Lebens und unsterblich. Dadurch kommt ihr Präexistenz und Postexistenz zu, bevor sie sich inkarniert und dann den Körper wieder verlässt. Dies wird durch die Ausgrabungen der Orphicae Lamellae, den orphischen Goldplättchen, welche in den letzten Jahrzehnten an verschiedenen Orten Süditaliens und Griechenlands zutage gebracht wurden, eindrucksvoll belegt.

Auf diesen dünnen Goldplättchen, eher Folien, welche oft auch noch gefaltet wurden, waren in Hexametern abgefasste Anleitungen eingraviert. Diese dienten als Wegweiser für die Seelen in der Unterwelt und als Empfehlung für die dort herrschenden Gottheiten.(98) Der neuen orphisch-metaphysischen Anschauung zufolge setzt sich der Mensch aus einem sterblichen Teil, seinem aus dem titanischen Element stammenden Körper, und aus dessen Gegenpart, der göttlichen, unsterblichen Seele, zusammen. Und Letztere

> „... kann sich selber wieder finden, wenn der Körper schläft, wenn er ruhig meditiert oder wenn er stirbt. Sobald die Bindungen, die die Seele an den Körper fesseln, gelockert werden, herrscht ein größeres Gewahrsein über die eigene unsterbliche und göttliche Natur."(99)

In der Orphik „wird der Mensch zu einer intelligiblen *Seele*, die eine ganz präzise Verantwortung und unmittelbare Pflicht hat, *sich zu erziehen, sich zu erkennen und zu sein*".[(100)]

Des Menschen Seele (psyché) ist nun die Gelenkstelle respektive der Kampfplatz zwischen dem dionysischen Intelligiblen (noûs) und dem titanischen sinnlich-wahrnehmbaren Körper (sôma), welcher dieses festhält.[(101)] Eine inkarnierte Seele ist in der Orphik, wie im Christentum später auch, immer eine gefallene Seele, nie ganz unbefleckt und rein. Sie untersteht durch ihren Fall aus der göttlichen Einheit in die Welt der Vielfalt und Formen somit auch immer der Vergänglichkeit, dem Werden und dem Kreislauf der Wiedergeburten und zeigt den enormen Kraftaufwand, welcher für den Zusammenhalt alles Körperhaften notwendig ist.

Die Erzählung vom Tod des Dionysos, der von den Titanen zerrissen wurde, wie auch die Erzählung vom Tod des Orpheus, der durch die Bassariden zerstückelt wurde, symbolisieren diese Mannigfaltigkeit, welche es aufzulösen gilt, um durch eine neue Zusammensetzung, eine Wiedergeburt, das Titanische hinter sich zu lassen, im dionysischen Element wiedergeboren zu werden und „sich als metaphysische *Einheit* wiederzufinden".[(102)] Für den Mysten in der Orphik gilt es, mit und durch diese Erzählung von Tod und Wiedergeburt eine ganz konkrete Erfahrung zu machen, die über das Emotionale hinausgeht und die tiefste Bewusstseinsschicht erfassen muss, damit der Mythos kathartisch wird.[(103)] Es ist eine Umkehrung des eigenen Wesens (περιαγωγη/periagōgē̂), eine Transformation, welche durch die Wiedergeburt im Gott Dionysos für den Mysten zu einer Identitätserkenntnis führt.

Plutarch präzisiert in seinem Werk „Über die Seele" in Fragment 178:

> „Diese Veränderung und Verwandlung in eine (neue) Ganzheit ist auch der Grund, warum wir sagen, die Seele, die nach

dort gelangt ist, sei ‚gestorben'. Im Diesseits weiß sie davon nichts, es sei denn, daß die Totenstunde sich schon eingestellt hat. Dann aber macht sie Erfahrungen durch, wie sie die kennen, die in die großen Mysterien eingeweiht werden. Deshalb ähneln sich die Vokabeln für das ‚Sterben' [teleutàn] und für das ‚Eingeweihtwerden' [teleisthai] nicht nur im Wortlaut, sondern auch hinsichtlich der bezeichneten Sache. Umherirren und ermüdendes Laufen im Kreis stehen am Anfang, dazu noch ängstliches Gehen im Dunkel ohne Ziel. Dann stellt sich unmittelbar vor dem Ende das große Grauen ein: Schaudern, Zittern, Schweißausbrüche, Entsetzen. Danach aber schimmert dem Wanderer ein wundervolles Licht entgegen, offenes Land und Wiesen nehmen ihn auf, voll von melodischen Stimmen, von Reigentänzen, von der Majestät sakraler Gesänge und heiliger Erscheinungen. Mitten unter ihnen wandelt der schon Vollendete, Eingeweihte umher, endlich frei geworden und aller Bande ledig. Mit einem Kranz auf dem Haupt vollzieht er die heiligen Riten und genießt den Umgang mit frommen und heiligen Menschen."[(104)]

In der Orphik steht es nun in der Macht eines jeden Menschen, seine unsterbliche und außerhalb von Zeit und Raum stehende Seele in ein höheres Gewahrsein zurückzuführen.

Auf dem Goldplättchen von Petelia (4. Jh. v. Chr.) steht auch geschrieben, wie man aus dem Kreislauf der Wiedergeburten herausgelangt:

„Du wirst links von den Häusern des Hades
eine Quelle finden,
und direkt neben ihr eine weiße Zypresse:
Dieser Quelle nähere dich nicht.
Eine andere wirst du finden,

frische fließende Lymphe
aus dem See der Mnemosyne:
Wächter stehen vor ihr.
Du wirst sagen: ‚Ich bin Kind der Erde
und des Sternenhimmels,
und himmlisch ist meine Herkunft:
Das wisst auch ihr.
Vor Durst brenne und verzehre ich mich:
Nun gebt mir bald frisches Wasser,
das aus dem See der Mnemosyne fließt.'
Sie werden dich aus der göttlichen Quelle trinken lassen,
und du wirst dann in Folge
mit den anderen Heroen regieren."(105)

Auf einem weiteren Plättchen von Thurioi (4.-3. Jh. v. Chr.) steht, dass die geläuterte Seele, einst den Göttern ähnlich, wieder göttlich und kein sterbliches Wesen mehr sein wird.

„Aber wenn die Seele das Licht der Sonne verlässt,
folge sie dem rechten Weg …
Freue dich, du, der du das Leid erlitten hast,
das du nie zuvor erlebtest.
Als Mensch bist du zum Gott geboren:
Du, Zicklein, fielst in die Milch.
Freue dich, freue dich,
den Weg nach rechts nehmend
zu den heiligen Wiesen und
den Wäldern der Persephone."(106)

Dem Menschen ist durch die Mischung seiner Bestandteile, welche das Ganze seines Wesens ausmachen, der Weg nun vorgeschrieben, den er zu gehen hat. In der orphischen Unterscheidung des dionysischen und titanischen Elements, von welchem er sich letztlich befreien muss, drückt sich die volkstümliche Unterscheidung von Leib und Seele aus, wie sie dann später bei Platon in unerreichter literarischer Schönheit und Weisheit zum Ausdruck gebracht wird. Ihm ist die Sorge um die Seele (ἐπιμέλεια τῆς ψυχῆς/epiméleia tês psychês) dann das große Anliegen, wie es weiter unten noch zur Ausführung gebracht wird.

Die Seele als göttliches Element ist bei den Orphikern die Kraft, die immer wieder zum Licht hinaufsteigen möchte, und die Gläubigen dieser Gemeinschaft werden nicht mehr mit dem Gedanken an einen ewigen Aufenthalt in der Hölle belastet. Sie wird zwar für ihre Taten in früheren Leben zur Rechenschaft gezogen, kann jedoch durch Sühne in weiteren Inkarnationen den Kreis der Geburten zur Vollendung bringen.

5. Frühe Berührungspunkte der Orphik mit der Philosophie

Platon steht unumstößlich als Kronzeuge für die Orphik. Doch bereits die Naturphilosophen des kleinasiatisch-ionischen Raumes richteten ihren rationalen Blick auf das Ganze der Natur. In ihrer Suche nach den Elementen, nach dem Urgrund (ἀρχή/archḗ) der Welt in ihrer Mannigfaltigkeit mischen sich orphische Töne. Raphael schreibt hierzu:

> „An diesem Punkt sei erwähnt, dass auch Thales und die anderen Philosophen, Exponenten der *physis* des sechsten und fünften Jahrhunderts, in der Schuld der Orphik stehen: Sie erwähnt nämlich die vier Wurzelelemente des manifestierten Universums in ihrer Kosmogonie.
> Man erinnere sich daran, dass Thales (wie auch Demokrit) seine philosophisch-wissenschaftliche Ausbildung in den Tempeln von Ägypten und Chaldäa empfangen hat.“(107)

Des Weiteren ist beispielsweise bei Anaximander von Milet zu lesen:

> „Anfang und Ursprung der seienden Dinge ist das Apeiron (das Grenzenlos-Unbestimmbare, ohne Alter und unvergänglich). Woraus aber das Werden ist den seienden Dingen, in das hinein geschieht auch ihr Vergehen nach der Schuldigkeit; denn sie zahlen einander gerechte Strafe und Buße für ihre Ungerechtigkeit nach der Zeit Anordnung.“(108)

Hier herrscht also Abgeltung der Tat und Buße im Weltall, und diese stellen in seinem Denken neue Größen dar, welche sicherlich von der Orphik mitbestimmt sind.

Doch die ionische Naturphilosophie schien den Menschen selbst in ihrem Forschen nach der „materia prima“ fast aus den Augen verloren zu haben. Eine Philosophie, die sich die Ergründung der menschlichen Natur zum Hauptanliegen machen und ihnen erstrebenswerte Handlungen für die künftige Lebensgestaltung anbieten wollte, musste jedoch einen anderen Weg beschreiten.

Dies geschah mit Pythagoras von Samos. Die orphische Lehre wirkte auf Pythagoras und seinen von ihm im unteritalienischen Kroton gegründeten Orden wohl auf eindruckvollste Art und Weise. Die Gemeinsamkeiten beider religiösen Vereinigungen sind hinsichtlich der Lehre von der Seelenwanderung, der Jenseitsvergeltung, der Reinigungs- und Ernährungsvorschriften, des Mythos, der Symbolik, der Askese und der Mystik nahezu vollkommen.(109)

Dadurch, dass Pythagoras den Weg für eine gelingende Lebensführung im Detail vorzeichnete, konnte er die Anhänger seiner Lehre – welche sich rasch über das italienische Großgriechenland (magna graecia) ausbreitete – in eine viel engere Lebensgemeinschaft zusammenführen, als es bei der Orphik zuvor der Fall war. Seine Ausstrahlung muss so beeindruckend gewesen sein, dass er wie ein Übermensch bei den Seinigen verehrt wurde.(110)

In seinen ethischen Maximen, sich dem Leben mit seiner unsterblichen Seele anzuvertrauen und brüderlich zu wirken, was gleichsam ein Appell an das Herz und der Aufruf zur Nächstenliebe war, nimmt er den Menschen die Angst vor dem Kommenden und den Druck der Zeit im Irdischen.

Pythagoras lehrt die rhythmischen Beziehungen, die in unserem Leben und im Kosmos walten. „Kósmos" hat im griechischen Sprachgebrauch nicht nur die Bedeutung von „Welt", sondern die weitere Konnotation von Ordnung, Harmonie und Schmuck, wie sie noch in unserem Wort „Kosmetik" vorkommt. Der Kosmos ist für ihn lebendig, also beseelt und offenbart sich in einer bestimmten Ordnung von Schwingungen respektive Frequenzen, die er durch seine Zahlenmystik zum Ausdruck bringt. Letztere ist neben der esoterischen Geometrie und der heiligen Astrologie der dritte Pfeiler seiner initiatischen Lehre und übt bis heute starken Einfluss auf weite Bereiche unserer abendländischen Kultur aus.

Die harmonische Übereinstimmung der Rhythmen von Makrokosmos und Mikrokosmos ist das einende Bindeglied zwischen dem sichtbaren (κόσμος αἰσθητός/kósmos aisthētós) und dem intelligiblen, unsichtbaren Universum (κόσμος νοητός/ kósmos noētós), in welchem alles wieder in das Eine gewendet wird (lat. uni-vertere). Im Kleinen können wir diese Rhythmik beispielsweise an uns selbst durch die Atmung oder den Herzschlag erfahren, im Großen an den Mondphasen sowie an Ebbe und Flut. Diese Rhythmik unterliegt einer bestimmten Architektur, einer bestimmten Ordnung, was am treffendsten mit Hierarchie, heiliger Ordnung (hieró = heilig, archḗ = Ordnung, Herrschaft, Grund), wiedergegeben werden kann. Hier ist alles notwendig an seinem richtigen Platz, wie wir es an der Stufung von Mineralien, Pflanzen-, Tier- und Menschenwelt ersehen können. Dieser Bereich wurde von den Griechen „Physis" (φύσις/phýsis) genannt (lat. natura) und bedeutet in etwa „was von selbst aufgeht". Pythagoras erweitert aber diesen teilweise niedrigen Schwingungsbereich durch eine geistige (noetische) Hierarchie. Ja, sie ist überhaupt das zugrunde liegende Prinzip für erstgenannte Ordnung.

Diese Offenbarung des Pythagoras erfordert jedoch ein Bewusstsein, sich der uns begegnenden Erscheinungsformen im Diesseits als Wahrheitskriterium zu enthalten und eine jenseitige, überweltliche Wirklichkeit vorauszusetzen. Die manifestierten Formen, wie wir sie mit unseren Sinnen in Raum und Zeit vernehmen, sind nach Pythagoras lediglich kondensierte Energie aus verdichtetem Licht, also eine sehr niedrige Schwingungsfrequenz, was zwischenzeitlich auch von den modernen Wissenschaften bestätigt wird.

Zwischen Licht und grobstofflicher Materie besteht kein grundsätzlicher Unterschied, sondern nur jener, dass mit zunehmendem Bewusstsein sich auch die Schwingung (Licht) erhöht und somit die Durchlässigkeit zunimmt, Zustände sich nicht mehr verdrängen, sondern durchdringen. Auch der für uns unerlässliche Begriff der Zeit, die uns alles ordnen zu lassen scheint, wandelt sich bei ihm von einer relativen und vergänglichen Größe in ein zeitloses metaphysisches *Jetzt*.

Nur mithilfe einer solchen Erkenntnis kann der Mensch durch seine Seele das Bewusstsein erweitern, wobei aber für diese Wandlung (μετάνοια/metánoia) nicht allein der Verstand, sondern auch Intuition und Inspiration von großer Wichtigkeit sind, um für die subtilen Impulse höherer Vernunftebenen empfänglich sein zu können.

Pythagoras' Mysterienwissenschaft oder Geheimlehre wurde aber nicht allen zuteil, sondern nur einem kleinen Kreis von Personen, welche dafür geeignet waren und die nötige Integrität besaßen, um Stillschweigen darüber zu bewahren. Zu stark waren die menschlichen Eigenschaften wie Neid, Habsucht, Machtgier, aber auch das Unverständnis hinsichtlich einer solchen Lehre.(111)

Später werden wir bei Platon sehen, dass auch er in seiner Akademie – auf deren Torbogen am Eingang übrigens „Kein der Geometrie Unkundiger erhalte Zutritt“ stand – ähnlich verfuhr und manche Dinge bei ihm absichtlich keine schriftliche Niederlegung fanden.

Ein weiterer Berührungspunkt der Orphik mit der Philosophie ist auch bei Parmenides (um 540 - 470) aus Elea, dem heutigen Velia, im Süden Italiens, zu finden. Es ist anzunehmen, dass Parmenides ein Schüler des Pythagoreers Ameinias war und er somit auch selbst als Pythagoreer anzusehen ist.

Diogenes Laertius bezieht sich hierzu auf Sotion:

> „Den Xenophanes hörte Parmenides, Sohn des Pyres, aus Elea – ersterer hörte nach Theophrast *(Epitome)* Anaximander.

Und obwohl er ihn hörte, wurde er nicht sein Anhänger. Nach Sotion verkehrte er [Parmenides] auch mit dem Pythagoreer Ameinias, dem Sohn des Diochaitas, einem armen, aber ausgezeichneten Mann. Mit ihm war er sehr eng verbunden und errichtete dem Verstorbenen eine Heroenkapelle, denn Parmenides stammte aus einer angesehenen und reichen Familie und hatte durch Ameinias, nicht durch Xenophanes seinen Seelenfrieden gefunden."(112)

Parmenides war wie die Pythagoreer politisch sehr aktiv, womit die praktische Seite der Philosophie zum Ausdruck kam. Unter seiner Regentschaft und Verfassung, welche er der wirtschaftlich regen Stadt gab, herrschte Frieden und sie wurde die kommenden 500 Jahre von Kriegen verschont.

Mit ihm tritt in der Philosophie eine bisher nicht gekannte Kluft zwischen metaphysischer und empirischer Erkenntnis auf. Letztere ist lediglich durch Gewohnheit, also durch wiederholte Erfahrung bedingt und liefert in ihrer methodischen Generalisierung stets nur hypothetische Resultate, Meinungen (δόξαι/dóxai)(113), welche für eine Welterklärung nur vorläufigen Charakter haben können und hierdurch immer mit einer kurzen Halbwertszeit versehen sind, da sie das Wesen, die Essenz, nicht erfassen. Und diese sind gemessen an der metaphysischen Wirklichkeit für ihn schlichtweg falsch.

Parmenides als Philosoph „gehört nicht zu den ‚Denkern', welche die Wahrheit *denken*; er gehört nicht zu jenen, die ihre Gedanken oder ihr dianoetisches Philosophieren über die Wahrheit darlegen".(114) Parmenides' Weg (ὁδός/hodós) zur Wahrheit führt nicht über das Ansammeln von Daten, sondern ist durch eine Einsicht gekennzeichnet, die von oben vernommen werden kann.

Im Proömium seines Lehrgedichts „Über die Anordnung der Natur" (Περί φύσεως) wird der Inhalt der letzten intelligiblen Wahrheit dem Initianden von einer Göttin, *Díkē*, offenbart. Bei Parmenides liegt die Sache anders als bei Homer und Hesiod. Er wartet nicht auf die Kunde der Musen oder ruft anderweitig Götter um Beistand an, sondern er begibt sich selbst auf den Weg zu *Díkē*, der höchsten Göttin der Wahrheit. Geführt wird er hierbei von Heliadenmädchen, den Töchtern der Sonne, welche ihn in die Heimat, ins Licht begleiten wollen.

(Proömium) 1. Fragment:

> „Die Stuten, die mich gemäß meinem Willen tragen,
> bringen mich, nachdem sie mich auf dem *Weg* ankommen ließen, der viele Erkenntnisse enthüllt – [Weg] welcher der Gottheit gehört und den Menschen, der weiß, in alle Städte [oder: überall hin] bringt.
> Auf ihn wurde ich geführt, denn dahin geleiteten mich umsichtige Stuten,
> meine Kutsche ziehend, während junge Mädchen den Weg (ὁδός) wiesen.
> Die Achse in den Naben entsandte, glühend erhitzt, ein kreischendes Zischen,
> weil sie bewegt wurde, auf den zwei äußeren Teilen,
> durch zwei rotierende Scheiben,
> als die Mädchen, Töchter der *Sonne*, die Geschwindigkeit erhöhten,
> nachdem sie das Haus der *Nacht* verlassen hatten, für jenes des Lichtes, und mit den Händen die Schleier vom Haupte entfernten.
> Da ist das Tor der Wege des *Tages* und der *Nacht*,
> begrenzt durch eine Schwelle und einen Tragbalken aus Stein,
> erhöht ins Ätherische und abgestützt durch zwei große Türflügel.
> Von diesen bewacht Δίκη [Díkē], Göttin der *némesis*, die

Schlüssel, die abwechselnd öffnen und schließen.
Die Mädchen, mit sanften Worten,
überzeugten die Göttin, damit sie ohne Zögern, den Riegel lösend, das Tor öffne,
und das Tor, sich sofort auftuend, erzeugte eine weite Öffnung der Türflügel, indem es die bronzenen Angeln in ihren Achsen drehte, fixiert mit Beschlägen und Zapfen. Von hier, just durch das Tor, führten die Mädchen auf direktem Wege die Kutsche und die Stuten die Straße entlang. Die Göttin empfing mich wohlwollend und mit ihrer Hand nahm sie meine rechte Hand und sprach, das Wort an mich richtend, so zu mir:
»O junger Gefährte, geleitet von Stuten und unsterblichen Wagenlenkerinnen, erreichst Du unsere Wohnstätte: Freue dich, denn dich hat gewiss keine feindliche Moira [Anteil, Los Schicksal, A. d. A.] gedrängt, zu durchlaufen diesen Weg – der weit entfernt ist von dem Pfad, der von den Menschen gegangen wird –,
sondern Θέμις [Themis, das göttliche Gesetz] und Δίκη. Es ist notwendig, dass du alles verstehst:
das unerschütterliche Herz der wohlgerundeten Wahrheit und die Erscheinungen der Sterblichen, denen keine echte Gewissheit innewohnt. Dennoch sollst du auch das erlernen: wie die Dinge, die erscheinen (δοκοῦντα), auf korrekte Weise zu bewerten sind.«“(115)

Sehr bemerkenswert ist hier die inhaltliche Nähe, vor allem anfangs, zum orphischen Goldblättchen von Petelia (s. o.).

Mit Parmenides wird die Lichtmetaphorik zur Lichtmetaphysik, erfährt daraufhin durch Platon ihren Höhepunkt und im 2. Jahrhundert nach unserer Zeitrechnung durch Plotin ihre Vollendung. Licht ist nun beim Eleaten (Parmenides) keine willkürlich gewählte Metapher mehr, sondern das Symbol der zentralen Differenz von Sein und Schein (alḗtheia, eon und dóxa).

Die Diskrepanz zwischen Licht und Dunkelheit, Geburt und Grab bleibt zwar bestehen, ebenso die von Heiligem und Unheiligem. Doch bei Parmenides tritt etwas völlig Neues hinzu: die Möglichkeit der Transzendenz durch des Menschen eigene Kraft zur höchsten Erkenntnis, Wirklichkeit und Wahrheit. Sein Gedicht „Peri Phýseōs" gibt Anweisungen, wie dieser philosophisch-initiatische Weg zu beschreiten ist.

Die Frage nach der Wirklichkeit ist bei Parmenides die Frage nach der Wahrheit. Und Licht stellt bei ihm die intelligible Ebene, sozusagen das innere Auge dar, welches konstitutiv für den Akt des Erkennens wird. Für ihn gibt es nur Sein, *Nichtsein* existiert nicht!

Dies ist für unseren Alltagsverstand jedoch eine schallende Ohrfeige. Warum? Weil wir in unserem Alltag die Dinge, vor allem die sich verändernden (Werden) einteilen und hierbei dem Wort „nicht" eine bedeutende Rolle beimessen. Unser Verstand stempelt alles mit „anwesend" und „nicht anwesend", „seiend" und „nicht seiend" ab. Im Spätherbst sind die Blätter nicht mehr an den Bäumen. Wenn ich auf der Arbeit bin, bin ich nicht zu Hause.[(116)] Wenn Sommer ist, ist kein Winter. Wenn es Tag ist, ist keine Nacht, und selbst wenn ein neues Sonnensystem entsteht, bleiben alle diese Erscheinungen immer temporärer, vergänglicher Art und dem Werden verhaftet.

Das Gleiche ist der Fall, wenn wir Aussagen treffen und uns zu Urteilen hinreißen lassen. Befinden wir einen Menschen als schön, so ist die Hässlichkeit bei einem anderen gesetzt. Oder wir genießen einen Sonnenuntergang am Meer, den es de facto gar nicht gibt, da er auf der anderen Hemisphäre ein Aufgang ist. Das heißt, wir beschäftigen uns nur mit dem, was uns gegenwärtig angeht, und blenden das andere aus, indem wir es als nicht existent deklarieren. So ist auch im Frieden, welcher ständiger Bemühungen bedarf, der Krieg latent mit anwesend. Und letztlich wird unser Leben nicht nur durch die Gelegenheiten bestimmt, die wir ergreifen, sondern auch durch jene, die wir verpassen.

Mit einem solchen Denken, so Parmenides, sind wir aber fernab vom Licht, bleiben in der Relativität, *dóxa*, einem zufälligen Meinen verhaftet, welches dann häufig noch verabsolutiert wird und der Wahrheit entbehrt.

Parmenides separiert nicht, er möchte versammeln und *einen*, das Ganze, die Totalität erfassen, wie es bei einem wahren Philosophen der Fall ist. Er lässt die Dinge nicht entstehen, indem Wirkungen Ursachen zugeschrieben werden und diese somit relational und abhängig bleiben, wie dies noch bei seinen Vorgängern geschieht. Er wendet sich von den Objekten ab und dem Subjekt zu, welches beobachtet! Nach Parmenides ist es für uns, in unserer Kultur des sinnlichen Auges und des Verstandes, der Vorliebe für Unterschiede und Meinungsvielfalt, von großer Wichtigkeit, frei zu werden von Gegensatzpaaren, wie wir sie ständig durch „nicht, nein und kein" bilden. Die daraus resultierenden Idealisierungen und Projektionen, welche wir notfalls sogar mit Gewalt zu vertreten bereit sind, verhüllen die Wirklichkeit und stellen für uns, gemäß seiner Lehre, einen großen Aspekt von Unfreiheit dar.

Das Vermächtnis von Parmenides ist auch heute noch eine große Herausforderung für unser Denken, denn er behauptet, dass in keinem dieser Fälle unser Menschenverstand so gesund ist, wie er scheint. Wahrheit kann nur erfahren werden, wenn wir uns eingestehen, dass eben auch das Ungegenwärtige gegenwärtig ist, wir es sozusagen in eins sehen (sýnopsis). Und diese menschliche Fähigkeit belegt erstmals Parmenides mit dem Begriff Geist (νοῦς/noûs), welcher daraufhin in der europäischen Kultur eine so bedeutende Rolle spielt.[117]

Nicht unsere sinnlichen Augen, welche uns die Sicht auf die Dinge geben, um diese zu *greifen*, als vielmehr unser Geist, das *Be-greifen* respektive *Um-greifen*, ist das wichtigste Wahrnehmungsorgan. Parmenides' Postulat bedient sich dabei der Licht-Metapher: Es gilt, sich aus der Dunkelheit der Nacht, also der Meinung, aufzumachen in hellere, lichte Gefilde, und zwar durch *richtiges Denken*, das von der Meinung zur *noetischen Intuition* und schließlich zur Erleuchtung führt, der letzten Wirklichkeit, *dem Sein.*

Licht und Nacht sind wohlgemerkt keinesfalls dualer, sondern polarer Natur, also entgegengesetzte Größen, die auf das Sein verweisen. So ist auch sein vielleicht bekanntestes drittes Fragment zu verstehen:

> „denn dasselbe ist Denken [Erkennen] und Sein [das, worüber man nachgedacht hat]"(118)

Fragment 4

> „Beobachte mit noetischer Intuition, wie abwesende Dinge (ἀπεόντα) auf gleiche Weise wahrheitsgemäß gegenwärtig sind;
> denn du wirst das Sein (τὸ ἐὸν) nicht trennen können
> weder von der Verbindung mit [demselben] Sein (ἐόντος)
> noch in einer vollständigen [kosmischen] Auflösung
> oder wenn Es sich verdichtet."(119)

Und: Fragment 9

> „Und da die Gesamtheit der Dinge Licht und Nacht (Finsternis) genannt wird
> und beide, gemäß ihrer Kraft, diesen oder jenen Dingen zugeschrieben werden,
> ist alles gleichermaßen voll von Licht und dunkler Nacht,
> das eine wie die andere, denn weder beim einen noch bei der anderen gibt es das Nichts."(120)

Dieses Sehen, das *noetische Sehen,* ist nun weniger im staatlichen Götterkult oder in einer Kosmogonie als vielmehr bei den heiligen Mysterien anzusiedeln, da es mehr verlangt als eine ständige Litanei oder entsprechende Opfergaben. Der Initiand (Suchende) hat die Aufgabe, sein Bewusstsein durch philosophische Askese umzuwenden, und das, was er erkennt, normativ für sein Leben werden zu lassen. Somit wird die Schau des Absoluten (θεωρία/theōría) zur Richtschnur für den Durchgang (πρᾶξις/prâxis) seines zeitlichen Lebens, die *Theorie* zur höchsten *Praxis.*

Empedokles aus Akragas, dem heutigen Agrigent, gilt als der Weise Siziliens schlechthin und ist eine sehr schillernde Figur, um die sich schon zu seinen Lebzeiten besondere Legenden rankten. Er schien mit vielen Talenten gesegnet und betätigte sich unter anderem als Arzt, Naturforscher, Politiker, Schriftsteller, Seher, Reinigungspriester und Philosoph. So wurden auf seine Anweisung, als in Selinunt die Malaria grassierte, die dortigen Sümpfe trockengelegt, um den Stechmücken ihren Lebensraum zu nehmen. Sein Wirken war auf jeden Fall beeinflusst von Heraklit, Xenophanes, Pythagoras und Parmenides und somit auch von der Orphik. Eine Glaubensgemeinschaft wie diese bildete er jedoch nicht.

In seiner Naturlehre auf der Suche nach der (ἀρχή/archḗ), der herrschenden Ursubstanz, stand er allerdings den ionischen Physiologen nahe. Diese Ursubstanzen sind bei ihm Feuer, Wasser, Luft und Erde, welche die Wurzel des Seins bilden und in unterschiedlichen Mischungsverhältnissen alles Seiende konstituieren, selbst aber keinerlei Veränderung unterliegen. Empedokles prägte also den Begriff des Elementes, wie wir ihn heute noch von der Chemie her kennen. Lediglich in der Zahl dieser irrte er, die Idee kleinster Bestandteile, aus welcher sich die Natur zusammensetzt, war richtig.

Um die Ursubstanzen zu mischen oder wieder zu trennen, sie also in Bewegung zu bekommen, bestimmt er die Liebe (φιλία/

philía) und den Hass (νεῖκος/neîkos) als dazugehörige Kräfte. Das Denken des Empedokles ist die interessante Synthese von Heraklit, der alles dem Werden und Vergehen unterordnet, und den Eleaten, wie Parmenides und Pythagoras, für welche es nur unveränderliches Sein gibt.

Die Wirkung seiner würdigen Persönlichkeit auf die Mitmenschen muss enorm gewesen. Als ein Unsterblicher, dem der Tod nichts anzuhaben schien, wie er selbst versicherte, zog er „mit Kränzen und Binden geschmückt, von Stadt zu Stadt [und wurde], wie ein Gott geehrt, von Tausenden befragt".(121)

Empedokles' Nähe zur Orphik kündigt sich schon dadurch an, dass er die Seele als unsterblich adelt, sie sogar als die Grundlage aller Lebewesen bestimmt. Das rationale Denken betrachtet er lediglich als weltliche Klugheit menschlicher „Eintagswesen", welche aus der Frömmigkeit gefallen sind. So ist zu Beginn seiner Naturlehre mit einer Bitte an eine Muse Folgendes zu entnehmen:

> „Und dich, Muse, vielgefeierte, weißarmige Jungfrau,
> flehe ich an, geleite aus dem Reiche der Frommheit führend
> den lenksamen Wagen des Gesanges, soviel davon
> Eintagsmenschen zu vernehmen erlaubt ist!"(122)

In Empedokles' zweitem großen Werk, den *Katharmoi* (Reinigungen), spiegelt sich das orphische Gedankengut von Tatabgeltung und Seelenwanderung in seiner Gesamtheit wider.

> „Es ist der Notwendigkeit Spruch, ein Götterbeschluß, alt, urewig, mit breiten Schwüren versiegelt: wenn einer in Schuldverstrickung mit Mordblut seine eigenen Glieder befleckte, wer ferner im Gefolge des Streites einen Meineid schwor aus der Zahl der Dämonen, die ein sehr langes Leben erlost ha-

ben, die müssen dreimal zehntausend Horen fernab von den Seligen umherschweifen, wobei sie im Laufe der Zeit als alle möglichen Gestalten sterblicher Geschöpfe entstehen, die des Lebens mühselige Pfade wechseln."[(123)]

Dieser Dämon, von dem Empedokles spricht, ist offenbar nichts anderes als die *psychḗ* (ψυχή), der Seelengeist. Ihn gilt es unbefleckt zu halten, um neue Inkarnationen zu vermeiden. Dies scheint aber nicht immer zu gelingen, was seine eigenen, früheren Inkarnationen bezeugen.

„Denn ich wurde bereits einmal Knabe, Mädchen, Pflanze, Vogel und flutenttauchender, stummer Fisch" geboren und „*Bei der Geburt* weinte und jammerte ich, als ich den ungewohnten Ort erblickte."[(124)]

Grundsätzlich erfahren wir bei Empedokles also nicht viel Neues über das, was schon von den anderen Anhängern der Seelenwanderungslehre überliefert wurde. Doch seine Lehre ist im Hinblick auf die sich daraus ergebenden Aufforderungen sehr viel deutlicher.

Der Imperativ seiner Ethik und Askese, die den Menschen im Kreislauf der Geburten helfen können, birgt zutiefst orphisches Gedankengut. Im Stufengang zu reineren Geburten, um beispielsweise als Seher, Arzt oder Fürst (Fr. 146 D/K) wiedergeboren zu werden, legt er seinen Zeitgenossen nahe, sich jeglichen Genusses von Fleisch zu enthalten, und zwar mit folgender Begründung:

„Und ihn, der die Gestalt gewandelt hat, seinen eigenen Sohn hebt der Vater empor, schlachtet ihn und spricht auch noch ein Gebet dazu, der arge Tor! Sie aber sind verstört, die den Flehenden opfern wollen; doch jener taub gegen seine Rufe rüstet, nachdem er ihn schlachtete, damit im Hause ein böses

> Mahl. Ebenso ergreift seinen Vater der Sohn und ihre Mutter die Kinder, entreißen ihnen das Leben und schlingen das eigene Fleisch hinunter.“[(125)]

Empedokles ist also ernsthafter Vegetarier, da jedes Blutvergießen durch Fleischgenuss nicht nur Mord ist, sondern auch die Wahrscheinlichkeit beinhaltet, sich an den Seelen von Verwandten oder Bekannten zu vergreifen.

Im Zentrum der Orphik und späterhin im Christentum steht die Lehre von der mystischen Wiederauferstehung der Göttersöhne: Dionysos, welcher auch der zweimal Geborene genannt wird, und Christus, der sein Leben für die Menschen am Kreuz ließ. Auch in liturgischer Hinsicht lehnt sich das Christentum an die Orphik an, indem es das Blut und den Leib Christi durch Wein und Brot ersetzt, was der rektifizierten Kulthandlung des ursprünglichen Dionysoskultes gleichkommt, die Tieropfer durch Darbringung von Früchten und Honig zu ersetzen.

Kapitel III

ORPHIK UND MYTHOS BEI PLATON

1. Philosophieren heißt sterben lernen

Die Wertschätzung und die Bedeutung Platons (428 - 347) kommen bereits zu seinen Lebzeiten auch durch das von seinen Anhängern gewählte Datum zur Feier seines Geburtstages zum Ausdruck. Nach dem attischen Lunisolarkalender war es der 7. Thargelion, welcher auch zugleich der Tag war, an dem die Kultgemeinschaft den Göttern Apoll und Artemis als Dank für eine gute Ernte mit Feierlichkeiten huldigte. Nach unserem Kalender fällt dieses Datum auf den 21. Mai.

Platons eigentlicher Name ist Aristokles. Er stammt aus einer alten, hochadeligen Familie ab. Sein Vater Ariston führte seine Abkunft auf den mythischen König Kodros zurück. Durch seine Mutter, Periktione, war er mit einem der wichtigsten Gesetzgeber Athens, Solon, verwandt. Platon hatte noch zwei Brüder, Glaukon und Adeimantos, welche auch in der *Politeía* das Wort ergreifen, sowie eine Schwester, Potone. Ihr Sohn, Speusipp, sollte später die Nachfolge Platons als Leiter der Akademie antreten.[(126)]

Ein genauerer Blick auf Platons Werk lohnt sich allemal. Denn die Strahlkraft seiner Gedanken war nicht nur für Europa und das Christentum wegweisend, sondern zeigt uns, dass sich die großen Fragen, die Platon den Menschen hinterließ, nicht verändert haben:

Was ist das Wahre?
Was ist das Gute?
Was ist das Schöne?

Dies waren Platons Fragen, welche lange Zeit später im Deutschen Idealismus von Kant (1724-1804) wieder aufgegriffen, jedoch etwas anders formuliert wurden. Indem er sich fragte:

„Was kann ich wissen?"
„Was soll ich tun?"

„Was darf ich hoffen?“
„Was ist der Mensch?“,

wird bei Kant vor allem eines sichtbar: die Wendung aufs Subjekt, aufs Individuum! Denn er fragt eigentlich nach den Bedingungen der Möglichkeit unserer Erkenntnis, und dies ist Transzendentalphilosophie und keine Transzendenzphilosophie im Sinne Platons, welche letztlich das sinnlich Wahrnehmbare ja hinter sich lassen möchte.

Mit Parmenides und vor allem mit Platon hebt die Metaphysik an, also die Beschäftigung mit dem, was *hinter* den Erscheinungen liegt, was überhaupt das Halt Gebende, sich Durchhaltende, das Identische in der Mannigfaltigkeit respektive das Wesen einer Sache ist. Heidegger, einer der bedeutendsten Denker des 20. Jahrhunderts, formulierte diese Frage folgendermaßen: „Warum ist überhaupt Seiendes und nicht vielmehr Nichts?“

In der Auseinandersetzung mit Platon wird einem schnell deutlich, dass die vielen verschiedenen Dinge in der Welt nur relationaler Art sein können, um auf das Eine zu verweisen. Es ist der Weg von der *amor singularis* zur *amor universalis*, auf welchem schließlich alles in das Eine gewendet wird.

Dazwischen steht der Mensch mit seiner Erinnerung an das Vergangene und seinem endlosen Verlangen nach dem Zukünftigen. In dieser Differenz ist eine Ankunft, eine innere Einkehr nicht möglich. Für Platon ist dies aber die Welt des Werdens und des Scheins, in der keine sichere Erkenntnis möglich ist und alles dem Verfall anheimgegeben ist. Ihr gegenüber steht die Welt des Unveränderlichen, die Welt der platonischen Ideen, die Wirklichkeit, das Sein. Sein, das nicht wird, weil es *ist.*

An diesem Punkt wird ersichtlich, dass Begriffe, Definitionen und Ursache-Wirkungs-Zusammenhänge Produkte unseres Verstandes sind und der Welt des Werdens zugerechnet werden müssen und somit auch keine sichere Erkenntnis zulassen. Das gilt desgleichen für viele Wissenschaften in ihrem Ringen um Wahrheit, deren Wahrheitsgehalt aber nur an der Dauer ihrer empirischen Theorien und ihrer Widerspruchsfreiheit gemessen werden kann.

Raum, Zeit und sich ständig beschleunigende Bewegungsvorgänge sind zwar für unsere Alltags- und Lebensgestaltung feste Bezugsgrößen geworden, welche auf Zahlen bzw. einem Vorher und Nachher basieren, sie lassen uns aber zu Gefangenen der Zeit in einem Koordinatensystem werden, das fraglos hingenommen wird. Astrophysik, Raumfahrt und Nuklearforschung sind der größte und der kleinste Ausgriff bzw. Eingriff des Menschen, um Einblick in das Universum zu bekommen, und nehmen hierbei schon aberwitzige Formen an. Andere Disziplinen wie Medizin und Psychologie haben für die Teilhabe am wissenschaftlichen Betrieb die Seele aus ihrer Betrachtung verbannt, was in der Folge zu einem Reduktionismus auf die Stoffwechselvorgänge und das Verhalten geführt hat und der menschlichen Komplexität im therapeutischen Bereich oft nur unzureichend gerecht wird.

Seit Descartes und Galilei leben wir in unserem wissenschaftlichen Bemühen mit dem Diktum: „Alles messen, was messbar ist, und was nicht messbar ist, messbar machen." In der Erblinie des Voluntarismus stehend, verengte sich auch der ursprünglich weite Begriff der *phýsis* (Natur) zusehends, sodass schließlich einige französische Materialisten behaupteten, der Mensch funktioniere nach dem Räderwerk der Uhr, also rein mechanisch.

Hatte schon Descartes die Schwierigkeit, der menschlichen Seele einen gebührenden Platz einzuräumen – den anderen Lebewesen sprach er sie ab –, so verschwand sie bei La Mettrie vollends in der Mechanik. Robotik, Bionik, Informatik, Kybernetik, „data gloves" und kreiskausale Prozesse sind gegenwärtig die weiteren Spielarten des Voluntarismus, welcher die intelligible Dimension leugnet und die Materie selbst als Bewegungsursache sieht. Wird Wissenschaft auf ihrer Suche nach Wahrheit in diesem Sinne aufgefasst, bleibt sie immer antimetaphysisch.

Dass die Seele hierbei keine Berücksichtigung mehr findet und durch ein handelndes „Ich" ersetzt wird, ist nur die logische Konsequenz davon.

Der Weg zur Erkenntnis und zur Wahrheit wird von Platon vor allem an seinen Gleichnissen und Dialogen deutlich gemacht.

Gewiss gibt es in der Welt mehr Dinge, als wir kennen, und wir erkennen mehr, als wir anderen sprachlich mitteilen können.(127) Dass die letzte Wahrheit aber unausgesprochen bleiben muss, wussten und wissen alle großen Meister. Dennoch spielt die sprachliche Vermittlung, sei es als Gleichnis, Metapher, Koan oder als Dialog, immer eine bedeutende Rolle in der Initiation.

Die Art der platonischen Unterredung (διαλέγεσθαι/dialégesthai) dient dabei weniger der Überzeugung oder dem Rechtbehalten, vielmehr ist sie ein gegenseitiger Rechenschaftsbericht über das bisherige Leben, der des anderen bedarf und auf die eigenen Verkürzungen und Verhärtungen hinweist. Wohlwollen und gegenseitiges Interesse sind dabei unabdingbare Voraussetzungen. Sie ist in ihrer ursprünglichen Bedeutung ein gemeinsamer Gang *(dia-)*, ein philosophisches Instrumentarium, das – platonisch gesprochen – zur Idee des Guten (ἰδέα τοῦ ἀγαθοῦ/idéa toû agathou) erheben soll und dadurch auch auf der Ebene des Zusammenlebens manifest werden kann.

Und hier nimmt die menschliche Seele (ψυχή/psyché) für das Erreichen einer harmonischen Lebensführung die zentrale Stellung ein. Doch Platons Postulat ist kein geringes. Zu einem gelingenden Leben muss sich der Mensch in eine Lebensführung (ἦθος/êthos) einüben (ἄσκησις/áskēsis) – wir würden heute vielleicht von „Lebensstil" reden –, die den geistigen Anblick auf die Ideen nicht verstellt und der sinnlichen Wahrnehmung als Erkenntnisquelle nur den zweiten Rang zugesteht. Die angesprochene Ethik hat aber mit Moral im Sinne gewünschter gesellschaftlicher Verhaltensnormen nichts zu tun. Sie ist vielmehr eine Liquidation unserer Alltäglichkeiten und Selbstverständlichkeiten, die in eine universale Dimension führt, sozusagen von der Philodoxie zur Philosophie.

Entsprechend ist auch Platons Aussage zu verstehen, dass das verborgene Streben der wahren Philosophen in der Ablösung der Seele vom Leib besteht, mithin philosophieren sterben lernen heißt, wie es später Cicero und Montaigne formulieren sollten, denn die Geburt als Erdenbürger ist vom spirituellen Standpunkt aus betrachtet ein Tod, und der körperliche Tod eine Geburt, eine Auferstehung der Seele in die Spiritualität, Teilhabe an etwas Göttlichem, das von den Griechen dann *daímōnion* (δαιμόνιον) genannt wurde:

> „Alle, die sich in rechter Weise mit Philosophie befassen, haben es im Grund auf nichts anderes abgesehen als darauf, zu sterben und tot zu sein; aber den übrigen Menschen bleibt das verborgen." (Phaidon 64)

Frühe, hochstehende Kulturen und initiierte Gemeinschaften haben dies immer gewusst, waren eben in diesem Sinne auch schon aufgeklärt, und haben das Ende des irdischen Daseins mit einer großen Totenfeier zelebriert.

Die Orphik setzte hier, wie weiter oben bereits angesprochen, schon früh wichtige Impulse für die Jenseitsvorstellungen der griechischen Philosophie. In der Orphik ist nicht mehr vom dunklen Hades und Tartaros die Rede, in welchen die Toten umherwandeln, sondern von den Elysischen Gefilden, sonnigen, blumenübersäten Wiesen, auf denen sich die Gesegneten mit Gesang und Tanz aufhalten dürfen.

Bei jenem Volk, bei dem der Dionysoskult seine früheste Ausprägung fand, den Thrakern, nach Herodot das „größte Volk auf Erden nach den Indern", betrachtete der thrakische Stamm der Thrausier das Leben als Leid und den Tod als Erlösung. So hatten sie den Brauch, die Neugeborenen zu beklagen und die Toten unter lauten Freudenrufen zu bestatten.[(128)]

Mit der Leichtigkeit und Unbeschwertheit solcher Gedanken tun wir uns gegenwärtig schwer. Heutzutage hat der Tod für viele Menschen etwas Beunruhigendes, Angsterfülltes und macht aus dem göttlichen Bindeglied, *daímōnion*, einen bedrohlichen Dämon, welcher permanent in unser Leben hineinragt. Der Tod veranlasst die Menschen dazu, sich nur noch mit zukünftigen hoffnungsvollen Entwürfen zu beschäftigen. Ein Grund hierfür liegt in unserem Zeitverständnis, das wir als linear empfinden, als auf einer Linie ablaufende, unwiederbringliche Momente, an deren Ende eben der Tod steht. Ein weiterer Grund ist in der Gleichsetzung des Lebens mit bloßer Körperlichkeit zu sehen, also der Negation eines bewegenden Prinzips.

Somit schrumpft die große Totenfeier in unserer abendländischen Kultur zu einer kleinen Trauerfeier.[(129)] Das Ganze, die Totalität hat, wie es schon in der Etymologie des Verbs „tot sein" (lat. totus = ganz) mitschwingt, genau betrachtet, in unserem kulturellen Kontext einen doppelten Sinngehalt: „Tot" und „Sein" schließen sich nicht aus, sondern eigenschaftslos ein, sie sind das Eine. Im Griechischen haben wir für „sterben" das Wort *teleutàn* und für „Eingeweihtwerden" *teleisthai* und beide Verben haben als Wortwurzel das Adverb *têle* (τῆλε) „in der Ferne, fern, weit entfernt", welches wiederum auf *télos* (τέλος) „zu Ende bringen, Ziel, Vollkommenheit" und das ihm zugehörige Verb *telein* (τηλεϊν) „vollenden" verweist.[(130)] Der damalige Ort, um die heiligen Weihen zu empfangen, hieß Telesterion.

Deshalb erfordert auch der Blick auf das Wesen einer Sache zunächst einmal das Ausklammern des Partikularen, in diesem Fall das Ausklammern der vergänglichen Seite im Leben des Menschen. Denn den Tod, wie wir uns ihn vorstellen und der uns ängstigt, gibt es nicht.

Doch wie soll dieses notwendige Wechselspiel für die Reifung unserer Seele auf dem Gang zur Wirklichkeit vonstattengehen?

Sicherlich, wir erkennen jeden Tag das Schöne, das uns begegnet, beispielsweise in Form einer Blume, eines Menschen oder eines Musikstückes; aber die Blume verwelkt, der Mensch altert und die Musik endet. Wir haben an verschiedenen (verschieden = vergänglich!) Einzeldingen das wahrgenommen, was wir als schön bezeichnen. Was ist aber die Schönheit oder die Gerechtigkeit, das Gute oder die Wahrheit selbst, an denen die Einzeldinge ja teilhaben? Mit Recht sollte man hier bei schnellen Antworten, wie sie gern von Religionen oder auch Ideologien gegeben werden, misstrauisch bleiben.

Platon verortet Wahrheit und Gerechtigkeit vor allem nicht allein in den heute so hochgepriesenen Verstand (διάνοια/diánoia), sondern in die gereinigte Seele des Menschen und das geistige Vernehmen (νοῦς/noûs). Der Aufstieg ins Reich der Wahrheit ist eine Umkehr (περιαγωγή/periagōgē̂) und keine Weltabkehr. Sie ist eine Bewegung, welche die menschliche Seele im Ganzen ergreift und den Menschen an seinen metaphysischen Urgrund (ἀρχή/archē̂) zurückführt und ihm seine Würde zurückgibt, indem er seiner Wesenserfüllung ansichtig wird.

Die Griechen nannten diese Lebensform „bíos theōrētikós“ (βιοζ θεωρητκοζ). Sie war für sie der höchste Lebensvollzug. „Theōría“ ist hier Praxis schlechthin. Im schauenden Leben richtet sich der Blick auf den Kosmos, die Welt, die schöne Ordnung oder den Schmuck, wie einige Übersetzungen hiervon lauten. Dergestalt wird das Göttliche geschaut, das Sein beziehungsweise die Ideen und letztlich auch das Gute, aber in einer Art und Weise, dass die Dinge als solche sein gelassen, geachtet und bewahrt werden, was jedoch eine demütige Haltung erfordert.[(131)]

An dieser Stelle erkennt man auch, dass der Mensch bei seinem Auftritt als zweiter „Demiurg“ heute sehr weit davon entfernt ist, einen unschuldigen Blick auf die kosmische Ordnung zu richten. Die Praxis ist der diametrale Gegensatz zur Theorie geworden und das wissenschaftliche Experiment stellt in gewisser Weise eine Gewaltanwendung dar. Die Aufklärung und die Wissenschaften haben uns zweifelsohne viele Erleichterungen und Errungenschaften gebracht, welche noch vor wenigen Jahrzehnten undenkbar waren. Aber ihr Grundzug ist zutiefst antimetaphysisch und demzufolge eine defiziente Form der Wahrheitsfindung, da die Dinge nicht zusammengeführt, sondern separiert werden, also in den Teilbestimmungen einer Subjekt-Objekt-Spaltung stecken bleiben und uns vom Ursprung forttragen. Wahrheit ist hier nur durch Objektivität und Intersubjektivität zu erlangen.

Schauen wir uns andere Lebensbereiche an, etwa den politischen, religiösen oder auch den wirtschaftlichen Bereich, wird uns zudem klar, dass wir hier zu keinem Ende kommen, also immer in der Bewegung bleiben und ebenfalls nicht frei von Gewalt, Gier und Wettbewerbsdenken sind. Wirklichkeit wird heute ersetzt durch Selbstverwirklichung, Bewusstsein durch Selbstbewusstsein, Kontemplation durch Pragmatismus und produktiven Willen. Nietzsche schließt seine „Genealogie der Moral“ mit dem treffenden Satz: „Lieber will noch der Mensch *das Nichts* wollen, als *nicht* (zu) wollen …“

Im Freiheitsgang des Menschen, veranschaulicht an Platons Gleichnissen, erfahren wir jedoch, dass der einzige Bezugspunkt die „theōría“ sein muss, in welcher die Gewalt völlig ausscheidet und ihm einen tiefen Frieden gewährt.

2. Die Bestimmung der Seele über die ideale Polis

Die Wesensbestimmung der Seele erfolgt bei Platon an mehreren Stellen seiner Schriften, jedoch mit unterschiedlichen Nuancierungen. Dabei handelt es sich weniger um Beschreibungen dieser als um Analogien und Vergleiche. So auch in der *Politeía*.

Platons wirkungsmächtigste und bekannteste Schrift ist wohl die *Politeía*. Der Titel wird häufig einfach mit „Staat" übersetzt, treffender aber wäre „Verfassung" oder „Gerechtigkeit", welche ohnehin zeitlebens im Zentrum seines Denkens lagen. Immerhin greift der später nachgeschobene Untertitel „Über die Gerechtigkeit" diesen Gedanken auf.

Äußerer Anlass für den Entwurf eines idealen Gemeinwesens war die Tatsache, dass Athen seit Beginn des 5. vorchristlichen Jahrhunderts bis zum Jahr 335. v. Chr. in derart viele militärische Konflikte verwickelt war, dass es kaum eine längere Periode des Friedens erlebte, die länger als zehn Jahre anhielt.

Platons innerer Beweggrund war jedoch seine Fassungslosigkeit über das Todesurteil durch den Schierlingsbecher, das die Polis Athen gegen seinen geliebten Lehrer Sokrates ausgesprochen hatte, wodurch in seinen Augen gleichsam auch die Philosophie ermordet worden war. Kaum ein anderer Mensch hatte die Menschen derart zur Selbsterkenntnis gemahnt, die Tugend vorgelebt, Denken und Handeln in Einklang gebracht und nach der Wahrheit geforscht wie Sokrates. Die Konsequenz, die Platon daraus zog, war, dass die Macht zum Regieren in einer Polis nicht in den Händen des Volkes (δῆμος/dêmos) liegen darf.[(132)] Er selbst zog sich aus der Politik, der für ihn vorgesehenen Laufbahn, zurück und vermittelte im Kreis einer kleinen Anzahl von Schülern in seiner Akademie die Botschaft des Sokrates in seiner ihm eigenen philosophischen Form weiter. Platon war zu diesem Zeitpunkt (399 v. Chr.) ca. 28 Jahre alt.

Schon an dieser Stelle ist erkennbar, dass der oft bemühte Topos „Griechenland ist die Wiege unserer Demokratie“ nicht einfach so stehen bleiben darf. Platon und nach ihm Aristoteles waren dezidierte Gegner einer solchen Herrschaft. Diese stellte für sie – neben der Tyrannis – sogar die größtmögliche Verfallsform aller Regierungssysteme dar. Ebenso wenig ist der „homo sapiens“ bei Platon eine Gegebenheit, als vielmehr eine seltene Möglichkeit, welche der Wandlung der Seele und somit einer bestimmten Ordnung bedarf, die aber längst nicht für alle erreichbar ist.

Platon weiß um die Schwachstellen im politischen Gefüge, aber auch in den unterschiedlichen Strebevermögen (ὄρεξις/órexis) der menschlichen Seelen. Stets gegenwärtig ist die Gefahr der Subversion eines Teils, welcher nicht zur Herrschaft legitimiert ist und so zu Machtmissbrauch führt. So muss die wahre Staatskunst unbedingt das Gemeinwohl und nicht das des Einzelnen im Auge haben. Dies erfordert allerdings absolut integere Menschen, welche wiederum nicht in der großen Masse einer Demokratie, die durch Mehrheit zur Macht gelangen will, zu finden sind.

Zeichnet Platon in der *Politeía* noch das Bild einer *idealen* Gemeinschaft, welche durch Einsicht in das Bessere ohne Gesetze auskommen kann, wird sein Grundton in den *Nómoi* (Νόμοι), den Gesetzen, pessimistischer und er führt aus, weshalb Gesetze benötigt werden:

> „… wenn er dann als verantwortungsloser und eigenmächtiger Herrscher an der Spitze eines Staates steht, so wird er doch nicht die Kraft haben diesem Grundsatz treu zu bleiben und sein Lebelang dem Gemeinwohl als dem unbedingt obersten Interesse zu dienen und erst an zweiter Stelle dem eigenen.

> Vielmehr wird die Menschennatur ihn immer zur Habsucht und zum selbstsüchtigen Handeln treiben […]. Und sollte wirklich einmal irgendein Mensch durch göttliche Fügung zur Welt kommen, der die natürliche Fähigkeit hätte die angegebenen Forderungen zu erfüllen, so würde er keine Gesetze nötig haben, die ihm sein Tun vorzuschreiben hätten. Denn kein Gesetz […] steht höher als Wissen und Einsicht, und es geht nicht an, daß die Vernunft in Untertänigkeit und Abhängigkeit von irgend etwas stehe, vielmehr muß sie die Herrschaft führen über alles, wenn sie wirklich ihrem Wesen nach wahrhaftig und frei ist. Doch fort mit diesem Traum! Es gibt keine solchen oder so gut wie keine."[133]

Gesetze sind, laut Platon, für ein geregeltes Zusammenleben unter den Menschen unentbehrlich, da sich Letztere sonst, aufgrund ihrer mangelnden geistigen Ausrichtung auf das ihnen Zuträgliche, nur unmerklich von den wildesten Tieren unterscheiden würden.

Soviel zur geschichtlichen Nachzeichnung, die zur Entstehung dieser für das Abendland so wegweisenden Schrift, *Politeía*, führte und zusätzlich den Beginn der politischen Philosophie markiert.

Doch bevor auf die *Politeía* näher eingegangen wird, gilt es, den psychophysischen und spirituellen Aufbau des menschlichen Wesens näher zu beleuchten.

> „Zuallererst ist da der *Noûs*, der reine Geist, der aus dem Höchsten Guten stammt. Er ist der Intellekt auf der metaphysischen Ebene, also weder das Denken noch der logische Verstand. Dann kommt die Seele *(psyché)*, die der Bewusstseinswiderschein der universalen Seele ist, und schließlich der physisch-dichte Körper, der den *sôma*-Aspekt darstellt, welcher die Seele gefangen hält."[134]

Durch die Inkarnation fällt die Seele in Unwissenheit, erblickt nicht mehr die noetische Herkunft und somit das Göttliche in ihr.

Wenn Platon von Ordnung oder Verfassung spricht, so lässt er sich immer von der Mikro-Makrokosmos-Analogie leiten, nach der der Mensch als „kleine Welt" ein Abbild der „großen Welt" ist. Die Weltseele des Kosmos ist für die Abläufe und Gesetzmäßigkeiten in ihm verantwortlich, und ihr entstammt die Einzelseele im Menschen mit all ihren Möglichkeiten für die unterschiedlichen Bewegungen körperlicher, emotionaler und geistiger Art.(135) Hierzu Platon im *Timaios*:

> „Wie schon mehrfach bemerkt, sind uns drei verschiedene Seelenvermögen eingepflanzt, ein jedes von ihnen mit Bewegung ausgestattet. Demgemäß müssen wir auch jetzt in aller Kürze noch weiter sagen, daß derjenige Seelenteil, welcher in Untätigkeit verharrt und auf die ihm heilsame Bewegung verzichtet, notwendig der schwächste ist, dagegen der auf kräftige Übung bedachte der stärkste. Daher ist streng darauf zu achten, daß sie mit ihren Bewegungen im rechten Verhältnis zueinander bleiben. Was aber den obersten Seelenteil in uns anlangt, so muß man ihn sich als Schutzgeist denken, den Gott einem jeden beigegeben hat, diese Seelenkraft, die, wie wir – und zwar mit vollem Rechte – sagen, ihren Wohnsitz in dem obersten Teile unseres Körpers hat und uns von der Erde aufwärts richtet zur verwandten Himmelsregion, als Geschöpfe, die nicht irdischen sondern himmlischen Ursprungs sind."(136)

Indem des Menschen Kern also von der himmlischen (göttlichen) Weltseele abstammt, hat er auch Kontakt mit dem Ewigen und Immerseienden. Der Vergleich mit der Inschrift des orphischen Goldplättchens von Petelia (s. o.) drängt sich geradezu auf.

Um nun die menschliche Seele genauer zu bestimmen, was nach Sokrates alles andere als ein leichtes Unterfangen darstellt, bedient Platon sich gegenüber seinen Gesprächspartnern einer weiteren Analogie, nämlich der eines gerechten Gemeinwesens.

Der von ihm dargestellte ideale Staat ist ein vergrößertes Spiegelbild der menschlichen Seele, welches nur zur Verdeutlichung herangezogen wird, da an einem größeren Gebilde die vorherrschenden Strukturen besser abzulesen sind als an einem kleineren, hier der menschlichen Seele. Die Polis ist für ihn sozusagen der „großgeschriebene Mensch" (368 d), an deren Spitze eben geläuterte Menschen stehen sollten.

> „Von der Gerechtigkeit reden wir doch sowohl in Beziehung auf die einzelnen Menschen, wie auch auf den ganzen Staat? [...]. Ist es euch also recht, so wollen wir zuerst an den Staaten untersuchen, welcher Art sie ist, um sie sodann auch an den Einzelnen zu betrachten, indem wir die Ähnlichkeit mit dem Größeren in der Erscheinung des Kleineren zu erkennen suchen."(137)

Und Sokrates weiter:

> „Auch für den einzelnen Menschen also, mein Freund, werden wir uns dahin entscheiden, daß er die nämlichen drei Grundformen in seiner Seele hat und wegen der Gleichheit seiner Zustände mit denen des Staates mit Recht auch dieselben Namen zu erhalten habe wie der Staat."(138)

Bei dieser Explikation ist sein leitendes Prinzip die Arbeitsteilung, da es unmöglich ist, dass „ein einzelner viele Künste zugleich mit gutem Erfolge betreiben könne" (Pol. 374), und er dadurch auf die Gemeinschaft angewiesen ist.

Die ökonomische Grundlage seiner Gemeinschaft bilden Landwirte, Seefahrer, Handwerker, Tagelöhner, Händler etc. Durch sie werden, je nach Anlage der einzelnen Künste und Talente, die Grundbedürfnisse gesichert. Sie besitzen technisches Wissen, welches zur Herstellung von Produkten *(érga, poiumena)* führt, aber nicht das Wissen um das Ganze. Auf dieser Ebene der Bedürfnisbefriedigung, wo sich alles nur um Nahrung, Gelderwerb, Eigentum und Ausschweifungen mit einem ständig größer werdenden Angebot an Dienstleistungen dreht, wäre dies letztendlich aber nicht mit einer gelungenen menschlichen, sondern eher mit einer tierischen, primitiven Lebensform gleichzusetzen, welche herrschaftslos und triebbestimmt ist und welche durch die eigene Opulenz zu ersticken droht. Eine solche Gemeinschaft weist durch die Befriedigung der ausschließlich leiblichen und an Äußerlichkeiten orientierten Bedürfnisse zwar nur ein sehr geringes kulturelles Niveau auf, ist aber dennoch in ihrem Kern, laut Platon, gesund.

Ab einem gewissen Punkt reicht aber auch in einer stetig wachsenden Stadt der Grund und Boden nicht mehr aus, sodass die Grenzen zum Nachbarn gesichert respektive überschritten werden müssen und Krieg unvermeidlich wird (Vgl. Pol. 373). Der Wehrstand benötigt gut ausgebildete Männer, welche bereits seit früher Kindheit in Musik und später in Gymnastik erzieherische Unterweisungen (παιδεία/paideía) erfahren. Zudem sollen sie von Natur aus wissbegierig und philosophisch interessiert und weitestgehend unabhängig von körperlichen Bedürfnissen und Lüsten sein. Die Intention dieser Erziehung besteht in der Erhabenheit über Äußeres, in der Kontrolle über den Körper und seine Affekte sowie in der Liebe zum Schönen (vgl. Pol. 403). Den Mitbürgern, insbesondere dem Nährstand, zeigen sie sich sanftmütig und freundschaftlich gesinnt, den Feinden gegenüber tapfer und entschlossen.

Der Wehrstand stellt auch das Bindeglied dar, aus welchem schließlich die besonders Geeigneten später für die Regentschaft über die Polis vorgesehen sind. Das bedeutet aber auch Entsagung (askêsis) auf der weltlichen Ebene, vor allem der sinnlichen, um treffliche Seeleneigenschaften zu entwickeln. Platons Liste hierfür ist lang: karge gemeinsame Mahlzeiten, kein Eigentum, kein Alkohol, Mäßigung beim Gespräch und beim Lachen, Kontrolle der Liebeslust, keine Geldgeschäfte, da diese ohnehin der Grund für großes Unheil sind. Die Unterbringung hat in einfachen Quartieren zu erfolgen. Den Lohn für den Schutz nach innen und nach außen erhalten sie vom Nährstand. Besitz und Erwerb von privatem Eigentum sind den Wächtern untersagt, da dies ohnehin nur zu Neid und Missgunst führt. Frauen und Kinder gehören ihnen gemeinsam. Sicherlich diente Platon hier das Gemeinwesen Spartas als Vorlage.

Für Platon ist es sehr wichtig, dass die Menschen des Wehrstandes das Gold in der Seele tragen und nicht in den Händen, selbst ein körperlicher Mangel wäre kein Grund, diesem nicht angehören zu dürfen (vgl. Pol. 402-417).

Zur Größe der *Poleis* gibt Platon an, dass sie gerade so groß sein sollten, dass man auf die Annexion neuen, fremden Landes verzichten kann und ihre Einheit nicht durch eine zu große Anzahl von Wächtern gefährdet wird. Zu klein dürfen sie aber auch nicht sein, da sonst die Nachkommenschaft nicht gewährleistet wäre.

Die Fähigsten dieses Standes bilden sodann, nach langjähriger Ausbildung, den kleinen Stand der Regenten, die über Inhalte der Erziehung entscheiden und das Wissen zur Führung des Gemeinwesens haben.

Nach einem phönikischen Mythos, den Sokrates vorträgt, sind zwar alle Menschen ihrer Herkunft nach gleich, tragen aber schon bei ihrer Geburt unterschiedliche Beimischungen von Gold, Silber und Erz – sprich: von Anlagen – in ihren Seelen. Eine weitere Aufgabe der Herrscher liegt nun in der Sichtung derjenigen, deren Anteil an „seelischem Gold" am größten ist, ganz gleich, welchen Stammbaum sie aufweisen, und sie dem entsprechenden Stand zuzuweisen. Andererseits kann auch ein Nachkomme aus der Regentschaft aufgrund einer großen Beimischung von Erz oder Silber in einen niedrigeren Stand verwiesen werden.

Die ursprüngliche primitive Polis erfährt deutliche qualitative Erweiterungen durch den Wächter- und Regentenstand. Sie geben ihr eine Ordnungsstruktur, damit diese überhaupt erst gedeihen und wachsen kann. Der Nährstand macht in Platons neuer Stadt den zahlenmäßig größten Teil der Menschen und freien Bürger aus, gefolgt vom Wächter- und dem Lehr- oder Herrscherstand. Alle weisen auch jeweils entsprechende Eigenschaften, Tugenden (ἀϱεταὶ/aretai) auf, welche für das Gelingen der Polis im Ganzen unabdingbar sind und immer wieder aufs Neue praktiziert werden müssen.

So ist es bei den Regenten die Weisheit (σοφία/sophía), die zur Wohlberatenheit führt, bei den Wächtern ist es die Tugend der Tapferkeit (ἀνδρεία/andreía) und beim letzten Stand, welcher sich in der Mäßigung üben muss, diejenige der Besonnenheit (σωφροσύνη/sōphrosýnē). Zudem ist die Besonnenheit, welche einem harmonischen Zusammenklingen entspricht (symphonia kai harmonia), auch in den anderen beiden Ständen zu verorten. Sie ist die Übereinstimmung der unteren Stände in der Frage, wer regieren soll, aber gleichzeitig auch das Eingeständnis in das eigene intellektuelle Unvermögen zur Führung der Staatsgeschäfte (vgl. Pol. 432). Es ist der Unterschied von Wissen, „dass" und „warum" etwas so ist, wie es ist, also des Erkennens der hinreichenden Gründe.

3. Die Unsterblichkeit der Seele

Für Platon und seine Anhänger ist die Unsterblichkeit der Seele eine Entität, eine unumstößliche, feste Größe. Sie bildet den Kern ihrer Philosophie und stellt damit erstmals den Versuch dar, neben dem bereits bekannten religiös-kultischen Aspekt (s. o.), sich in Verbindung mit dem Mythos ihrer Unsterblichkeit auch rational-argumentativ anzunähern. Die unverbrüchliche Gewissheit, dass die Seele den Körper stets überdauert, erklärt auch die Gelassenheit, mit der Sokrates im Angesicht seines bevorstehenden Todes die letzten Worte an seine anwesenden Freunde richtete.

Dass diese Art der Wissensvermittlung aber alles andere als ein leichtes Unterfangen darstellt, belegt Aristoteles:

> „Alle Menschen streben von Natur aus nach Wissen. Ein deutliches Zeichen dafür ist die Liebe zu den Sinneswahrnehmungen. Denn abgesehen vom Nutzen werden diese um ihrer selbst willen geliebt, und von allen besonders die Sinneswahrnehmung, die durch die Augen zustande kommt. Denn nicht nur, um zu handeln, sondern auch, wenn wir keine Handlung vorhaben, geben wir dem Sehen sozusagen vor allem anderen den Vorzug.“[139]

Sokrates schickt sich daher an, etwas Unsichtbares gedanklich sichtbar zu machen, wobei der Mensch aber auf seine bevorzugte Sinneswahrnehmung verzichten muss, als „Augenzeuge“ somit nicht in Frage kommt und die Empirie hintanstehen muss. Und dieses Etwas zeichnet sich gegenüber dem Körper und seinen Organen als selbstständige Substanz, als dessen Grundlage oder Prinzip aus.

Sie, die Seele, ist letztlich das, was den Menschen ausmacht, und hierdurch wird sie bei Platon, im Rekurs auf die Orphik und andere bereits erwähnte Philosophen, auch Teil seiner Metaphysik und Anthropologie. Ontologisch betrachtet, nimmt sie eine Mittelstellung zwischen den Ideen und dem grobstofflichen, vergänglichen Körper mit seinen Sinnen ein. In dieser Stellung ist sie quasi Bürger zweier Welten, der intelligiblen mit den Ideen, welche Maß, Zahl und Form verleihen, und der sinnlich wahrnehmbaren, deren Vorraussetzung sie ist. In Letzterer liegen dann die Dinge in zusammengesetzter, manifestierter, aber nur temporärer Form vor. Die Individualseele wiederum ist an die Ordnung der Weltseele gebunden, welche durch den Demiurgen gelenkt wird. In dieser Ordnung stehend, ist sie also erst einmal *nicht* metaphysisch im Sinne kausal-keimhafter Potenzialität, sondern lediglich feinstofflicher Natur, deren Vermögen durch den Körper verschattet ist.

Plotin, ein getreuer Exeget Platons und ebenfalls in der Überlieferung stehend, beschreibt das folgendermaßen:

> „Nicht schlechthin also, das liegt in diesen Worten, ist es für die Seele ein Übel, wenn sie dem Leibe Teil gibt am Heil und am Sein; Fürsorge für das Niedere verhindert ja nicht unter allen Umständen daß das Fürsorgende im höchsten und besten Sein verharre. Denn zwiefacher Art ist alle Fürsorge: das Allgemeine waltet durch ein ruhiges Gebieten, ein königliches Regieren; im Einzelnen vollzieht sich dann die Fürsorge durch ein eigenhändiges Tun, bei welchem das handelnde Subjekt vermöge der Berührung mit dem Objekt der Handlung an dem Objekt ‚sich befleckt'. Nun läßt er die göttliche Seele stets auf die erste Art über die ganze Welt walten, sie bleibt in ihrem höheren Teile über sie erhaben und sendet nur den letzten Ausläufer ihrer Kraft in ihr Inneres hinab."[(140)]

An anderer Stelle ist bei ihm zu lesen:

> „So bleibt also die Weltseele bei sich selber und die Dinge, die sie schafft, kommen an sie heran. Die Einzelseelen aber gehen ihrerseits zu den Dingen heran; so sind sie hinab in die Tiefe [gegangen]."[(141)]

Im *Philebos* sondiert Platon das Verhältnis von Einzelseele zu Weltseele, indem sich Sokrates zu Protarchos mit folgenden Worten wendet:

> „Woher nun, mein lieber Protarchos, hätte er sie [der Körper die Seele] erhalten, wenn nicht der Körper des Weltalls beseelt wäre, indem er die nämlichen Bestandteile enthält wie der unsere und zwar *noch besser in jeder Beziehung?*"[(142)]

Die Botschaften dieser Textstellen sind nicht nur hinsichtlich ihrer Direktionalität von großer Bedeutung, vielmehr erteilen sie einer pantheistischen Seinsauslegung, wonach Gott oder das Absolute gleichermaßen in allem waltet, eine deutliche Absage, was auch durch die Verwendung des Komparativs hervorgehoben wird. Der treffendere Terminus hierfür ist *Panentheismus*,(143) eine Bezeichnung, welche auf die Immanenz *und* die Transzendenz des Göttlichen verweist.

In ihrer Position blickt die Seele demgemäß nach oben auf die Weltseele und nach unten auf den von ihr geschaffenen Körper.

Raphael bemerkt hierzu:

> „Wenn wir begreifen, dass die Gesamtheit des sinnlich Wahrnehmbaren (die Welt der Erfahrungen) der Ausdruck der universalen Seele bzw. des Intelligiblen ist, von dem die menschliche Seele ein Bewusstseinsmoment darstellt, müssen wir, um zur Quelle zurückzukehren, Folgendes tun:
> – das *Gewahrsein* unserer wahren Natur annehmen
> – die Identifikation mit dem sinnlich wahrnehmbaren Körperlichen auflösen
> – Identität mit dem Intelligiblen oder der universalen Quelle erzeugen, was auf natürlichem Weg geschieht, wenn man die ‚Scheidung' bewirkt
> – das sinnlich Wahrnehmbare an den richtigen Platz stellen und, wenn man es erfahren möchte (was aber nicht notwendigerweise erfolgen muss), es als einfaches Mittel betrachten und nicht als Ziel, um so zu vermeiden, das Nichtabsolute zu verabsolutieren."(144)

Nur in einer weitestgehenden Separation von den Lüsten, Bedürfnissen und Affektionen des Körpers, dem Werden entbunden, kann sich die Seele durch reines Denken, ohne Zuhilfenahme der irreführrenden körperlichen *aísthēsis* (αἴσθησις), der ungetrübten Einsicht in die Vernunfterkenntnis widmen. Das Gerechte, das Schöne und das Gute an sich, die Ideen, können deshalb „nur" gedacht werden, bar der körperlichen Unruhe.

Dies ist auch das vorzügliche Kennzeichen eines Philosophen, nämlich „seine Seele so viel wie möglich von der Gemeinschaft mit dem Körper zu lösen, weit mehr als die anderen Menschen [um dem Seienden nachzugehen, A. d. A.]."(145)

Wenn in der Überlieferung bisweilen zu lesen ist „stirb, bevor du stirbst" oder „lebendig sterben lernen", dann ist dies kein Aufruf zum Suizid. Gemeint ist damit vielmehr genau obiger Sachverhalt. Nur eine gereinigte Seele vermag es, sich über das Gegenwärtige zu erheben, der Differenz von Werden und Gewordenem nachzuforschen und so das Wesen des Menschen zum Ausdruck zu bringen. Die Seele selbst gehört nicht zu dem Reich der *Ideen* im platonischen Sinne, aber dadurch, dass sie ihnen verwandt ist, ist sie auch ewig und kann diese erkennen.

Wie schon mehrfach erwähnt, ist die Frage nach der Seele das zentrale Anliegen Platons und die Beschäftigung mit ihr zeichnet sich bereits in seinen Frühschriften ab, verteilt sich aber bis in sein Alterswerk. Hinsichtlich der Frage nach ihrer Beschaffenheit und der Beweise für ihre Unsterblichkeit sind die Schriften *Phaidon* und *Phaidros* am umfangreichsten.

Im *Phaidon* führt Sokrates gegenüber seinen Gesprächspartnern, Simmias und Kebes, beides Pythagoreer, vier Beweisgänge (Ebert, 2004) für die Prä- und Postexistenz der Seele an, wobei die ersten beiden eng miteinander verzahnt sind.

- Das Argument des Kreislaufs und das Entstehen aller Dinge aus ihrem Gegenteil (70-72)
- Das Argument der Wiedererinnerung, *anámnēsis* (ἀνάμνησις) (72-77)

- Das Argument der Ähnlichkeit der Seele mit der Idee (78-80)
- Der Beweis ihrer Unvergänglichkeit aufgrund ihres Wesens (102-107)
- Der Beweis ihrer Unvergänglichkeit aufgrund ihrer Selbstbewegung (*Phaidros* 245 f)

Das Argument des Kreislaufs und das Entstehen aller Dinge aus ihrem Gegenteil (70-72)

Im Rekurs auf einen „wohlbekannten Spruch" (70) – es ist davon auszugehen, dass sich Platon hiermit auf die Orphiker und Pythagoreer bezieht, wie er das auch schon in der *Politeía* mit dem Mythos des „Er" macht – beschreibt er die Wanderung der vom Körper geschiedenen Seelen in den Hades und von dort wieder zurück. In seiner weiteren Argumentation stützt er sich auf die bereits von Heraklit gemachte Beobachtung, dass *alles* aus seinem Gegenteil entsteht:

> „Und es ist immer ein und dasselbe, was in uns wohnt: Lebendes und Totes und Waches und Schlafendes und Junges und Altes."[146]

Analog dazu Platon:

> „Richte nun, sagte Sokrates, zum leichteren Verständnis dieses Satzes [dass die Lebenden aus den Toten entstehen] deinen Blick nicht bloß auf Menschen, sondern auf alle Tiere und Gewächse; ja wir wollen ganz allgemein in bezug auf alles, das ein Werden hat, uns klar werden, ob alles auf diese Weise wird, nämlich das Gegenteil aus dem Gegenteil …"[147]

In der Folge überträgt er diesen Gedanken auf alles, zu dem es eine gegensätzliche Entsprechung gibt. Das Schöne ist dem Hässlichen, das Gerechte dem Ungerechten, das Kleine dem Großen entgegengesetzt und so fort. Doch der Sachverhalt bei Platon ist keineswegs so trivial, wie es zunächst erscheint. Denn Sokrates verwendet in seiner Argumentationskette neben dem Positiv auch den Komparativ:

> „Und zeigt es sich nicht auch weiter, daß jedes Mal zwischen den beiden Gegenteilen, da es ja eben zwei sind, zwei Arten des Werdens auftreten, von dem Ersten zum Zweiten und dann wieder von dem Zweiten zum Ersten? Zwischen einem *Größeren* und *Kleineren* Wachstum und Abnahme, so daß wir im ersteren Fall sagen es wachse, im anderen es nehme ab?"(148)

Der Komparativ ist, übersetzt, folglich immer eine vergleichende Bezugnahme auf etwas anderes und kann nicht für sich alleine stehen. Größer, kleiner, schöner, gerechter … als was? Beim Gebrauch solcher Vergleiche offenbart sich stets der defiziente Modus, da die Dinge in unserer Erfahrungswelt nie vollends gerecht oder schön sind und zudem durch ein mehr oder weniger steigerbar sind.

Die auffindbaren Attribute für einen späteren, gegenteiligen Umschlag (μεταβολή/metabolḗ) finden sich somit immer in einem Substrat, einem Zugrundeliegenden (ὑποκείμενον/hypokeímenon), an welchem dieser Wechsel vonstattengeht. Ein vormals gerechter Mensch wird mit einem Male ungerecht, aus einem schwachen Menschen wird ein stärkerer, aus einem langsameren wird ein schnellerer.

So verhält es sich auch mit dem Schlafen und dem Wachsein. Diese stellen allotropische Zustände dar, bedürfen aber, da sie nicht selbst bestehen können, eben eines Trägers und „ihre Entstehungsarten sind hier das Einschlafen und dort das Erwachen" (71) an einem beseelten Körper.

Und ebenso verhält es sich mit dem Lebendig- und dem Totsein, ihr Werden nennen wir Geburt und Sterben und sie entsprechen in gewisser Weise den Zuständen des Wachens und Schlafens. Doch hinsichtlich der Frage nach dem, was ihnen zugrunde liegt, kommt der menschliche Körper nicht in Frage, weil er nach dem Tode zerfällt, also kann es nur die *psyché* (ψυχή) sein, durch welche sich die Zustandsveränderungen vollziehen.(149) Verbindet sich die Seele mit dem Körper, sprechen wir von Leben, trennt sie sich von ihm, sprechen wir von Tod, ohne dass sie jedoch selbst zugrunde geht.

Daraus schließt Sokrates, dass der Seele im Hades auch notwendig ein Sein zukommt, ja, es ihr immer wiederkehrender Aufenthaltsort für die nächste Inkarnation ist.(150)

Das Argument der Wiedererinnerung, anámnēsis (ἀνάμνησις) (72-77)

Das zweite Argument behandelt die These von der „Wiedererinnerung“. Demnach ist Lernen ein *Sich-erinnern dessen,* was die Seele in einer vorhergehenden Existenz gesehen hat. Dieser Abschnitt des *Phaidon*, zusammen mit einer Passage des *Menon* (81 f) wird als die platonische Lehre der Wiedererinnerung bezeichnet.

Bemerkenswert hierbei ist, dass die Vorstellung der Erinnerung an ein vorheriges Leben von dem Pythagoreer namens Kebes und nicht von Sokrates angeschnitten wird (72 f). Ein Indiz dafür, dass die Vorstellung der Seelenwanderung, wie sie bereits von Pythagoras gelehrt wurde, sowohl den Gesprächsteilnehmern als auch einer breiten Öffentlichkeit bekannt war und von ihr angenommen wurde.

Entsprechende Testimonia finden sich bei dem Philosophiehistoriker und Doxographen, Diogenes Laertios(151) (ca. 3. Jh. n. Chr.) und Empedokles (um 492-432 v. Chr.):

> „Doch es lebte unter jenen ein Mann [gemeint ist Pythagoras] von überragendem Wissen, der wahrlich den größten Gedankenreichtum erwarb, allerlei kluger Werke am meisten mäch-

> tig. Denn wann er mit allen seinen Geisteskräften sich reckte, schaute er leicht jedes einzelne von allem Seienden in seinen zehn und zwanzig Menschenleben."[152]

Bei der *anámnēsis* (ἀνάμνησις) dreht es sich darum, wie der Mensch zu einem Wissen gelangt, das nicht aus den empirischen Gegebenheiten der Wahrnehmung stammt. Vom empirischen Bereich gibt es, laut dem Liniengleichnis (*Politeía* 509-511), ohnehin nur ein unsicheres Vermeinen, da die sinnliche Wahrnehmung von Abbildern nie der Garant für die Wahrheit sein kann.

Dieses Wissen oder Lernen zielt demgemäß nicht auf die veränderlichen Relativa wie beispielsweise die Kenntnis des Weinbaus oder das Erlernen einer Sprache, als vielmehr auf das unveränderliche Wissen des Seienden, wie es von Platon durch die *epistḗmē* (ἐπιστήμη), *phrónésis* (φρόνησις) oder *noésis* (νόησις) zum Ausdruck gebracht wird. Das griechische Wort für Wissen allgemein ist „mathéma" (μάθήμα), und man kann es schon erahnen: Die Mathematik – im Speziellen die Geometrie – stellt für Platon ein wichtiges Verbindungsglied zu den Ideen dar, wie uns im *Menon* gezeigt wird, in dem ein der Mathematik weitestgehend unkundiger junger Diener durch Assoziationen und entsprechende Fragestellungen zur richtigen Lösung gelangt, er also etwas vorher Unbewusstes ins Bewusstsein bringt.

Die notwendige Voraussetzung für das Erinnern ist jedoch, dass man das Erinnerte vorher schon einmal gesehen, gewusst haben muss. Des Weiteren muss eine Ähnlichkeit, eine gewisse Gleichheit vorhanden sein, um eine Verbindung herstellen zu können.

Sokrates wendet sich an Simmias mit den Worten:

> „Wir müssen also notwendigerweise das Gleiche schon vor der Zeit gekannt haben, wo wir die gleichen Dinge zum erstenmal mit den Augen sahen und den Gedanken fassten, daß zwar

> alles dies danach strebt so zu sein wie das *Gleiche an sich*, aber doch dahinter zurückbleibt."[153]

Natürlich kann dieses Erinnern zunächst einmal zufällig durch unsere Wahrnehmung durch gleiche oder ähnliche Dinge erfolgen, welche in enger Beziehung zu früher wahrgenommenen Dingen stehen. Aber anhand des Zitats wird deutlich, dass der Unterschied zwischen gleichen Dingen, die immer nur in ihrer – wenn auch mitunter geringfügigen – Verschiedenartigkeit vorliegen können, und dem *Gleichen an sich*, im Sinne einer Idee, nicht nur marginal, sondern kardinal ist. Das *Gleiche an sich* ist eben kein Gegenstand der Wahrnehmung oder Ergebnis einer Abstraktion, nein, es ist für jeden Prozess und Vergleich deren Voraussetzung.[154]

Die Kenntnis des *Gleichen an sich* wie auch die anderen *Ideen des Schönen an sich* und des *Guten an sich* müssen wir folglich schon vor unserer Geburt und der Entwicklung unserer Sinnesorgane empfangen haben (75), was nach Sokrates eindeutig für ihre Präexistenz spricht. Doch das scheint bisher nur die Hälfte des Beweisganges zu sein, denn zur Vollständigkeit bedarf es noch der Begründung ihrer Postexistenz. Dies geschieht durch Rekurs und Verweis auf das erste Argument von der Lehre des Kreislaufs in der Natur und dem Entstehen aller Dinge aus ihrem Gegenteil.

> „Es ist, sagte Sokrates, auch jetzt schon, mein Simmias und mein Kebes, der vollständige Beweis geliefert, wenn ihr den jetzigen Beweis mit dem vorigen, über den wir einverstanden waren, verbindet, nämlich dem, daß alles Lebende aus dem Toten werde. Denn wenn die Seele auch früher schon ist und sie bei ihrem Eintritt ins Leben und ihrem Geborenwerden schlechterdings aus nichts anderem geboren werden kann als aus dem Tode und dem Totsein, dann muß sie unbedingt auch nach dem Tode sein, da sie ja wiedergeboren werden muß."[155]

Das Argument der Ähnlichkeit der Seele mit der Idee (78-80)

Dieser Beweisgang beabsichtigt, die vorherige These der Unsterblichkeit unserer Seele zu untermauern und aufzuzeigen, dass man daher den Tod nicht zu fürchten braucht. Die Vorgehensweise dieser Untersuchung erfolgt gleich zu Beginn des fünfundzwanzigsten Kapitels, welche von Sokrates in Form eines Fragenkomplexes – gemäß seiner sogenannten „Mäeutik“ (Hebammenkunst) – durchgeführt wird.

> „Wir müssen also doch wohl an uns selbst folgende Frage richten: Welcher Art von Dingen kommt denn dies Schicksal des Sichverflüchtigens zu und für welche Art von Dingen müssen wir fürchten, daß sie dies Schicksal erleiden, und für welche hinwiederum nicht? Und danach müssen wir zusehen, zu welcher von beiden Arten die Seele gehört, und auf Grund dessen für unsere Seele voll Zuversicht oder voll Furcht sein.“(156)

Im Folgenden induziert Sokrates zwei Gegenstandsklassen, um das Sich-Verflüchtigende und das Sich-immer-Gleichbleibende zu erörtern, und bedient sich der Begriffe des Zusammengesetzten und des Unzusammengesetzten, Einfachen.

Es ist unschwer zu erkennen, dass alles Zusammengesetzte sich in seine Bestandteile auflösen wird. Dies betrifft zunächst einmal sämtliche Artefakte wie Häuser oder auch Maschinen, aber letztlich auch alle die Dinge, welche von Natur aus entstehen (physiká), also auch Tiere und Menschen. Beide Bereiche unterliegen aufgrund der notwendigen hohen Kohäsionskräfte, um in der Erscheinung bleiben zu können, immer der Tendenz des Zerfalls, das heißt, sie rosten bzw. werden alt, zerfallen daher wieder in ihre Elemente. In einem solchen Bereich, wo die Seele der Materie Leben einhaucht sowie die Dinge in die Sichtbarkeit gebracht werden und ihre namentliche

Bestimmung und Definition erfahren, herrschen jedoch die Gesetzmäßigkeiten des Gebundenseins, der Notwendigkeit, der Unfreiheit, der Eingrenzung (lat. fines = die Grenze/Definition) und der Verdrängung. Zudem können in diesem grobstofflichen, temporären Zustandsbereich die Raum-Zeit-Koordinaten nur jeweils einfach besetzt werden. Plutarch (ca. 45-125) setzte in seinen moralphilosophischen Schriften dieses Verständnis von Leben „bios" mit Gewalt „bia" gleich.[(157)]

Diese naturphilosophischen Überlegungen wurden zuvor auch schon von Empedokles formuliert, und es ist anzunehmen, dass sie Platon bekannt waren.

In Fragment 8 des Empedokles steht:

> „Doch ein anderes will ich dir verkünden. Geburt ist (gibt es) von keinem einzigen unter allen *sterblichen Dingen* auch nicht ein Ende im verwünschten Tode, sondern nur Mischung und Austausch der gemischten *Stoffe* ist: Geburt wird nur dafür bei den Menschen als üblicher Name gebraucht."[(158)]

Die Stoffe, welche Empedokles anführt, sind Feuer, Wasser, Erde und Luft. Sie werden seither Elemente genannt. In ihrer Art sind sie zunächst etwas Zugrundeliegendes, Unteilbares, bilden somit in ihrem jeweiligen Mischungsverhältnis die Voraussetzung für die transitorische Leihgabe aller zusammengesetzten Körper in der Erscheinungswelt. Sie bleiben, da sie nicht zusammengesetzt sind, unvergänglich und gleich, sind mit sich identisch und stehen so für das Wesensmerkmal der Ideen.

Platon nimmt den Entwurf des Empedokles wohlwollend auf, vertieft ihn aber dahingehend, dass diese Elemente ihren Ursprung wiederum den pythagoreischen Elementardreiecken verdanken.[(159)]

Sokrates setzt nun der sichtbaren, veränderlichen Welt, welche durch unsere Wahrnehmungsorgane erfahren wird, eine unsichtbare, nur dem Denken und der Vernunft zugängliche gegenüber und hat somit ein neues Gegensatzpaar für die weitere Untersuchung. Er stellt Kebes nun die Frage nach dem Bereich, der dem bisher Dargelegten zufolge wohl der Seele *ähnlicher und verwandter* (homoioteron kai syggenesteron) zu sein scheint (79).

Darauf entgegnet Kebes:

> „Jeder, auch der Beschränkteste, glaube ich, wird nach dem Gange unserer Untersuchung einräumen, daß die Seele ganz unbedingt dem immer mit sich Gleichbleibenden ähnlicher ist als dem Gegenteil."[(160)]

Die Gesprächspartner erzielen Einigkeit über die Zuordnung der Seele zum göttlichen und des Leibes zum sterblichen Bereich. Auffällig ist wieder Platons Verwendung des Komparativs. Damit soll erneut zum Ausdruck gebracht werden, dass die Seele nicht mit der Idee (εἶδος/eîdos) gleichgesetzt werden darf, sie selbst keine Idee ist, ihr aber deutlich nähersteht als dem sinnfälligen, vergänglichen Bereich.[(161)] Die Seele als der Vermittler zwischen Geist (νοῦς/nous) und Materie hat also die zweifache Möglichkeit, sich der Erkenntnis zuzuwenden: ein Mal durch den Gebrauch der Sinnesorgane mit Blick auf das Unbeständige, das andere Mal ohne deren Zuhilfenahme auf das Beständige, Sich-immer-gleich-Bleibende. Für welchen Bereich sie sich entscheidet und wie viel Gemeinschaft sie mit ihm hat, bestimmt über ihre Ähnlichkeit mit diesem.

Unübersehbar sind hier die Parallelen von Platons Jenseitsmythen (s. u.) zur östlichen Überlieferung und der karmischen Tatvergeltung. So ist in der *Maitri-Upaniṣad* zu lesen, dass der Mensch wird, was er denkt.

Der Philosophie kommt hierbei die Aufgabe zu, die Seele in ihre Obhut zu nehmen und ihr zu zeigen, dass sie, wenn sie sich ganz auf die eigene Kraft verlässt, die Möglichkeit hat, das selbst Seiende zu erkennen. Lässt sie sich hingegen von den Affektionen des Körpers wie Lust, Trauer, Furcht und den vielen Spielarten der Eitelkeit mitreißen, wird es ihr verwehrt bleiben, im reinen Zustand in den Hades zu gelangen.

Der Beweis ihrer Unvergänglichkeit aufgrund ihres Wesens (102-107)

Dieser vierte Beweis des Sokrates ist eine Untersuchung der Ursachen des Entstehens und Vergehens und Platons interessantester. In Anlehnung an den ontologischen Gottesbeweis des Anselm von Canterbury (1033-1109) in der Frühscholastik nennt man ihn seitdem auch den „ontologischen Unsterblichkeitsbeweis".

Anlass für Platons Untersuchungen bezüglich der Unsterblichkeit der Seele, an der sich schon die Vorsokratiker versucht hatten, waren deren für ihn enttäuschenden Ergebnisse, weil sie bei ihren Angaben nicht über materielle Ursachen hinauskamen. Am weitesteten schien Platon Anaxagoras gekommen zu sein, indem er den *nous* (νοῦς), die Vernunft, als ordnende Ursache von allem angab, diesen jedoch letztlich wieder auf einen „Denkstoff" reduzierte, ihn also nicht in seinem unveränderlichen, intelligiblen Bereich beließ. Ohne Zweifel kommt den physischen Elementen große Bedeutung zu, da sie das Universum konstituieren, sie sind aber nicht deren Ursache *archḗ* (ἀρχή).

Das war Platons Impuls, sich einer neuen Forschungsmethode, der „zweiten Seefahrt" zu widmen [s. u. Kapitel IV], welche von sinnlich-materiellen Gründen zur Angabe der Lebensvorgänge im Kosmos – also der „ersten Seefahrt" der *physikoí* (φυσικοί) – völlig absieht und sich nun hypothetischer Voraussetzungen, nämlich der *lógoi* (λογόι) bedient.

Das Gespräch (102) findet seinen Anfang wieder über Gegensatzpaare wie klein und groß, das *Große an sich* und das *Kleine an sich*, und zwar mit der Bemerkung, dass diese sich einander in jedem Falle ausschließen, auch *in uns* (102d).

Ein Übergang vom Kleineren zum Größeren im Sinne eines Wachsens ist zwar möglich, aber nur als relative Eigenschaft. Wie auch die Tatsache, dass Simmias im Vergleich mit Sokrates groß erscheint, mit Phaidon aber klein. Die *Größe an sich* und das *Kleine an sich* bleiben immer in ihrer Polarität als unverlierbare Eigenschaften *selbst* bestehen.

Der Einwand eines ungenannten Zuhörers lässt daraufhin nicht lange auf sich warten, da in den vorherigen Erörterungen (70-72) schließlich davon ausgegangen wurde, dass in der Gegenteiligkeit der Dinge ihre Entstehung zu suchen ist.

Sokrates wendet sich ihm mit den Worten zu:

> „Das war eine wohlangebrachte Bemerkung. Indes bemerkst Du nicht den Unterschied zwischen dem jetzt und dem damals Behaupteten. Damals nämlich ward behauptet, aus dem entgegengesetzten *Ding* entstehe das entgegengesetzte *Ding*, jetzt dagegen, daß das Entgegengesetzte niemals das ihm Entgegengesetzte werde, weder das bei uns Menschen noch das an sich bestehende. Denn damals, Bester, sprachen wir über die Dinge, welche die Gegensätze an sich haben [tragen A. d. A.] und die wir danach benennen, jetzt aber über jene Gegensätze *selbst*, deren Verbindung mit den Dingen der Grund ist, daß diese Dinge davon ihre Benennung haben; von diesen Gegensätzen selbst leugnen wir, daß sie sich jemals die Entstehung auseinander gefallen lassen."[(162)]

Diese Passage ist deshalb von großer Bedeutung, da Sokrates die Unterscheidung darlegt zwischen den Eigenschaften, wie wir sie in der Natur an den Dingen vorfinden, gewissermaßen als Träger von ihnen, und den Eigenschaften selbst, den *eídē* (εἴδη), das heißt den Ideen.

Die materiellen Träger sind, im Sinne der scholastischen Terminologie *materia secunda,* lediglich Zweitursache, die *Ideen* hingegen ihre Erstursache, *materia prima,* an welchen die Dinge teilhaben (μέθεξις/méthexis) oder die an ihnen anwesend sind (παρουσία/parousía) und sie zu dem machen, was sie sind. Die Dinge können mehrere *eídē* aufweisen, welche ihrer weiteren Bestimmung dienen, wobei die Partizipation an ihnen zufällig sein kann und wenig, bisweilen nichts über das Wesen eines Menschen aussagt, wie beispielsweise seine Größe oder Dickleibigkeit, als auch notwendig und bestimmend, wie beispielsweise der Charakter und die Klugheit des Sokrates.

Die Eigenschaftsträger oder Objekte können auch durchaus einen Wandel vollziehen, indem beispielsweise aus einem ungerechten Menschen ein gerechter wird, aber die Gegensätze selbst verändern sich nicht, sondern verdrängen einander oder gehen zugrunde, da sie nicht gleichzeitig oder gemeinsam auftreten und nichts annehmen können, was ihrer Natur widerspricht (104).

Stets das Ziel seiner Untersuchung, Klarheit in das Verhältnis von Leben, Seele und Tod zu bringen, im Auge behaltend, führt Sokrates zuvor noch eine Reihe weiterer Metaphern ins Feld. So ist das Feuer durch das *eîdos* (εἶδος) des Warmen, der Schnee durch das *eîdos* des Kalten und die Zahl Drei durch das eîdos des Ungeraden bestimmt, aber ohne mit diesen jeweils identisch zu sein (103 f). Die Verbindung mit ihren jeweiligen *eídē* sind hier zwingend notwendig, denn das Kalte ist für die Konsistenz des Schnees ebenso Voraussetzung wie das Warme für das Feuer und das Ungerade für die Drei.

Sokrates wird nun konkret und wendet sich an Kebes:

„**Sokrates.** So antworte denn: Was muss dem Körper innewohnen, wenn er lebendig sein soll?

Kebes. Die Seele.
Sokrates. Ist das immer so?
Kebes. Wie könnte es anders sein?
Sokrates. Wovon also die Seele Besitz ergreift, dem bringt sie mit ihrem Eintritt auch stets Leben mit?
Kebes. Gewiß.
Sokrates. Ist dem Leben etwas entgegengesetzt oder nichts?
Kebes. Doch.
Sokrates. Was?
Kebes. Der Tod.
Sokrates. Die Seele wird also doch wohl dem Gegenteil dessen, was sie selbst stets mit sich führt [Leben], niemals den Zutritt gestatten, wie sich aus früher Eingeräumten ergibt?
Kebes. Ganz gewiß nicht.
[…]
Sokrates. Gut. Was aber den Tod nie an sich heran läßt, wie nennen wir das?
Kebes. Unsterblich.
Sokrates. Und lässt etwa die Seele den Tod an sich herankommen?
Kebes. Nein.
Sokrates. Also ist die Seele unsterblich.
Kebes. Unsterblich.
Sokrates. Gut. Dies dürfen wir doch als bewiesen gelten lassen? Oder wie meinst du?
Kebes. Auf alle Fälle, mein Sokrates.“[163]

Des Weiteren folgert Sokrates aus der Unsterblichkeit der Seele auch ihre Unzerstörbarkeit. Tritt nun der Tod an den Menschen, so stirbt an ihm das Zusammengesetzte, das heißt sein Körper, und die Seele weicht unversehrt und unvergänglich zum Hades (106).

Die Seele ist also der Faktor, welcher dem Körper das Leben verleiht. Es wurde bereits erwähnt, dass die Seele keine Idee ist, jedoch in enger Verwandtschaft zu ihr steht. Sie partizipiert an dem ihr übergeordneten *eîdos Leben,* und zwar ständig, unverbrüchlich und notwendig. Denn die Lebendigkeit ist ihre originäre Wesenseigenschaft schlechthin. Bezüglich ihrer Existenzebene wurde schon erwähnt, dass sie sich in ihrer Feinstofflichkeit zwischen dem Materiellen und dem Geistigen befindet, solange sie im Körper verweilt. Verlässt sie diesen nun, begibt sie sich analog dazu in den unmittelbaren, intelligiblen Bereich der *eídē.*

Der Beweis ihrer Unvergänglichkeit aufgrund ihrer Selbstbewegung (Phaidros 245 f)

Platon assoziiert den Begriff „Leben" mit dem der Bewegung (κίνησις/ kínēsis). Hierfür stehen im Griechischen zwei Wörter, *bíos* (βίος) und *zôê* (ζωή), welche in ihrem Sinngehalt aber nicht exakt dasselbe wiedergeben. *Bíos* ist eng mit der menschlichen Welt verknüpft und bezeichnet neben dem organischen Geschehen auch die gewählte Lebensart über einen entsprechenden Zeitraum, so wie wir auch von Biographie sprechen können. *Zôê* hingegen ist das umfassendere Wort für Leben oder Lebendigsein selbst und schließt weitere Bereiche mit ein, welche über eine bloße Bewegung einzelner Lebewesen hinausgehen. Doch sehen wir uns an, wie Platon zu seinem kinetischen Seelenbegriff kommt.

> „Zuerst muss man über die Natur der Seele, die göttliche und die menschliche, durch Betrachtung ihres Leidens und Wirkens die richtige Einsicht gewinnen. Der Anfang des Beweises aber ist folgender:
> Alles was Seele ist, ist unsterblich. Denn das von sich aus Bewegte ist unsterblich. Was aber nur ein anderes Ding bewegt und von einem anderen bewegt wird, bei dem hört das Leben

> [*zôê*] auf, wie die Bewegung bei ihm aufhört. Nur eben was sich selbst bewegt hört, weil es sich selbst nie verlässt, niemals auf bewegt zu sein, und dies ist auch für alles andere was bewegt wird Quelle [*pēgē*] und Anfang der Bewegung. Was Anfang [*Timaios*] ist, ist unentstanden. Denn aus ihm muss notwendig alles Entstehende entstehen …"(164)

Die Seele (psyché) ist gegenüber dem Körper archḗ (ἀρχή) – die Übersetzung hierfür lautet Grund, Herrschaft, Ordnung – also Erstursache, und zwar unentstandene, da Entstehung immer auch Bewegung voraussetzt und diese sonst zum Bereich des Werdens gezählt werden müsste und von anderem abhängig wäre. Ihr vorzügliches Wesensmerkmal ist neben der Vermittlung von Bewegungen auf die Organe und Gliedmaßen des Körpers eben ihre Selbstbewegtheit. Sokrates vertieft diesen Gedanken:

> „Wenn nun offenbar das von sich selbst Bewegte unsterblich ist, so wird man unbedenklich gerade darin das Wesen und die Begriffsbestimmung der Seele suchen dürfen. Denn jeder Körper der seine Bewegung von außen erhält ist seelenlos, aber einer der sie innen erhält, aus sich selbst, ist beseelt: dies ist eben die Natur der Seele."(165)

Die Seele als der Träger von Leben vermittelt demgemäß Bewegung, welche Platon aber letztlich auch auf den tierischen und pflanzlichen Bereich sowie das gesamte Universum übertragen wissen möchte, wie er es im *Timaios* (32 f) und in den *Gesetzen* (895 ff) ausdrücklich darlegt. In Letzteren spricht er explizit von einer ordnenden Macht für die Umläufe der Planeten im Himmelsgebäude und den verschiedenen Arten von Bewegungen.(166)

Im Folgenden (*Phaidros* 246) berichtet Sokrates über die Erscheinungsform der menschlichen Seele unter Zuhilfenahme eines

Mythos. Für eine verständlichere Darstellung bedient er sich zunächst der Metapher eines Pferdegespanns, genauer gesagt, eines göttlichen und eines menschlichen.

> „Verglichen soll sie werden der zusammengewachsenen Kraft eines geflügelten Wagengespanns und seines Lenkers. Die Rosse der Götter sind wie deren Lenker sämtlich edel und aus edlem Stamm; dagegen bei den andern haben wir verwickelte Verhältnisse. Fürs erste ist es ein Zwiegespann, das unser Führer zu lenken hat, und dann ist von seinen Rossen nur das eine schön und edel und aus entsprechender Zucht, das andere aber von entgegengesetzter Zucht und Beschaffenheit.“(167)

Alle Gespanne ziehen, vom Sinnlich-Schönen geweckt und von Eros geführt, durch den Kosmos und haben den äußeren Rand des Himmelsgewölbes (ὑπερουράνιος τόπος/hyperouránios tópos) zum Ziel. Dieser Ort – es ist der intelligible Bereich der Ideen – dient gleichermaßen als Nahrungsquelle für das Gefieder der Seelen.

Doch die Reise dorthin gestaltet sich für die menschlichen Seelen, welche mit dem Körper verwachsen sind, bisweilen außerordentlich schwierig. Nur den göttlichen Gespannen, unter der Führung von Gottvater Zeus, gelingt die Reise auf erhabener Bahn zum Himmelsgewölbe. Auf dem Rücken des Himmels stehend, können sie schließlich, vom Umschwung(168) geführt, die Ideen, das wirkliche eigenschaftslose Sein erblicken und ihre Pferde mit Ambrosia und Nektar versorgen.

Bei den menschlichen Gespannen verhält es sich indessen so, dass das unedle, aber sehr kräftige Pferd das gesamte Gespann wieder Richtung Erde drückt und es dem Lenker höchste Not bereitet, dieses im Zaume zu halten.

Die zwei Pferde sind in diesem Mythos als die beiden unvernünftigen und sterblichen Seelenteile(169) zu deuten (thymoeidés und epithymetikon), welche dem Lenker (logistikón) Gehorsam leisten sollen. Zur besseren Charakterisierung der beiden Seelenteile sei im Folgenden eine längere platonische Textstelle zitiert. Dies auch, um es in seiner literarischen Schönheit unangetastet zu lassen.

> „Von den Rossen, sagten wir, ist eines gut das andere nicht. Doch worin die Trefflichkeit des guten und die Schlechtigkeit des schlechten bestehe, das haben wir nicht geklärt. Aber jetzt wollen wir es sagen. Nun, das eine, das die bessere Stelle einnimmt, ist von geradem Wuchse, fein gegliedert, hochnackig, mit gebogener Nase, von weißer Farbe, schwarzäugig, ehrliebend mit Besonnenheit und Schamgefühl, richtiger Meinung vertraut, und ohne Schläge zu brauchen wird es allein durch Anruf und Zuspruch gelenkt; das andere dagegen ist krumm, massig, ein Blendling verschiedenster Rassen, starknackig, von kurzem Hals und stumpfer Nase, von schwarzer Farbe, mit blaugrauen, rot unterlaufenen Augen, der Frechheit und Flunkerei vertraut, zottig um die Ohren, schwerhörig und nur der Peitsche und den Stacheln fügt es sich notdürftig. […] und noch heftiger mit Gewalt dem frechen Rosse den Zaum aus den Zähnen nach hinten reißend färbt er seine Lästerzunge und seine Kinnladen mit Blut und läßt es Schmerzen fühlen, indem er ihm Schenkel und Hüften gegen die Erde stößt. Wenn dann nach häufiger Wiederholung derselben Erfahrungen das schlimme Roß seine Frechheit aufgibt, folgt es endlich gedemütigt der besonnenen Leitung des Lenkers …“(170)

Bei diesem Kampf werden die Flügel der Seele immer wieder in Mitleidenschaft gezogen und können nur noch schwerlich den Weg zum überhimmlischen Ort bewältigen (247).

Gelingt es einer menschlichen Seele jedoch, einmal bis zu diesem Bereich vorzudringen, so ist es oft nur dem Lenker vergönnt, für kurze Zeit in diesen jenseitigen Raum zu blicken, bevor das schwarze Ross, stets sinnlichen Genuss begehrend und mit dem andern im Widerstreit liegend, erneut Richtung Erde drängt, um sich dort mit dem Futter der „Vorstellungswelt“, dem Abglanz der Ideen, zu nähren (248), „ohne der Schau des Seienden teilhaftig geworden zu sein“. Lediglich weisheitsliebenden Seelen, denen es möglich war, für einen ganzen Umschwung auf dem Kreis gewesen zu sein, sind vom Zwang einer neuerlichen Inkarnation befreit. Die anderen inkarnieren, je nachdem, wie viel sie des intelligiblen Bereiches der Ideen teilhaftig wurden, in die unterschiedlichsten menschlichen Charaktere, deren Skala vom Philosophen über einen gesetzestreuen König bis zum Sophisten und Tyrannen reicht (248) und so auch die Entfernung zum *noetischen* Bereich anzeigt.

Die beiden Pferde, welche in ihrer Sinnbildhaftigkeit für Ehrgeiz, Eifer und übertriebenen Gerechtigkeitssinn sowie für permanente und sofortige Bedürfnisbefriedigung stehen, machen den Menschen zum Sklaven seiner eigenen Natur, wenn der Vernunft die Vorherrschaft durch sie entrissen wird.

Nach Karl Bormann bestünde eine zutreffende Deutung dieses Mythos im *Phaidros* durch die Reinigung der in den Leib inkarnierten Seele, indem sie sich von den sinnfälligen, mannigfaltigen Überlagerungen, welche sich im Zeitraum des irdischen Daseins angesammelt haben, lossagt und dem Geistigen, Eingestaltigen (monoeídēs) wieder zuwendet.[(171)]

Es sei noch erwähnt, dass die Metapher des Seelenwagens nicht nur in der westlichen Philosophie bei Platon und zuvor bei Parmenides[(172)] auf dem Weg zur Erkenntnis Anwendung findet, sondern Gemeingut der Überlieferung ist, also auch den östlichen Teil mit einschließt. So steht in der *Kaṭha Upaniṣad* zu lesen:

> „Erkenne den *ātman* [Geist, das Absolute] als den Herrn des Wagens, den Körper als Wagen, die *buddhi* [höherer Intellekt]

als den Wagenlenker, das *manas* [Individualität/Wünsche] als die Zügel ... Der Mensch, der das Unterscheidungsvermögen [viveka] als Wagenlenker und das *manas* als Zügel besitzt, erreicht das Ziel der Reise, den erhabenen Sitz von *Viṣṇu* [der alles Durchdringende].“[(173)]

Ebenso verhält es sich mit der Struktur der Seele, welche im Vedanta in den drei *gunas* (Eigenschaften) *sattva* (Sein, Essenz), *tamas* (Unwissenheit) und *rajas* (Gier, Leidenschaft) ihre Entsprechung zu Platon findet.[(174)]

Es mag sich auch dem heutigen Leser die Frage stellen, inwieweit sich Sigmund Freud als profunder Kenner der griechischen Antike die platonische Trichotomie zum Vorbild seines metaphysikfreien Seelenmodells nahm, ebenso wie viele Existentialisten, welche sich um die Eigentlichkeit der Menschen sorgten – die Übereinstimmungen sind auf jeden Fall signifikant.[(175)]

4. Die Seele und ihre praktischen Tugenden: Mäßigung, Tapferkeit, Klugheit und Gerechtigkeit

Stellt man heute die Frage nach dem, was die Tugend sei, mutet sie fast ein wenig befremdlich an, denn dieser Begriff findet kaum mehr Verwendung in unserem Sprachgebrauch und wird gemeinhin mit Tauglichkeit im Sinne einer hervorragenden Eigenschaft wiedergegeben. Möchte man ihn inhaltlich bestimmen, so geschieht dies nicht selten gleichsam via negationis, nämlich durch Aufzählungen von Untugenden. Mit diesen scheint der Mensch fast einen vertrauteren Umgang zu pflegen.

Gaben einst die Philosophie sowie alle großen Religionen Antworten zu den Eigenschaften, welche das Handeln der Menschen untereinander prägen und leiten sollten, hat sich die gegenwärtige Frage danach fast völlig von deren Hintergrund abgelöst.

Diese Bereiche scheinen heute deutlich im Abseits zu stehen und kaum zu Rate gezogen zu werden. Der Wertekanon liegt eher in der Erziehung zur Kritikfähigkeit, zur eigenen Meinungsbildung, zur Hinterfragung und Evaluierung von Autoritäten[(176)] und zur individuellen Selbstverwirklichung.

Reflektieren wir über unser eigenes Verhalten und beurteilen das anderer, lassen wir uns von bestimmten Vorstellungen leiten, wie der Mensch zu sein hat.[(177)] Beispielsweise setzen wir in der Bewältigung unseres beruflichen Alltags Fleiß, Ordnungsliebe, Arbeitsamkeit und Pünktlichkeit voraus, um nur einige bürgerliche Tugenden – sogenannte Sekundärtugenden – zu nennen. Dies allein deutet zweierlei an: zum einen, dass diese Eigenschaften nicht von Natur aus inhärent sind, sondern durch Übung und Anstrengung erst erworben werden müssen, zum anderen ihre Ambivalenz, indem sie nämlich nicht unbedingt dazu geeignet sind, etwas über den Charakter einer Person auszusagen, denn dieselben Eigenschaften werden schließlich auch für Verbrechen wie die eines Tresorknackers benötigt.

Auf befremdliche Art und Weise wurde das am Genozid der Juden und an einem der Hauptangeklagten, Adolf Eichmann, ersichtlich. Zu Beginn dieses Prozesses, welcher 1961 in Jerusalem stattfand, glaubte man angesichts dieses bestialischen Verbrechens, ungeahnte Abgründe einer menschlichen Seele zutage fördern zu können. Doch was man erschrocken konstatierte, war ein durchschnittlicher Mensch, der aus Gehorsamkeit gegenüber seinen Vorgesetzten und aus Pflichterfüllung, den Sekundärtugenden zu entsprechen, seine natürliche Abscheu vor Mord verloren hatte.[(178)]

Geschichtlich gesehen, sind oben genannte Tugenden jüngeren Datums, aus der Zeit der Aufklärung im 18. Jahrhundert, und bezeichnen, wie schon angemerkt, den Stand der Bürger in ihrem

Bemühen, sich mit ihren bescheidenen Mitteln von der Adelsherrschaft zu emanzipieren und eine eigene wirtschaftliche Existenz zu bestreiten.

Sichtlich schwieriger ist die Beantwortung der Frage nach dem Wesen christlicher Tugenden, im Besonderen der theologischen oder „göttlichen" Tugenden Glaube, Liebe und Hoffnung, die von Apostel Paulus im ersten Brief an die Korinther(179) genannt und im Mittelalter in den Werken des Kirchenlehrers Thomas von Aquin kommentiert wurden. Oder gar zu fragen, worin das Wesen der Demut, der Askese und der Wahrhaftigkeit liegt.

Womit wir wieder bei Platon und der griechischen Antike wären! Denn diese christlichen Tugenden stellen lediglich eine Ergänzung zu Platons Nachlass an uns dar. Für Tugend hatten die Griechen den Begriff *aretḗ* (ἀρετή). Er bezeichnet zunächst einmal ein Prädikat im Sinne einer heroischen, göttlichen Kraft, welche dem Adel im Kampf vorbehalten war, genauer gesagt, dem *Aristokraten*, dem Superlativ des Tüchtigen, Tapferen und Trefflichen(180), wie es Homer in seiner *Ilias* und *Odyssee* beschreibt. Die lateinische Entsprechung ist *virtus*, die auf die Wörter *vir* (Mann) und *vis* (Kraft) verweist und sich in nahezu allen romanischen Sprachen bis heute gehalten hat. Im Vedanta repräsentiert der *kṣatriya* den Krieger, den tapferen Adligen. Hinter diesem Wort verbirgt sich ebenfalls Kraft, *kṣatra*.

Schon bei Homer, aber erst recht bei Platon wird deutlich, dass dieser Begriff eine viel weitere Bedeutung als in unserer Sprache hat und deutlich über eine bloß moralische Intention, wie wir sie heute herauszulesen vermeinen, hinausgeht.

Die Bedeutung ist bei Platon entschieden umfassender und reicht über rein ethische Sachverhalte hinaus. Sie schließt auch die Ontologie, die Erkenntnistheorie und, wie im Folgenden zu zeigen sein wird, die Psychologie mit ein. Schon hier offenbart sich die Nähe dieses Begriffs zum Guten, *agathón* (ἀγαθόν), dem Höchsten, weshalb er nicht nur als „Tauglichkeit", sondern auch als „Bestheit" im Sinne der Vollkommenheit(181) zu übersetzen ist.

Die Frage nach der Tugend betrifft bei Platon sowohl Gegenstände als auch Lebewesen und die menschliche Seele, mithin alles Seiende.(182) Aus der Tugendlehre entwickelt Platon auch seinen Begriff der Gerechtigkeit (δικαιοσύνη/dikaiosýnē), welcher nicht nur innerhalb der Gemeinschaft Gültigkeit hat, sondern auch die unterschiedlichen Seelenteile im Menschen zur Harmonie gelangen lässt, sofern sie einer entsprechenden Zielgerichtetheit folgen.

> „Die Tugend eines jeglichen Dinges aber, eines Gerätes wie eines Leibes und so auch einer Seele und jegliches Lebenden, findet sich nicht so von ungefähr ‚aufs schönste' herzu, sondern durch Ordnung, richtiges Verhalten und durch die Kunst, welche eben einem jeden angewiesen ist."(183)

Bei Dingen, welche entweder von Natur aus entstehen (Baum) oder durch technische Fertigung (Bettgestell aus Holz), fallen Funktionalität, Nützlichkeit und Brauchbarkeit zusammen und werden hinsichtlich ihrer Qualität beurteilt. Und dies löst den *aretḗ*-Begriff bei Platon erst einmal von einer lediglich eingeengten moralischen Bedeutung, wie wir ihn heutzutage verstanden wissen wollen, heraus. Es geht ihm zunächst um den Aufweis eines funktionalen Optimums, welches an mehreren Stellen in seinem Werk beschrieben wird.(184) Wir würden heute sagen: Ein Auto, das nicht fährt, ist sein Geld nicht wert.

Auch den Lebewesen ist Tugendhaftes inhärent. Tiere beispielsweise zeigen ihre Güte oder Vollkommenheit durch die Eigenschaften, welche ihnen naturgemäß gegeben sind, um sich in ihrer arthaften Selbsterhaltung zu bewähren. Ferner durch ihre Gelehrigkeit, welche sich der Mensch für seine Zwecke nutzbar macht: den Hund als Wachhund, das Pferd als Reittier, den Greifvogel als Jäger.

Beim Menschen sind es die ordnungsgemäß funktionierenden Organe – *órganon* (ὄργανον) heißt Werkzeug. Augen sind eben dann vollkommen, wenn sie scharf sehen, das Gehör, wenn es geringste Geräusche wahrnimmt, ein Gelenk, wenn es gut beweglich ist. Kurz, wenn ein jedes eben das verrichtet, wozu es eigens geschaffen ist. Wir sprechen von inneren und äußeren Organen und so können wir eben auch vom Körper als Gesamtwerkzeug sprechen.(185) In summa ist die körperliche Tugend des Menschen seine Gesundheit, die es zu erhalten gilt und auf die er achten muss.

Das würden wir auch heute noch so unterschreiben und vielleicht noch hinzufügen, dass man im Leben auch noch etwas Geld benötigt, um den unterschiedlichen Vergnügungen nachgehen zu können. Platon stellt die Frage, was denn das Wesen des Menschen ausmacht!

Für die klassische Philosophie, insbesondere für Platon und Plotin, liegt das Wesen des Menschen jedoch nicht in seiner Leibhaftigkeit oder dem gemeinschaftlichen Leben, sondern in der Regentschaft der Seele über den Körper, womit die seelischen Tugenden angesprochen sind. Diese „wahren Tugenden“ bedürfen also nicht nur der Kontrolle der Begehrlichkeiten, körperlicher Geschicklichkeit oder technischer Fertigkeiten durch beharrliches Üben, welche Platon unter die sogenannten gewöhnlichen Tugenden (ἀρεταί/aretai) subsumiert, sondern der *phrónēsis* (φρόνησις), der Klugheit und Vernunfterkenntnis. Und deren Ausbildung ist alles andere als ein leichtes Unterfangen.

> „Kleinias: Es scheint mir, mein Megillos, unser Freund weise damit auf die besonnene Mäßigung [sōphrosýnē A. d. A.] als notwendige Gefährtin hin.
> Athener: Ja, mein Kleinias; aber ich meine damit das, was man gemeinhin im Volke unter Mäßigkeit versteht, nicht jene höhere und vornehme Mäßigung, als deren eigentliches Wesen

> man die Einsicht [phrónēsis] aufweist, sondern jene schon gleich bei Kindern und Tieren hervortretende Naturanlage, die die einen widerstandslos macht gegen die Reizungen der Lust, die anderen dagegen widerstandskräftig, sie, von der wir sagten, daß sie für sich, losgelöst von den übrigen sogenannten Gütern, keine Bedeutung habe."(186)

Die seelischen Tugenden der Vernunfterkenntnis müssen um ihrer selbst Willen gewählt werden und dürfen nicht gegen andere eingetauscht oder mit ihnen vermischt werden. Sie ist die „wahre Münze", νόμισμα ὀϱϑόν (69), gegen die alles eingelöst werden sollte.

> „Werden sie aber von der Vernunfterkenntnis [phrónēsis] losgelöst und nur gegeneinander vertauscht, so dürfte eine Tugend herauskommen, die nur eine Art Schattenbild ist und sklavische Sinnesart verrät, ohne Gesundheit und Wahrheit, während doch in Wahrheit die Tugend eine Art Reinigung von alledem ist und die Mäßigung und die Gerechtigkeit und Tapferkeit und die Vernunfterkenntnis selbst eine Art heiliger Weihe ist."(187)

Bei diesen Weihen bezieht sich Platon nicht auf die Eleusinischen Weihen, sondern auf die der Orphiker, und Reinigung besagt, sich von allem zu trennen, was wir als reines Bewusstsein nicht sind. Es sind gleichsam zwei Linien: eine horizontale, auf welcher beispielsweise ein Samen aufgeht, blüht und wieder zugrunde geht, aber nicht ohne vorher seine Information weitergegeben zu haben. Auf dieser Ebene manifestiert sich die Welt der Formen und des Umschlags, griechisch *metabolḗ* (μεταβολή), welche sich aus ihrer Gegensätzlichkeit von Leben und Tod speist, wie uns das schon bei Platons Seelenbeweisen begegnet ist (s. o.). Und eine vertikale Linie, die den Aspekt des Bewusstseins präsentiert; der Tod bedeutet hier, einen „Bewusstseinszustand zu transzendieren".[188] Die horizontale Linie ist durch einen immer gleichen existenziellen Ablauf gekennzeichnet.

> „Auf der vertikalen Linie hingegen ‚stirbt' man definitiv [...], um in einen anderen Zustand einzutreten, der sich in allen Aspekten vom vorigen Zustand unterscheidet. Der eine Weg verläuft in gerader Linie und parallel zum vorhergehenden Zustand, der andere ist *aufsteigender*, transzendenter Natur und beinhaltet die Überschreitung des vorangegangenen Zustandes."[189]

Diese beiden Linien symbolisieren das Kreuz, an welchem Jesus für die Menschheit gestorben ist und welches auch von uns verwirklicht werden muss, indem wir die Bewegung auf der horizontalen Linie anhalten, um in den Weg der Bewusstseinserweiterung auf der vertikalen Linie zu kommen.[190] Der horizontale Balken kann ohnehin immer nur vom vertikalen getragen werden.

Worin besteht aber das Optimum einer gerechten Seele und was ist denn nun überhaupt Gerechtigkeit?

Sie liegt an und für sich schon vor, denn die bisher geschilderte Polis ist, nach Platon, vollkommen, und so muss ihr auch das Prädikat gerecht bzw. die Gerechtigkeit zuteilwerden.

Eingangs wurde gesagt, dass der Begriff der „Gerechtigkeit" Recht, Anspruch und Forderung einschließt. Platons Dialektik fördert aber noch etwas anderes, Kontrafaktisches zutage: die Pflicht. Denn wer Rechte in Anspruch nimmt, hat ebenso Pflichten zu tätigen, und diese bestehen für die Menschen der Polis darin, „dass jeder Einzelne nur eines der auf die Stadt bezüglichen Geschäfte treiben dürfe, nämlich das, wozu er von Natur besonders beanlagt sei" (Pol. 433).

Also nicht „jedem das Seine", vielmehr „jeder das Seine". Jeder Teil der Gemeinschaft hat im Hinblick auf das Allgemeinwohl das jeweils Seinige korrekt zu verrichten (Idiopragie-Forderung). Darunter versteht Platon Gerechtigkeit. Dieses Prinzip zu unterlassen führt zum kontrafaktischen Zustand, der Ungerechtigkeit, sowohl in der Polis als auch in der menschlichen Seele.

5. Seele und Freiheit

In der Schilderung seiner idealen Polisverfassung wird Platon weniger von der Rechtslehre als vielmehr von der Pädagogik und Emanzipation, im weitesten Sinne, inspiriert. Beim Freiheitsgang, also in der Praxis (gr. πρᾶγ/prak heißt Durchgang), vom bloßen Leben zum vollkommenen Leben wird die Autarkie berührt. Sie ist in der Epoche der Klassik der Begriff schlechthin für das Lebensglück der Menschen und stellt die Frage, was und wie viel jemand überhaupt an Gütern benötigt.

Auch der Begriff der Freiheit erhält hier einen doppelten Aspekt, als negative Freiheit (von) und als positive Freiheit (zu), wie das eben sehr gut an der klassischen Güterlehre veranschaulicht werden kann. Den Menschen der Polis war die Unterscheidung in äußere Güter, welche durch die Natur oder qua Technik hervorgebracht werden, leibliche Güter in Gestalt von Gesundheit und Schönheit, und seelische Güter, zu denen beispielsweise Tapferkeit, Freundschaft, Klugheit und Weisheitsliebe zu zählen sind, bekannt.(191)

Die hierfür von Platon – nicht unmittelbar verständlich – angeführte Textstelle im Gorgias (477a-c) gibt Arno Baruzzi mit einem schönen Bild folgendermaßen wieder:

> „Schlecht ist, wenn man arm ist. Gut ist dagegen, reich zu sein. Schlechter aber als arm wie reich ist krank zu sein. Gut ist, gesund zu sein. Am schlechtesten aber ist Ungerechtigkeit, und

> gut ist das Gerechte. Wir können auch sagen: reich ist gut, gesund ist besser, das Gerechte ist das Beste. Arm ist schlecht, krank ist schlechter, das Ungerechte ist das Schlechteste."(192)

Was das Gutsein des Menschen ausmacht, ist also die gute Verfassung der Seele und nicht die des Körpers oder die Anhäufung materieller Güter. Ihr gebührt die Präferenz der Herrschaft.

Gegenwärtigen wissenschaftlichen Diskussionen, die sich auf Antworten einer Leib-Seele-Einheit versuchen, würde Platon daher eine klare Absage erteilen, da schon die Prämisse – nämlich die einer Einheit von Leib und Seele – falsch ist. Der Körper ist eben nicht der Partner der Seele, vielmehr ist er ihr Instrument.(193)

Unmissverständlich macht Sokrates deutlich, dass die Seele das unumkehrbare Prinzip für den Körper darstellt.

> „Soll ich so ganz aus dem Stegreif meine Meinung sagen, so ist sie diese: ich glaube, diejenigen, die ihr den Namen ψυχή [psychê] gaben, wurden dabei von dem Gedanken geleitet, dass sie, als Genossin des Körpers, für ihn der Grund des Lebens ist, indem sie ihm die Kraft zum Atmen verleiht und ihn belebend erfrischt […], während der Leib dem Untergang und Ende verfällt, wenn diese erfrischende Kraft […] ihn verlässt."(194)

Platons Forderung ist, sich auf das Notwendige an äußeren Gütern zu beschränken, sie lediglich für den Gebrauch herzustellen, um frei zu werden *von* der Mühsal der Arbeit, des Wirtschaftens und Genusses *zur* zweiten Freiheit, damit der Blick auf die Ausbildung und Ausrichtung des gemeinsamen Wohls gerichtet werden kann. Aber auch dort nicht stehen zu bleiben, sondern den Freiheitsgang *von* der Politik *zur* theōría (θεωρία) fortzusetzen, Einblick zu nehmen in das Invariante, Metaphysische. *Theōría* in der klassischen Lesart ist somit der höchste Grad an Praxis. Die Griechen hatten hierfür den

Begriff *scholḗ* (σχολή), was soviel wie Muße, freie Zeit zum Philosophieren bedeutet und in unserem Sprachgebrauch über das Lateinische *schola* mit Schule übersetzt wird.

Bei der Einteilung der Lebensformen zählt Platon vier respektive drei auf (Pol. 580 ff): das beschauliche oder auf Weisheit gerichtete Leben (βιοζ θεωρητικός/bíos theōrētikós), das auf die Gemeinschaft ausgerichtete, politische Leben (βίος πολιτικός/bíos politikos), das Genussleben (βίος ἀπολαυστικός/bíos apolaustikós) und schließlich das Gelderwerbsleben (βίος χρηματιστικός/bíos chrēmatistikós; vgl. hierzu die „Krämerseele"), wobei Platon die beiden letzten Lebensformen in eine fasst.

Es gibt Belege von Cicero (106-43 v. Chr.) dafür, dass sich Platon bei dieser Einteilung und Typologie der Lebensformen an Pythagoras orientiert, welcher das menschliche Leben mit einer großen Festveranstaltung vergleicht, bei der wohlgeübte Sportler um Ruhm und Ehre kämpfen, Händler möglichst viel verkaufen wollen, und einige, die weder Beifall noch Gewinn suchen, sondern nur des Schauens (θεωρεῖν/theōreîn) wegen, was und wie alles vorgeht, anwesend sind.(195)

Im Übrigen ist diese gesellschaftliche Dreiteilung in Philosophen, Wächter und Gewerbetreibende indogermanisches Erbe, wie es auch in der östlichen Überlieferung durch den Stand der *brāhmaṇa* (Priester), *kṣatriya* (Krieger) und der Gewerbetreibenden, der *śūdra* (Arbeiter) und der *vaiśya* (Händler), welche wiederum in einen Stand zusammengefasst werden können, zum Ausdruck kommt.

Da Platon die Tugenden Menschen allgemein zuschreibt, gibt es für ihn auch keinen Grund, nur Männer in der Führung von Staatsgeschäften oder der Verteidigung der Polis auszubilden, sondern auch die Frauen (vgl. Pol. 456).

Doch das Ergebnis seiner Konstruktion dient Sokrates nur als Hilfsmittel, um es äquivalent auf den einzelnen Menschen übertragen zu können, genauer gesagt, auf dessen Seele (psyché). Sie ist das alles bewegende Bindeglied zwischen immer Seiendem und Werdendem und besteht wie die Polis aus drei Teilen (siehe Grafik S. 145):

- einem göttlichen, unsterblichen Teil, der Vernunft (λογιστικόν/logistikón), angesiedelt im Kopf;
- einem sterblichen, sich ereifernden, aber bisweilen auch zornigen Teil (θυμοειδές /thymoeidés), angesiedelt in der Brust;
- und einem weiteren sterblichen, in seiner Begierde nahezu unersättlichen Teil (ἐπιθυμητικόν/epithymētikón), angesiedelt im Unterleib.(196)

Die Aktivität des untersten, aber größten Teils im Menschen (epithymētikón) ist das ständige Wollen und Begehren von etwas. Er kann somit nicht bei sich bleiben, ist relativ und am weitesten entfernt vom Guten, da diese Art von Bedürfnisbefriedigung immer ein Tauschgeschäft bleibt, das eines anderen bedarf. In seiner Instinkt- und Triebhaftigkeit sind deutlich animalische Züge zu erkennen. Diesen Seelenteil gilt es, durch die Tugend der Besonnenheit zu zähmen.

Obwohl der mittlere Teil (thymoeidés) noch nicht frei von Affekten ist und der Geiz nach Ehre ihn umtreibt, trägt er schon sittliche Elemente in sich und besitzt durch Reflexion Einsicht in das Gute. Er kann somit die Richtung eines jeden Lebens bestimmen und zeigt an, ob der Mensch im Leben das Wesentliche einzulösen vermag, indem er dem *logistikón* folgt, oder Sklave seiner Wünsche und Süchte bleibt. Das mittlere Seelenvermögen ist an vielem interessiert, erfindungsreich, sozusagen ein Techniker oder Ingenieur, hat aber auch teilweise schlechte Eigenschaften wie Neid und Missgunst, ist schaulustig und darauf ausgerichtet, was andere von ihm denken. Hier ist er dem niedrigsten Vermögen affin. Die ihm entsprechende Tugend, die es auszubilden gilt, besteht aus Standhaftigkeit, Loyalität, Mut und Tapferkeit (ἀνδρεία/andreía) zur Unterstützung des kleinsten, aber wertvollsten Seelenteils, des vernünftigen Anteils der Seele (logistikón), welcher gleichsam die Quelle der Vernunft ist (νοῦς/noûs). Seine Tugend ist das Streben nach Weisheit (σοφία/sophía).

Alle drei Seelenbereiche bedürfen aber jeweils der Besonnenheit (σωφροσύνη /sōphrosýnē) und der Klugheit (φρόνησις/phrónēsis), um ihrer Bestimmung gerecht zu werden.

> „Das Kluge und das Gute sind in ihrem Was ein und dasselbe; nur durch ihren Platz in der Sinnfolge der Verwirklichung unterscheiden sie sich: was gut ist, das ist zuvor klug. Die Klugheit ‚informiert' die übrigen Tugenden; sie gibt ihnen die innere Wesensform."(197)

So wie ein Atom aus Unbegrenztem und Begrenztem, aus gleich und ungleich, Eigenschaft und Zahl besteht, ist es notwendig, dass Zahl und Eigenschaft in einem bestimmten Verhältnis stehen, damit das physische Atom entsteht. Und dies hat auch Gültigkeit in der Welt der bewussten Wesen. Geist und Materie müssen auch hier in einer bestimmten Relation respektive Harmonie stehen, um einen menschlichen Kosmos erschaffen zu können. Ist diese Harmonie von *psyché, sôma* und *lógos* gestört, entstehen Leidenschaft, Neid, Missgunst, Krankheit und „Schlechtes" im Allgemeinen.(198)

Hierzu lässt Platon den Athener sprechen:

> „Es leitet demnach die Seele alles im Himmel und auf Erden, zu Lande und zu Wasser durch die ihr eigentümlichen Bewegungen, also durch das, wofür man im Einzelnen die Bezeichnungen hat ‚Wünsche', ‚Erwägen', ‚Fürsorgen', ‚Beraten', ‚richtiges und falsches Urteil', ‚Freude', ‚Schmerz', ‚Mut',

> ‚Furcht', ‚Haß', ‚Liebe'. Diese und alle verwandten Bewegungen leiten also, indem sie als erste wirkende Ursache den Körpern die Bewegung mitteilen [alle Vorgänge]. [...] Wenn nun die Seele beim Gebrauch aller ihrer Kräfte stets die göttliche Vernunft zu Rate zieht und dadurch selbst in der rechten Verfassung ist, lenkt sie alles zum Rechten und zum Segen; hält sie es aber mit der Unvernunft, so schlägt durch sie alles zum Gegenteil um."(199)

Umgekehrt warnt Platon aber auch vor einem zu starken Wissensdrang der Seele, sich nur der Forschung und der Lehre hinzugeben, da hierdurch der Körper aus dem Gleichgewicht kommt:

> „Wer also der Wissenschaft obliegt oder sonst einen Beruf hat, der starke geistige Anstrengung erfordert, der muß auch auf ein entsprechendes Maß von Körperbewegung bedacht sein durch eifrige Pflege der Gymnastik, und wer seine Hauptsorge der Bildung des Körpers widmet, der muß auch anderseits die Seelenkräfte in Tätigkeit halten durch Pflege der Musik und des gesamten Geistesgebietes ..."(200)

Es ist bemerkenswert, dass bei Platon in seiner Beschreibung der unteren Seelenteile zweimal die gleiche Wortwurzel „thymós" (θυμός) verwendet wird. Wir haben sie heute noch in unserem Sprachgebrauch, wenn wir von der Thymusdrüse (Bries) sprechen. Durch sie erfährt der Mensch in jungen Jahren die Prägung seiner Immunzellen.

Das, was den Menschen zum Menschen macht, zeigt sich jedoch erst durch den besten Teil der Seele, das *logistikón*.

Der vernünftige Seelenteil (logistikón) hat das Strebevermögen, durch Denken und Lernen Einsicht (theōría) in das Wahre, das Eine zu erlangen, und besitzt die Tugend der Weisheit, da dieser Teil das

Wissen hat, das für die anderen beiden Seelenteile nötig ist und somit der ganzen Seele zur Harmonie gereicht. Er zeigt den eigentlichen, ja den philosophischen Charakter eines Menschen an. Durch ihn kann der „Hin-Blick auf die Wirklichkeit“[201] und die Wahrheit erfolgen. Dieser Seelenteil verliert sich nicht in Affekten; am Mannigfaltigen und an Ehrbezeugungen ist er auch nicht interessiert. Platon beschreibt ein von diesem Seelenteil geleiteten Menschen fast humorvoll als einen, der im Umgang mit anderen Menschen unbeholfen und tollpatschig ist und nicht einmal den Weg zum Marktplatz genau kennt, würde man ihn danach fragen (vgl. Theaitetos, Kap 24).

Die Gerechtigkeit (δικαιοσύνη/dikaiosýnē) bestimmt Sokrates mit seinen Gesprächspartnern als ein funktionales Optimum, indem in der Seele jeder Teil *das Seinige, sowohl innerhalb, als auch in Verbindung mit den anderen verrichtet* und dem *logistikón* Gefolgschaft leistet (vgl. Pol. 441).

Diese vier Tugenden – Besonnenheit, Tapferkeit, Weisheit und die ihnen übergeordnete Gerechtigkeit – werden bis zum heutigen Tag „Kardinaltugenden“ genannt.

Die Tugenden bei Platon sind nicht synonym mit gewünschten gesellschaftlichen Verhaltensnormen, sondern vielmehr ontologischer Art. Sie zeigen den Pfad der personalen Seinsverwirklichung, Kenntnis zu erlangen vom *Einen-Guten*, welches die Ursache (αἰτία/aitía) aller Dinge ist. *(Siehe Schaubild „Gerechtigkeit“)*

Das ist natürlich schwierig zu verstehen in einem Zeitalter, das die Aufklärung schon hinter sich zu haben scheint und Mündigkeit mit Kritikfähigkeit und individueller Selbstverwirklichung gleichsetzt.

Doch leben und sich ausleben sind nicht dasselbe, nein, sie stehen sich diametral gegenüber. Die Formung des Körpers und der Seele bedarf jeden Tag aufs Neue ständiger Anstrengung und dauert bis zum Tod. Platon weiß, dass durch den Fall der Seele die irdische menschliche Existenz gleichsam der Mythos der Pandora ist,

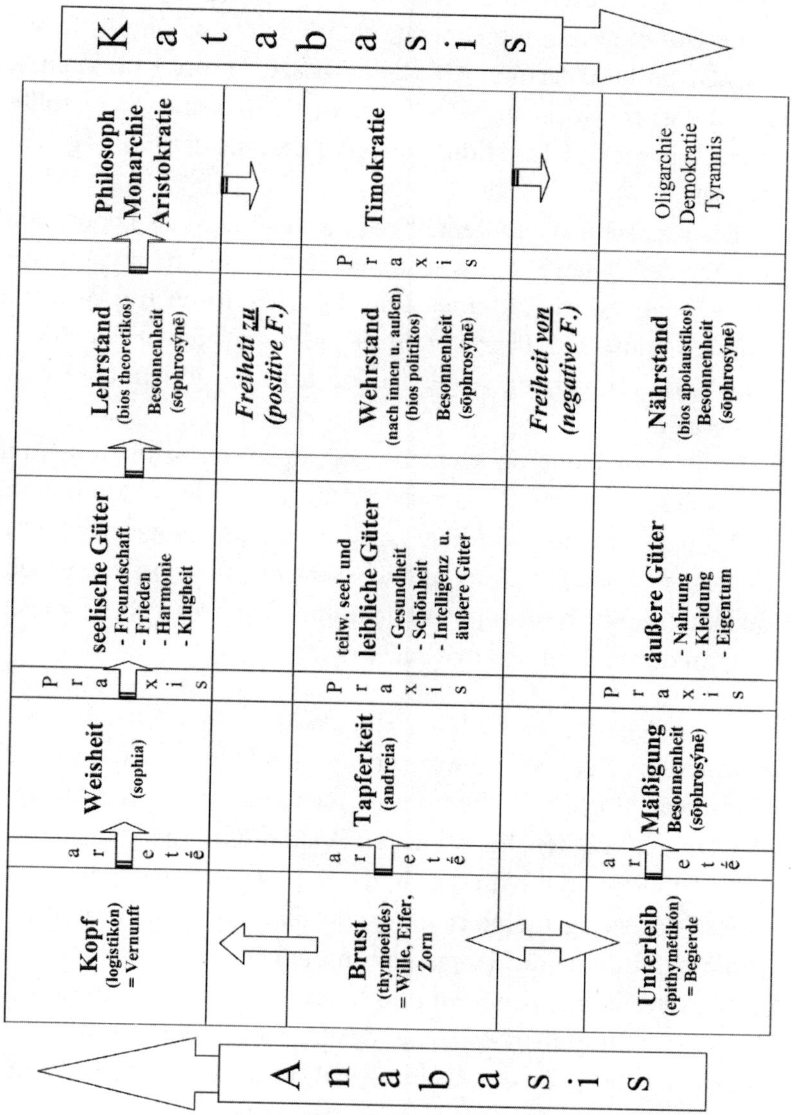

Das Schaubild darf nicht als radikale Dreiteilung der Seele gesehen werden.[(202)] *Erstrebenswert ist immer die Dominanz der Vernunft.*

die wörtlich „die alles Schenkende" heißt. Sie hat – von Zeus gesandt – alles auf die Erde mitgebracht, nicht nur die schönen Dinge, sondern auch die schlechten wie Neid, Missgunst und Krankheit, kurzum, die ganze Schar der Übel. Aus mythologischer Sicht sollte der Mensch begreifen, „dass die wahre Verderbnis der Göttergeschenke – er selbst ist".[203]

Die menschliche Tapferkeit zeigt sich sodann als Lebensmut, jeden Tag den rauen Stein zu schleifen, damit die Archetypen, die Ideen, geschaut werden können und die Seele ihren Rückweg wieder antreten kann. Für Platon steht der Mensch hier in der Pflicht, ja, die Wiedererinnerung seiner Herkunft ist sogar sein kategorischer Imperativ.

Pflicht bedeutet daher nicht, von außen an uns herangetragene Ansprüche einzulösen, sondern sie im Sinne der platonischen Gerechtigkeit (δικαιοσύνη/dikaiosýnē) als innere Angelegenheit einer richtigen Seeleneinteilung aufzufassen und ihr eine kosmosgleiche Struktur durch bestimmte Erziehungsinhalte zu geben, wie sie zu Beginn der *Politeía* beschrieben werden.

Die Darlegung des besten Gemeinwesens bleibt bei Platon zwar Konstrukt, zeigt aber, zu was wir uns zu erheben imstande sind. Die Strukturanalogie zwischen dem Dreiständeschema des Staates und der Dreiteilung der menschlichen Seele funktioniert nur deshalb so gut, weil Platon diese für die Gemeinschaft *voraussetzt*; die geordnete Seele ist sozusagen eine *conditio sine qua non*, eine notwendige Bedingung, für ein glückliches Zusammenleben.

Das Verhältnis von Staat und Mensch ist auch unidirektional, das heißt, es kann nur in den Staat das hineingebracht werden, was der Mensch selbst schon im Gepäck hat, und nie umgekehrt. Eine gelungene Gemeinschaft ist, nach Platon, stets das Abbild der menschlichen Seelenstruktur, bei welcher die Vernunft der Lehrmeister ist und uns durch sie das Unveränderliche mitgeteilt werden kann.

Der Zustand eines gerechten Stadtstaates (πόλις/pólis) kann aber nicht durch ständig neue und strengere Gesetze erreicht werden, sondern nur das Resultat der eigenen seelischen Harmonie sein. Folglich kann der zu entrichtende Beitrag an die Gemeinschaft nur in dem liegen, was man auch selbst an sich und seinen Talenten *ausgebildet* hat. Für Platon ist nämlich eine gelungene politische Verfassung das Resultat der eigenen seelischen Verfassung (*politeía* en auto) in ihrer Ordnungsstruktur.

Die Formung der gerechten Seele (παιδεία/paideía) und dergestalt auch die Sorge um sie – in unserer Sprache haben wir noch das Wort *Seelsorge* – sind ein zentrales Anliegen Platons, und nur durch diese kann eine Umkehr des Bewusstseins erfolgen und dementsprechend das Leben gemeistert werden. Philosophie ist somit für ihn vor allem „Sorge um die Seele" (ἐπιμέλεια τῆς ψυχῆς/epiméleia tês psychês), eine Hinwendung zur Totalität, zum Sein, das selbstredend auch zu einem besseren Miteinander führt.

Bei Platon geht es sowohl im menschlichen Zusammenleben in der *pólis* als auch bei der Anordnung der Seelenteile immer ums Herrschen und Beherrschtwerden (Gerechtigkeit, dikaiosýnē).

Nur unter der Leitung des *lógos* (Vernunft), qua platonischer Dialektik, auf welche noch einzugehen sein wird, kann Freiheit erfahren werden – eine Freiheit(204), welche die Notwendigkeit aber einschließt und bei Weitem keine beliebige Wahlfreiheit darstellt. Ganz im Gegenteil, denn die Einsicht in das Bessere muss auch unsere ethische Haltung verändern, oder sollte es zumindest, und zwar jeglichem Lebewesen gegenüber. Diese innere Freiheit zu entdecken bedeutet, eine Verantwortung zu übernehmen und sich freiwillig erstrebenswerte Ziele zu setzen.

Platon spricht diesbezüglich an einer Stelle sogar davon, dass es eine „heilige Pflicht"(205) sei, die Seele zu ihrem Ursprung zurückzuführen, von welchem sie sich durch die Inkarnation getrennt hat.

Durch die heilige Ordnung (Hierarchie), wie sie Platon darlegt, wird es auch müßig, darüber zu diskutieren, ob der Mensch überhaupt eine Seele habe. Mit Platon gesprochen, verhält es sich eher so, dass der Mensch in der Seele ist und er durch sie über das Individuelle wieder herausgeführt werden kann. Statt des oft gehörten Lamentos, dass einem das Leben nicht genug gibt, einem so viel vorenthält, müsste man fragen, was der Mensch *diesem* denn geben kann.[206]

Wir sehen: Allenthalben ist der Mensch in eine Ordnung, in eine heilige Ordnung, in eine Hierarchie eingebunden, die es aufrechtzuerhalten gilt.

Psyché hat also bei Platon mehrere Aspekte. Einfach ausgedrückt, ist sie das Lebendige des Lebens, das bewegt, ohne selbst bewegt zu werden.

Sie lässt aber auch beim Menschen, inneren Präferenzen folgend, als Bindeglied zum ewig Seienden potenziell einen Blick in die intelligible Ordnung des Kosmos, ins Göttliche, zu. Folglich wird hierdurch eine Brücke von den vielen Einzelseelen zu der einen Weltseele möglich.

> „Die nächste Folge nun davon, daß uns die Seele als Ursache von allem gilt, ist doch wohl die, daß wir sie nicht nur als Urheberin des Guten, Schönen, Gerechten und was dahin gehört, sondern auch des Schlechten, Hässlichen und Ungerechten und was dahin gehört, betrachten müssen. […]. Und wenn demnach die Seele als *ordnende Macht in allem, was sich irgendwie bewegt,* waltet, ist sie dann nicht notwendigerweise auch die ordnende Macht im Himmelsgebäude?“[207]

Dieser Gedanke Platons gewinnt gegenwärtig besonderes Gewicht durch das verloren gegangene Bewusstsein, unsere Umwelt als belebte Mitwelt zu erfahren, als Universalseele, dessen Widerschein unsere menschliche Seele ist.

Für viele spirituell Strebende, die sich mit Platon zum ersten Mal beschäftigen, klingen seine Gedanken jedoch eigenartig vertraut. Zumal die heiligen Wahrheiten von anderen Geistesgrößen, fast zur gleichen Zeit, in unterschiedlichen Teilen der Welt geschaut wurden. Vertraut aber auch deshalb, weil sich bis zum heutigen Tag die Fragestellungen im Hinblick auf die großen Rätsel im Leben nicht verändert haben und die Menschen in vielem, was sie als Gedankengut von den Mythen und Platon tradiert bekommen haben, mit ihren Antworten nicht einmal ansatzweise darüber hinausgekommen sind.

Die Orphik findet durch Platon einen vorläufigen Abschluss, welcher aber gleichsam den Höhepunkt der Philosophie in der vorchristlichen Zeit darstellt und ohne diese es eine europäische Kultur, wie wir sie kennen, nicht gegeben hätte. Selbst das Christentum sollte von Nietzsche in der Vorrede zu *Jenseits von Gut und Böse* lediglich als „Platonismus fürs Volk" bezeichnet werden.

Nach Platon scheint alles weitere Philosophieren als ein Sammeln von altem Glas respektive als „Fußnote zu seinen dargelegten Gedanken", wie es Alfred North Whitehead einmal formulierte. Der Diskurs und die Debatten über ihn in der Sekundärliteratur sind zu einem unübersehbaren Konvolut angeschwollen und widersprechen sich teils erheblich. Oft missverstehen sie Platons Intentionen, und zwar sowohl im Hinblick auf dessen Werke als auch auf die mündlichen Unterweisungen, die er einigen wenigen gab.

Seine Überlieferung – sie kann in der Diktion der kommenden Ausführungen den Begriff „Philosophie" ebenfalls ersetzen, da Platon auch die Fackel des Geistes anderer hochhält – ist gekennzeichnet durch ein tiefes Streben nach einer gewaltlosen, gerechten Gemeinschaft und der verantwortlichen Lebensführung jedes Einzelnen unter der Regentschaft einer geordneten Seele.

„Platons Philosophie ist eine Philosophie der Katharsis, der Askese, der Verwirklichung, der Transformation des Fühlens, Wollens und Handelns. Platon bedient sich der Philosophie als eines Mittels, uns aus der konfliktgeladenen und widersprüchlichen Welt des sinnlich Wahrnehmbaren in die Welt des Seins zu erheben, die unser ursprünglicher ‚Wohnsitz' ist."(208)

Und aufgrund dieser möglichen Verwirklichung, dieser Konversion zum Sein sieht er einen initiatischen, zeitlosen, gleichsam heiligen Weg vorgegeben, und zwar gemäß der orphischen Überlieferung.

So lässt er Sokrates im *Kratylos* sprechen:

„Denn einige erklären den Leib für ein Grabmal [σῆμα, sêma] der Seele, als läge sie während ihres jetzigen Lebens im Grabe. Und weil die Seele durch ihn, den Leib, kund gibt, was sie kund zu geben hat, so werde er auch aus diesem Grunde mit Recht σῆμα (Zeichen, Kundgebung) genannt. Doch haben meiner Ansicht nach vor allem die Anhänger des Orpheus diesen Namen aufgebracht, da die Seele nach ihrer Auffassung sich hier [im Körper] in einem Büßungszustand befindet: sie büßt für ihre Vergehungen. Der Leib aber sei eine sie festhaltende Umwallung, gleichsam ein Gefängnis, um darin bewahrt zu werden (σώζηται); es sei also dies, entsprechend der Benennung, das σώμα (Behältnis, Gewahrsam) der Seele bis zur Abbüßung der Sünde, und es bedürfe nicht der Abänderung auch nur eines einzigen Buchstabens."(209)

6. Die Mythen Platons und ihre Intentionen

Protagoras 107c-114c:
Hier wird von Protagoras über die Entstehung der Menschheit berichtet. Diesem Mythos nach statteten die Brüder Prometheus und Epimetheus die Menschheit mit allem für ihr Überleben Notwendigem aus, so auch mit dem Feuer.

Phaidon 107c-114c:
Durch einen Mythos werden von Sokrates die unterschiedlichen Aufenthaltsorte der unsterblichen Seelen in der Totenwelt erörtert.

Politeía 10,613e-621d:
Der Mythos vom Krieger ‚Er'. Sokrates berichtet von einem aus Pamphylien stammenden Krieger, Er, welcher im Kampf gefallen ist und dessen Seele am zwölften Tage nach seinem Tode wieder in seinen Körper inkarniert und ihn zum Leben erweckt.

Gorgias 523a-527a:
Mythos über die Richtersprüche und die entsprechenden Aufenthaltsorte der menschlichen Seelen, nachdem sie den Körper verlassen haben. Siehe oben.

Gorgias 492 ff:
Hier beschreibt Sokrates Kallikles seine Auffassung vom Leben durch den Spruch des Euripides: „Wer weiß, ob nicht das Leben nur ein Sterben ist, das Sterben aber Leben?" Ferner beschreibt er Menschen, welche von ihrer Begierde und Zügellosigkeit, also dem unteren, aber stärksten Teil der Seele, beherrscht werden, als einsichtslos und weihelos, da ihre Seelen einem löchrigen Gefäß, einem Sieb, gleichen, dem es unmöglich ist, etwas festzuhalten oder zu erinnern.

Menon 81a-e:
Mythos über die Unsterblichkeit der Seele und ihrer Präexistenz vor der Inkarnation. Sokrates beschreibt alles Lernen und Erkennen als vorgeburtliches Wissen, welches die Seele auf ihrer Wanderung immer schon mitbringt, aber teilweise vergessen hat und wieder erinnern muss. Platons *Anámnēsis*-Lehre.

Phaidros 246a-2457a:
Um das Wesen der Seele zu verdeutlichen, vergleicht Sokrates es mit einem geflügelten Pferdegespann mit Wagenlenker. Die Gespanne sind bei den Göttern und Menschen fast identisch, nur mit dem Unterschied, dass die Götter ausschließlich gute Pferde haben, die menschlichen Seelen hingegen ein gutes und ein schlechtes Pferd zu lenken haben. Dadurch wird der *hyperouránios tōpos* (ὑπερουράνιος ερτόπος), der überhimmlische Ort, für die meisten nur schwer zu erreichen sein, da sich auf dem Weg dahin die Pferde ihrer Ungestümheit wegen die Flügel verletzen.

Phaidros 274b-275b:
Mythos zur Entstehung der Schrift.

Symposion 189c-193d:
Entstehung der Geschlechter und das Wesen der Liebe.

Symposion 203 ff:
Die Geburt von Eros.

Politikos 268e-274e:
Mythos vom Wechsel der Weltzeitalter und Beschreibung des einst Goldenen Zeitalters, in welchem die Menschheit frei von Konflikten war.

Nómoi 713-714:
Anknüpfend an das Goldene Zeitalter, schildert ein Athener den

Mythos des Gottes Kronos. Er erkannte, dass die alleinige Herrschaft nicht den Menschen in die Hände gelegt werden darf, da sie stets durch Bestechlichkeit gefährdet sind. Somit ist die Macht gutgesinnten Dämonen zu übertragen.

Politeía 359-360:
Mythos vom Ring des Gyges, einem einfachen Hirten aus Lydien, der in einer Erdspalte einen Leichnam findet, an dessen Hand ein Ring ist. Er bemächtigt sich dieses Ringes und bemerkt, als er dem König Bericht über die Herde erstatten muss, dass er durch Drehen des Rings für die Anwesenden unsichtbar werden kann. Mit solcher Macht ausgestattet, verleitet er die Frau des Königs schließlich zum Ehebruch.

Timaios 20d-25e:
Die Sage von Atlantis, einem riesigen Inselreich und einer mächtigen Seemacht im Atlantischen Ozean, welche schließlich vor über neuntausend Jahren durch eine Naturkatastrophe unterging.

Timaios 29d-92c:
Platon beschreibt die Schöpfung des Kosmos.

Phaidros 258-259:
Sokrates erzählt den Mythos von den Zikaden, welche einst Menschen gewesen sind und von den Musen mit der Fähigkeit versehen wurden, zeitlebens ohne Nahrung singen zu können. Nach ihrem Tod gingen diese dann zu den Musen und berichteten ihnen, welche von ihnen von den Menschen besonders verehrt wurde.

Charmides 156-157:
Sokrates berichtet über eine ganzheitliche Heilkunst, welche vom Geist ausgehend den Körper heilt.

Diese Auflistung ist bei Weitem nicht vollständig, wenn man noch Platons Gleichnisse hinzunimmt. Die Übergänge von den Mythen zu den Gleichnissen sind oft fließend, sodass Raphael[(210)] beispielsweise das Höhlengleichnis einen Mythos nennt und Walter Wili[(211)] von Gleichnis-Mythen spricht, welche in die mittlere Schaffensperiode Platons fallen und sehr stark durch orphisches Erleben geprägt sind.

Beschreitet man den akademischen Weg, um die Mythen zu analysieren, sind es nach Glenn Most acht Kriterien, welche auf die Mythen im *Corpus Platonicum* Anwendung finden, wobei einige wenige gelegentliche Ausnahmen zulassen:

> „1. *Die platonischen Mythen sind monologisch.* [Hierüber wurden weiter oben schon Bemerkungen getätigt]. […]
>
> 2. *Die platonischen Mythen werden von einem älteren Redner vor jüngeren Zuhörern vorgetragen.* Der Altersunterschied zwischen Redner und Zuhörern wird im *Politikos* (268e) und im *Protagoras* (320c) besonders deutlich hervorgehoben. […]
>
> 3. *Die platonischen Mythen gehen auf explizit angegebene oder implizierte, wirkliche oder fingierte ältere mündliche Quellen zurück.* Auch wenn ein Mythos evidentermaßen von Platon erfunden wurde, gibt er sich gern als ein genuiner Ausschnitt aus dem tatsächlich vorhandenen Reservoir von mündlichen Sagen in der griechischen Kultur, etwa im *Politikos* (268e-269d, 271a-b). […] Auch erfundene platonische Mythen bedienen sich vorzugsweise leicht erkennbarer Figuren und Erzählschemata aus dem gewöhnlichen mystischen Repertoire: Zeus, Prometheus, Epimetheus, Hermes (*Protagoras*); […]
>
> 4. *Die platonischen Mythen handeln von nicht nachprüfbaren Gegenständen.* Was der gewöhnliche Mensch durch Prüfung

seiner Erfahrung zu beobachten, zu beurteilen und anderen mitzuteilen vermag, wird als Stoff der platonischen Mythen streng ausgeschieden. Entweder handeln die Mythen von den ersten Dingen, indem sie eine Ätiologie gegenwärtiger Verhältnisse aus den Ursachen ableiten, [...]. Oder aber die Mythen handeln von den letzten Dingen, indem sie eine Eschatologie der Ereignisse nach dem Tode liefern: [...]

5. *Der platonische Mythos leitet seine Autorität nicht aus der eigenen Erfahrung des Sprechers, sondern aus der Tradition her.* Daher unterliegt er auch nicht der rationalen Prüfung durch den Zuhörer. [...]

6. *Der platonische Mythos hat eine psychagogische Wirkung.* Es wird immer wieder ausdrücklich vermerkt, wie viel Vergnügen es bereitet, einem Mythos zuzuhören, etwa *Phaidon* 108d, [...], *Protagoras* 320c [...], *Symposion* 193e [...], in der *Politeía* 10,614b. [...]

7. *Der platonische Mythos ist nicht wie Dialektik, sondern wie Beschreibung oder Erzählung strukturiert.* Die dialektischen Teile der platonischen Dialoge sind nach einer Reihe von logischen Verfahren organisiert: Prüfung der Prämisse(n), Aufspüren von Widersprüchen, Dihairesis (analytische Deduktion) und Synagoge (Induktion). [...]

8. *Der platonische Mythos befindet sich immer entweder (a) am Anfang oder (b) am Ende einer dialektischen Erörterung.* (a) im *Menon* wird gesagt, mit dem Mythos werde ein Neuanfang gemacht (79e-81e). Im *Protagoras* erzählt der Sophist erst einen Mythos, dann fängt er einen Logos an. [...] Nach dem Kugelmenschen-Mythos im *Symposion* liefert Aristophanes eine eigene Dihairesis, die Klassifikationen der Arten des menschli-

chen Eros. Im selben Dialog fängt Diotima mit einem Mythos der Geburt des Eros an, um dann zu philosophischem Dialog und Lehrvortrag überzugehen. […].“(212)

Lógos stammt vom Verb *légein* (λέγειν), was soviel wie „auflesen, sammeln, lesen, erzählen und sprechen“ heißt. Bei Platon dient der *lógos* allgemein als philosophisches Gespräch zur Wahrheitsfindung, indem durch einen *Dialog* in schrittweiser Prüfung Begriffe geklärt, Beweise geführt und Übereinstimmungen gefunden werden können. Dies kann und möchte der Mythos als Medium im *Corpus Platonicum* so nicht einlösen, ohne als unwahr zu gelten. Die Mythen behandeln zwar dieselben Inhalte wie der Dialog, in dem sie stehen, doch tritt er dort auf, wo sicheres Wissen durch den *lógos* noch nicht erreicht worden ist, und kann hierdurch auf einen Ursprung oder eine Quelle verweisen, welche es zu suchen gilt, da das menschliche Streben nach Wahrheit letztlich ohnehin im Göttlichen gründet.(213)

Somit stellen die Mythen bei Platon eine wichtige Ergänzung dar, ohne dass sie hierbei eine Über- oder Unterordnung gegenüber dem *lógos* aufweisen, sondern als komplementär anzusehen sind.

Bei Platon sind die Abgrenzungen und Übergänge zwischen Mythos und Logos keineswegs genau bestimmt, ja, oft werden sogar die Gleichnisse bei ihm unter die Mythen subsumiert. Ferner sind die jeweiligen Mythen bei Platon immer auch im Kontext der Dialogpartner und deren unterschiedlichem Bildungsstand zu sehen.

So wählt Platon in seinen frühen Dialogen Gesprächspartner für Sokrates aus, die keine philosophische Bildung und Kenntnisse besitzen, und versucht, Probleme vor dem Hintergrund ihrer beruflichen Tätigkeit zu bestimmen, wie dies bei den Heerführern Laches und Nikias der Fall ist, die nach der Tapferkeit *(Laches)* gefragt werden.

Oder er diskutiert mit Eutyphron, dem „selbsternannten Experten in theologischen Fragen“(214), über die Frömmigkeit *(Eutyphron).*

Mit Charmides, dem jungen Mann aus gutem Hause, erörtert er angemessene Umgangsformen in der Öffentlichkeit *(Charmides)*.

Mit den Sophisten *(Protagoras, Gorgias, Hippias minor, Menon)* trifft sich Sokrates, um Fragen der Politik, das Verhältnis von Gesetz und Natur sowie die Tugend und ihre Lehrbarkeit zu thematisieren[(215)] und sie schließlich durch die sokratische Elenktik des *lógos pseudes* zu überführen.

Im engsten Kreis, unter den Freunden der Philosophie, unterhält sich Sokrates in der Folge über die Grundlage der sichtbaren Welt *(Politeía)*, Metaphysik und trägt die Seelenmythen *(Phaidros)* vor, welchen bis heute noch das eindrucksvollste Nachleben beschieden ist.

Stets erfolgt die Wahl der Mittel hinsichtlich der *lógoi* und der *Mythen* vor diesem adressatenspezifischen Hintergrund. Es handelt sich dabei um zwei verschiedene Kommunikationsformen. Während im Dialog, genauer gesagt, im dialektischen Gespräch, die Teilnehmer mitdenken müssen, um zum Gelingen und zum Fortschritt beizutragen, bietet sich die Erzählung des Mythos allen Menschen an, unabhängig von ihrer Vorbildung. Ja, er kann das bisher durch den Logos zu Tage geförderte zusammenfassen, Kommendes in Aussicht stellen und so dem Dialog auch einen neuen Impuls geben.

Cürsgen bemerkt hierzu:

> „Während der Logos in einen räumlichen und zeitlichen Nahbereich gestellt ist, greifen die Mythen in dieser Hinsicht in weiteste Fernen aus; sie haben eine geschlossene, monologische Struktur im Gegensatz zum offenen, dialogischen und sich sukzessiv entwickelnden Logos. In diesem steht die Beziehung zwischen Menschen im Vordergrund, während im Mythos das Verhältnis des Menschlichen zum Göttlichen thematisiert wird; daher tritt der Mythos auch in Gestalt einer Wahrheit auf, die der Mensch vorfindet und aufnehmen kann,

die aber nicht von ihm (mit-)entwickelt wurde. […] Mythos und Logos sind aber nicht als menschliches Eigentum und Werk zu verstehen, sondern sind göttlichen Ursprungs; beide beruhen auf Voraussetzungen, die sie selbst nicht herstellen können."[216]

Hierzu wurde auch schon weiter oben einiges ausgeführt. Dass nicht nur der Logos zur Wahrheit führt, sondern auch der Mythos, welcher oft als alogisch erscheint, zeigt die Innendifferenzierung von wahren und falschen Mythen im Zuge der sokratischen Kritik an Homer und Hesiod.

> „Werden wir nun so ohne weiteres es zulassen, daß die Kinder Märchen anhören, wie sie der erste beste auf gut Glück ersinnt, und daß sie so in ihrer Seele Ansichten aufnehmen, die vielfach in Widerspruch stehen mit denen, die sie in reiferen Jahren unserer Meinung nach haben sollen?
> […] Die, welche Hesiod und Homer uns erzählt haben und die anderen Dichter. Denn sie ersinnen unwahre Geschichten und erzählten und erzählen sie den Menschen."[217]

Die harsche Kritik Platons an den Dichtern zeigt aber auch, welche wichtige Gelenkstelle diese innehatten. Denn bis ins 6. vorchristliche Jahrhundert hinein füllten sie und die Rhapsoden die Lücke, das Erinnernswerte an die Gemeinschaft mündlich weiterzugeben, und hatten hierdurch auch die Möglichkeit, die Inhalte dessen zu bestimmen. Und Oralität war hier das bevorzugte Kommunikationsmittel, da die phönizische Silbenschrift, zu diesem Zeitpunkt ca. 150 Jahre jung, sich erst langsam zu etablieren begann.

Dass in einer oralen Kultur die Verfertigung einer Information und deren Weitergabe einander bedingen und nicht getrennt werden können, während das beim Notationssystem der Schrift der Fall ist – durch ein Buch vervielfältigt der Autor seine Information, ohne dass er selbst anwesend ist –, war auch Platon bekannt. Ein lebendig geführter Dialog hatte für ihn einen viel höheren Wert als das Lesen in Texten, welche nicht befragt werden konnten und die Antworten oft schuldig blieben.

Vor Platon übte auch schon Xenophanes in sehr radikaler Art Kritik am poetischen Diskurs:

> „Alles haben den Göttern Homer und Hesiod angehängt, was nur bei Menschen Schimpf und Tadel ist: Stehlen und Ehebrechen und einander Betrügen. […] Doch wähnen die Sterblichen, die Götter würden geboren und hätten Gewand und Stimme und Gestalt wie sie."[(218)]

Erneut wird hier die große Bedeutung des Mythos für den griechischen Kulturkreis, vor allem in der musischen Früherziehung der Kinder, sichtbar. Indem aber die Götter anthropomorphe Wesenszüge annehmen und so den Menschen ähnlich werden, verlieren sie ihre göttliche Vorbildhaftigkeit für diese, werden unwahr und es entstehen falsche Bilder von der Jenseitigkeit.

Platon fordert daher eine theokratische Reinigung solcher Mythen, denn das Göttliche ist seinem Wesen nach immer vollkommen und zeigt das ἀληθινός (das Wahre) und ἀγαθός (das Gute) an. Das Schlechte ist der menschlichen Insuffizienz und einem falsch verstandenen Freiheitsverständnis zuzuschreiben. Sokrates sagt:

> „Also ist das Gute nicht Ursache von allem; es ist nur Ursache von dem, womit es wohlbestellt ist, an dem Übelen ist es unschuldig. […] Also ist Gott, da er doch gut ist, nicht Ursache von allem [dem Übel] wie die meisten sagen, sondern, was die menschlichen Angelegenheiten anlangt, nur von wenigem, an dem meisten ist er unschuldig. Denn das Gute wird bei uns Menschen weit überwogen von dem Übel. Und für das Gute darf man niemand anders als Urheber betrachten, für das

Übele dagegen muß man andere Ursachen suchen, aber nicht die Gottheit."[219]

Hier wird von Platon schon viel berührt. Fast kann man es greifen. Zum einen ist es das Theodizee-Problem, also die Frage, warum ein gerechter und gütiger Gott das Böse oder Üble überhaupt zulassen kann, zum anderen ist es die Ideenlehre, welche dann später zur Klärung der Universalien, der Allgemeinbegriffe, welche empirisch nicht fassbar sind, dient.

Durch eine derart rektifizierte Theologie respektive Mythologie sind die Götter weder zum Guten noch zum Schlechten lenk- und beeinflussbar oder gar zu versöhnen, sondern einfach nur *gerecht*, indem sie die Wahlfreiheit eines jeden Erdenbürgers zeitlebens überwachen und an dessen Ende ihnen in Rechnung stellen. Hierdurch liegt die Verantwortung für das weitere Lebenslos nun in Gänze bei den Menschen selbst.

7. Die drei Jenseitsmythen

Die Stelle im *Gorgias* hierzu ist auch deshalb bemerkenswert, weil Platon hier durch Sokrates *mŷthos* und *lógos* eint, indem das orphische Vergeltungsprinzip auf die Gerechtigkeit zur Anwendung kommt.

> „So höre denn, wie sie zu sagen pflegen, eine gar schöne Rede, die du zwar für ein Märchen halten wirst, wie ich glaube, ich aber für die Wahrheit. Denn als volle Wahrheit sage ich dir, was ich sagen werde [nach Schleiermacher; folgend Apelt].
>
> Es bestand nun unter Kronos das Gesetz für die Menschen – und es gilt wie immer so auch jetzt noch unter den Göttern

– daß derjenige, der sein Leben in Gerechtigkeit und Frömmigkeit vollbracht hat, nach seinem Tode nach den Inseln der Seligen versetzt werde und dort in voller Glückseligkeit wohne, fern von allem Leid, während derjenige, der ein ungerechtes und gottloses Leben geführt habe, in die Gefängnisstätte der Buße und Strafe komme, die sie Tartaros nennen. Das Richteramt hatten unter Kronos und auch noch unter dem seit kurzem herrschenden Zeus *Lebende über Lebende* und sie richteten an dem Tage, an dem die Menschen sterben sollten. Die Richtersprüche fielen also schlecht aus. So kamen denn Pluton und die Aufseher von den Inseln der Seligen zum Zeus und beklagten sich, daß beiderseits Menschen zu ihnen kämen, die nicht dahin gehörten. Zeus also sagte: Gut, ich werde dem eine Ende machen. Denn jetzt werden die Richtersprüche schlecht gefällt. Die zu Richtenden nämlich, sagte er, haben eine Hülle um sich, wenn sie gerichtet werden; denn sie leben noch, wenn sie gerichtet werden. Viele also, sagte er, welche schlechte Seelen haben, sind umkleidet mit schönen Leibern und mit Adel und Reichtum, und wenn das Gericht ergeht, finden sich viele ein um ihnen zu bezeugen, daß sie gerecht gelebt haben. Die Richter werden denn durch diese befangen gemacht, wozu noch kommt, daß sie selbst auch als Umhüllte richten, da sich vor ihrer Seele die Hülle der Augen, Ohren und des ganzen Leibes findet. Das alles wird ihnen also hinderlich, die eigene Umhüllung und die derer, die zu richten sind. [...] Ferner müssen sie alle nackt gerichtet werden, nämlich erst wenn sie tot sind. Auch der Richter muss nackt sein, ein Toter, der unmittelbar mit der Seele die ebenfalls unbekleidete Seele des jedesmaligen unerwartet Gestorbenen beschaut, als eines solchen, der verlassen ist von allen seinen Verwandten und allen jeden Schmuck auf Erden zurückgelassen hat, damit

> der Richterspruch gerecht ausfalle. Dies alles hatte ich längst vor euch erkannt und bestimmte zu Richtern meine Söhne, zwei aus Asien, Minos und Rhadamanthys, einen aus Europa, Äakos."[220]

Auch heute noch sprechen wir von der „nackten Wahrheit" im Sinne von Unverstelltheit, wenn wir etwas auf seine Echtheit oder das Tatsächliche überprüfen möchten.

Von besonderem Interesse ist vor allem der Anfang dieses Zitats, weil er die gegenseitige Verschränkung von Mythos und Logos zeigt. Während Kallikles die Geschichte über die Unterwelt als Mythos auffasst, ist es für Sokrates ein Logos mit Wahrheitsgehalt. Es ist bei Platon ein beliebtes Stilmittel, den argumentativen philosophischen Logos durch eindrucksvolle mythologische Illustrationen zu ergänzen, ohne den philosophischen Gehalt – in dem Fall die Unsterblichkeit der Seele – zu verfälschen. Im Mythos wird bewusst auf eine argumentativ begründete Absicherung, wie dies im philosophischen Diskurs geschieht, verzichtet.[221]

Ohne Logos gäbe es in Platons Dialogen keine intellektuelle Überzeugung, keine Beweise, keine Analyse und keine Nachprüfbarkeit; aber ohne Mythos auch keine Modelle, welche zur besseren Veranschaulichung beitragen, keine Motivation und keinen Glauben.[222] Beide, Dialog im Sinne der Dialektik und Monolog im Sinne des Mythos, in Langrede vorgetragen, sind komplementäre Zugänge zur Wahrheit, sind eng miteinander verbunden, bleiben jedoch in ihrer Struktur bei sich. Hierzu bemerkt Glenn Most:

> „Das hat auch einer der gewitztesten Leser Platons, Lukian, bemerkt. Er sah, dass in Platons Werken zwei Bereiche systematisch voneinander getrennt, aber aufeinander bezogen sind: der Mythos, der mit absoluter Sicherheit vom Leben nach dem Tod in der Unterwelt berichtet, und der Dialog, der mit stän-

diger Unsicherheit und Skepsis um die Wahrheit im Leben in dieser Welt ringt. Kein platonischer Mythos ist genuin dialogisch, kein platonischer Dialog hat die Merkmale eines Mythos."[(223)]

In Platons Werk finden sich drei Jenseits- bzw. Schlussmythen (*Gorgias* 523-527, *Phaidon* 107-115, *Staat* 613-621), welche durchaus zueinander in Bezug gesetzt werden können und eine gewisse Chronologie aufweisen. Der erste wurde oben verkürzt dargestellt und behandelt zuerst die Rechtsprechung der Menschen untereinander, also zu ihren Lebzeiten, als die Seele eines jeden noch in seinem Körper im Diesseits weilte. Hier fallen die Urteile aber durch die Befangenheit der Richter durch leibliche Sinneswahrnehmung und allerlei Blendwerk der zu Richtenden sehr oft ungerecht aus. Daher rührt auch die Forderung des Zeus, diese Gerichtspraxis dahin gehend zu verändern, dass nach dem Tod, welcher nichts anderes als die Trennung der Seele vom Leib ist, alle zu Gericht sitzenden Seelen nun körperlos, nackt und jetzt anonym ihr Urteil, ohne Voreingenommenheit, entgegenzunehmen haben. Die Stellung in der Gemeinschaft und Reichtümer haben nun keine Relevanz mehr.

Nach dem Richterspruch, welcher auf einer heiligen Wiese (Asphodeloswiese) an einem Dreiweg stattfindet, von welchem zwei Wege abzweigen, einer zu den Inseln der Seligen, ein anderer in den Tartaros – von Pluton als Aufseher bewacht –, können die Seelen nun ihren Gang, den Verfehlungen im Leben entsprechend, antreten.

So kommt es nicht selten vor, dass Machthaber und sogar Könige, welchen es im Leben an nichts gefehlt zu haben schien, mit den härtesten Urteilen belegt wurden, da sie zeitlebens fernab der Wahrheit und in Maßlosigkeit handelten und nie zögerten, ihren Mitmenschen Unrecht anzutun. Hierdurch sind ihre Seelen voll von Missverhältnis, vernarbt und verkrümmt und weisen hässliche Züge auf. Für ihr ungerechtes und gottloses Leben werden sie nach dem Richterspruch unverzüglich in entehrenden Gewahrsam genommen und in den Tartaros gebracht, aus welchem es für sie vorerst kein Entrinnen gibt. Dort müssen sie, mit Warntafeln versehen, als Abschreckung für die anderen dienen.

Hingegen kommen die Seelen derjenigen, die sich zeitlebens aus den öffentlichen Geschäften heraushielten, sich nicht in die Rechte anderer einmischten, einem kontemplativen und philosophischen Leben den Vorzug gaben, nach dem Tode auf die Inseln der Seligen, wo sie fernab von Leid und in Glückseligkeit wohnen.

Doch hat die Mehrzahl der Seelen während ihres irdischen Aufenthaltes heilbare Frevel begangen. Ihnen wird sowohl im Hades wie auch auf Erden nur durch Leiden und Schmerzen Läuterung zuteil, um von ihrer begangenen Ungerechtigkeit loszukommen und wieder auf den Pfad der Tugend und der Einsicht zu gelangen, also das Gute auch wirklich zu leben.[(224)]

Hinsichtlich des Übels erwähnt Sokrates, dass man sich vor dem Unrechttun mehr hüten müsse als vor dem Unrechtleiden. Wer Unrecht erleidet, wird lediglich am Körper geschädigt, wer dagegen Unrecht tut, schadet seiner Seele, welche sich daraufhin dem göttlichen Totengericht gegenüber verantworten muss und nun – nach der Trennung vom Körper – viel deutlicher ihre wahren Konturen zeigt. Und dies gilt auch für eine opportune Rhetorik, welche das Recht des Stärkeren für sich postuliert und von Kallikles verkörpert wird.

Stehen im Mythos des *Gorgias* die Ethik, die Urteilsgerechtigkeit und die Auseinandersetzung mit der Sophistik im Zentrum, also mit den Gegnern der Philosophie, so zeigt sich die Situation im *Phaidon* (107-115) anders geartet, indem Sokrates in seinen letzten Stunden seinen getreuen Anhängern auf das zu Erwartende, den Schierlingsbecher zu leeren, Mut zuspricht.

Die Jenseitserzählung des *Phaidon* umfasst unterschiedliche Themenbereiche, welche durchaus als Ergänzung zu den Schilderungen im *Gorgias*-Mythos gesehen werden können. So stehen am Beginn dieses Mythos einmal mehr der Unsterblichkeitsbeweis der Seele und die Sorge um sie, und zwar schon zu Lebzeiten.

> „Wenn anders die Seele unsterblich ist, so bedarf sie sorgsamer Pflege [...]. Denn wäre der Tod eine Trennung von allem und jedem, so wäre es für die Bösen, wenn sie sterben, ein willkommenes Geschenk nicht nur vom Körper, sondern auch von der ihrer Seele anhaftenden Schlechtigkeit zugleich mit dieser befreit zu sein."[(225)]

Neben dem ewigen Aufenthalt im Tartaros für die schwersten Verbrechen wie sie im *Gorgias* geschildert werden, findet im *Phaidon* eine feingliedrigere Differenzierung statt, indem zeitlich befristete Strafen im Tartaros sowie eine Art Purgatorium am Acheron zur Läuterung der Seelen in Betracht gezogen werden können.

Der Preis für ein tugendhaft geführtes Leben, das sich an Gerechtigkeit, Besonnenheit, Tapferkeit und Mäßigung ausrichtet, also den vier Kardinaltugenden (siehe Schaubild S. 145), ist nach dem Tod vielversprechend und voller Hoffnung. Denn diese Seelen kommen mit den unterirdischen Stätten nicht in Berührung, bewohnen lichte Höhen und dürfen sich darauf freuen, vorerst keine weiteren Inkarnationen mehr durchlaufen zu müssen.

Ferner nimmt die Beschreibung der Unter- und Oberwelt als auch des Universums breiten Raum in Anspruch und zeigt, dass wir Menschen nur eine sehr unvollkommene Vorstellung von der wahren Welt und unserem Lebensraum (βίος/bíos) haben. In Platons Naturphilosophie beschreibt Sokrates unsere Erde nicht aus der Sicht der Menschen, sondern aus der des Universums:

> „Vor allem bedarf es nach meiner festen Überzeugung für die Erde, wenn sie ein in der Mitte der Weltkugel befindlicher run-

> der Körper ist, durchaus nicht weder der Luft, um sich in ihrer Lage zu erhalten, noch eines anderen derartigen Druckes, sondern sie zu halten genügt die allseitige Gleichheit des Himmels mit sich selbst sowie das Gleichgewicht der Erde selbst. Denn ein im Gleichgewicht befindlicher Körper, in die Mitte einer ebenfalls gleichmäßig gestalteten Kugel gesetzt, hat keinen Antrieb zu größerer oder geringerer Nachgiebigkeit nach irgendwelcher Richtung hin …"[226]

Platons Topographie der jenseitigen und diesseitigen Welt stellt sich wie folgt dar:

> „… denn allenthalben um die Erde herum finden sich viele Vertiefungen, mannigfach verschieden nach Gestalt und Größe, in denen das Wasser und der Nebel und die Luft sich gesammelt haben. Die eigentliche Erde aber liegt rein im reinen Himmelsraum, in dem die Sterne wandeln und den die meisten Lehrer auf diesem Gebiete Äther [Quintessenz, materia prima, intelligible chōra, ākāṣa, A. d. A.] nennen. […] Wir nun wohnen ohne es zu ahnen in diesen Vertiefungen der Erde und glauben oben auf der Erde zu wohnen, gerade wie wenn jemand mitten auf dem Grunde des Meeres wohnte und glaubte, er wohne auf dem Meere; denn seine Schwerfälligkeit und Schwäche hindert ihn jemals an die Oberfläche des Meeres zu gelangen und sich aus der Tiefe in unsere Region emporarbeitend und da auftauchend zu schauen, wie viel reiner und schöner diese Region ist als seine eigene Wohnstätte. […] und wenn unsere Natur imstande wäre, im Schauen auszuharren, so würde er erkennen, dass dies der wahre Himmel und das wahre Licht und die wahre Erde sei."[227]

Ein Ort, welcher an Reinheit und Herrlichkeit nicht zu übertreffen ist und keinem Vergleich mit unserem Aufenthaltsort standhält. Die

Analogien und Konturen zum Höhlengleichnis sind unübersehbar. Denn seine Absicht ist es, bei seinen Zuhörern ein Bild entstehen zu lassen, welches den Gegensatz einer intelligiblen, reinen Welt (κόσμος νοητός/kósmos noetós) und einer sinnlich wahrnehmbaren Welt (κόσμος αἰσθητός/kósmos aisthētós) darstellt. In Ersterer haben die Menschen Umgang mit den Göttern selbst und finden alles in leuchtenden und schillernden Farben vor, in Letzterer bleiben sie untereinander und alles kommt nur als mehr oder weniger glanzloses Abbild des Urbildes (ἀρχέτυπος/archétypos) in ihr Gesichtsfeld.

Nach der Beschreibung der wahren Erde und der Oberwelt widmet Platon sich noch der Schilderung der Unterwelt, welche er als ein riesiges Labyrinth von unterirdischen Flüssen und Feuerströmen beschreibt. All diese Ströme münden in einen Schlund, welcher mitten durch die Erde geht und selbst keinen Grund und Boden hat: den Tartaros.

Neben dem Tartaros nennt Sokrates noch weitere vier Flüsse in der Unterwelt, die die Seelen der Verstorbenen auf ihrer Reise mitnehmen. Davon ist der größte Okeanos, der dem Acheron gegenüberliegt und in den Acherusischen See fließt, den Aufenthaltsort der meisten Seelen für die Reinigung ihrer geringfügigen Vergehen. Ferner der Pyriphlegethon, welcher ab und an Lava ausspeit und schließlich einen See bildet, der größer als unser hiesiges Meer ist. Sodann wird noch der See namens Styx erwähnt, welcher von dem Fluss Kokytos gespeist wird.(228)

Alle Seelen werden von einem Dämon (Schutzgeist) an den entsprechenden Ort des Gerichts geführt, an welchem sie ohne Wehklagen den Richterspruch über sich ergehen lassen müssen, ganz gleich, ob sie ein frommes oder sündiges Leben geführt hatten.

Auch im *Phaidon* bleibt, trotz der weitschweifigen Beschreibungen der jeweiligen Wohnstätten, das Motiv des Totengerichts und der

Beurteilung der Seelen für ihre Taten im irdischen Leben leitend. Ja, es ist geradezu ein Appell an die Menschen, schon zu Lebzeiten ein gerechtes, tugendhaftes Leben im philosophischen Sinn zu führen (siehe Schaubild S. 145), das heißt, sich der Wahrheit zu verpflichten und die vollumfängliche Verantwortung für das eigene Handeln zu tragen, welche wiederum für die weitere Existenz im Jenseits und die entsprechende Wiedergeburt entscheidend ist. Hierzu führt Sokrates aus:

> „Folgendes nun aber, meine Freunde, tut man gut, sich in Gedanken gegenwärtig zu halten. Wenn anders die Seele unsterblich ist, so bedarf sie sorgsamer Pflege nicht nur für diese Spanne von Zeit, für die wir den Ausdruck ‚leben' gebrauchen, *sondern für die gesamte Zeit,* und sollte jemand sich dieser *Sorge* entschlagen, so dürfte nunmehr die Gefahr für ihn als keine geringe erscheinen. […] So aber, da sie sich als *unsterblich* erwiesen hat, dürfte es für sie keinen anderen Schutz vor dem Übel geben und keine andere Rettung geben als das Streben so gut und vernünftig wie möglich zu werden. Denn bei ihrer Wanderung nach dem Hades nimmt sie nichts anderes mit sich als ihre Bildung und sittliche Zucht …"[(229)]

Dieses Zitat wird uns noch beschäftigen, wenn wir weiter unten die Frage nach der „wahren Liebe" stellen werden.

Der von Sokrates erzählte Schlussmythos der *Politeía* (613 – 621) handelt von einem pamphylischen Krieger, orientalischer Abstammung, namens „Er", welcher in der Erfüllung seiner Pflicht, für das Vaterland einzustehen, schwer verwundet und für tot gehalten wird. Als er nach zehn Tagen gefunden und für die Feuerbestattung in die Heimat überführt wird, kommt er am zwölften Tage, bereits auf dem Scheiterhaufen liegend, wieder zu Bewusstsein. So kann er nun den

Menschen davon Kunde geben, was seine Seele in diesen zwölf Tagen im Jenseits gesehen hat.

Wie auch die Mythen des *Phaidon* und des *Gorgias* ist im Schlussmythos des „Er" die Frage nach der Gerechtigkeit zentral, also nach einem tugendhaften Leben, sowie das Motiv der Anábasis und Katábasis, des Auf- und Abstiegs der jeweiligen Seelen. Bezüglich der Zeitverhältnisse steht dieser Mythos am Ende der erneuten Inkarnation im Jenseits und beschreibt, unter welchen Bedingungen die Seelen wieder auf die Erde, ins Diesseits, zurückkehren.(230) Die besondere Dignität erhält diese Erzählung durch den Charakter einer göttlichen Offenbarung, indem „Er" des Privilegs teilhaftig wird, sich nicht dem Richterspruch stellen zu müssen und so in der Funktion als Gesandter der Götter (ἄγγελος/ángelos), den Menschen diese Botschaft übermittelnd, auftritt.

> „Er sei, [...], nachdem seine Seele aus ihm gefahren, mit vielen anderen wandernd an einen wunderbaren Ort gelangt, wo sich in der Erde zwei aneinander grenzende Spalten gezeigt hätten und oben am Himmel gleichfalls zwei andere. Die Richter aber hätten zwischen diesen ihren Platz gehabt und nach Fällung ihres Richterspruches die Gerechten den Weg zur Rechten und nach oben durch den Himmel ziehen lassen, nachdem sie ihnen Zeichen ihres Richterspruches über ihre Taten vorn angeheftet, die Ungerechten aber zur Linken und nach unten, auch sie versehen mit Zeichen über alle ihre Taten, aber hinten. [...] So habe er denn einerseits an beiden Spalten, der des Himmels und der der Erde, die Seelen von dannen ziehen sehen, [...] anderseits in der einen Spalte die Seelen aus der Erde herauskommen sehen voll Schmutz und Staub, in der anderen aber andere gereinigt aus dem Himmel herabsteigen sehen. Und die jeweilig Ankommenden hätten immer den Eindruck

gemacht, als kämen sie von einer langen Wanderung; sie hätten, auf der Wiesenflur angelangt, sich frohgemut wie zu festlicher Versammlung gelagert."(231)

Die Verweildauer der jenseitigen himmlischen Seelen und der sanktionierten Seelen, welche sich aus dem Purgatorium hier einfinden, beträgt jeweils 1000 Jahre, also das Zehnfache eines Menschenlebens im Diesseits, das Platon mit hundert Jahren bemisst (615). Auf dieser Wiese erzählen sie nun einander, teils weinend und jammernd, von dem langen Leiden unter der Erde, teils schwelgend von dem Wohlergehen und den schönen Dingen an dem himmlischen Aufenthaltsort.

Interessant sind hier schon mehrere Aspekte, die Platon ins Verhältnis setzt. Zum einen betrifft es die Zeitdauer nach der Inkarnation respektive vor dieser. Erstere macht nur ein Bruchteil aus, das heißt, der Mensch hat nur sehr wenig Zeit nach seiner Geburt als Erdenbürger, sich in einem Leben einzurichten, das von intelligiblen Prinzipien geleitet ist – oder nicht! –, bevor die Seele den Körper wieder verlässt. In diesem Mythos hat jeder Heilige eine Vergangenheit und nahezu jeder Sünder eine Zukunft, also die Möglichkeit, seine Seele in die richtige Richtung zu lenken oder weiteres Unrecht zu begehen und infolgedessen die Zahl der Umläufe erneut zu vergrößern. Und dies deutet schon einen zweiten wichtigen Punkt an: Dass auch ein tugendhaftes Leben ein Verfallsdatum haben kann, wenn es nicht stetig praktiziert (ἄσκησις/áskēsis) wird. Diese Lenkung der Seele steht bei Platon analog als Inbegriff für philosophisches Bemühen auf dem Erkenntnisweg der *paideía* (παιδεία), wie weiter unten noch mit dem Mythos des Seelengespanns im *Phaidros* zu zeigen sein wird.

Die festliche Versammlung und der Austausch ihrer Erlebnisse dauert für die Seelenwanderer acht Tage, bevor sie sich auf eine weitere viertägige Wanderung auf den Weg machen (616). An dieser Stelle des Platon-Textes sind die Ausführungen von Alois Stenzel sehr bemerkenswert, denn er vergleicht das Treffen der Seelen unterschiedlicher Provenienz mit einer feierlichen Begegnungsstätte verschiedener Stämme und Völker, die einzelnen Menschenseelen werden mithin in den größeren Kontext der Kosmosseele eingebettet.(232)

Der Krieger „Er" fährt in seinem Bericht fort:

> „… am vierten Tage [wären sie] an eine Stelle gekommen, von wo sie ein gerades Lichtband sahen, das sich von oben über den ganzen Himmel und die Erde hinzog, wie eine Feuersäule, nicht unähnlich dem Regenbogen, aber glänzender und reiner [vermutet wird die Milchstraße]. Zu diesem Lichtband seien sie nun nach Zurücklegung einer Tageswanderung gelangt und da, in der Mitte des Lichtbandes hätten sie an dem Himmel die Enden der ihn zusammenhaltenden Reifen befestigt gesehen; denn dieses Licht sei das Band des Himmels, welches […] das ganze sich umschwingende Himmelsgewölbe zusammenhält. An diesen Gipfeln des Himmels sei die Spindel der Notwendigkeit [Anánke] befestigt, vermittelst deren alle Umläufe in Schwung gesetzt würden."(233)

Gedreht wird „die Spindel auf dem Schoße der Notwendigkeit" (617). Anánkē (Ἀνάγκη) stellt also eine Grundvoraussetzung, eine unveränderliche Mitursache dar für die acht kosmischen Sphären, die sich auf dieser Achse unterschiedlich schnell und in verschiedene Richtungen drehen. Oben auf jedem dieser Sternenkreise sitzt je eine Sirene, immerzu denselben Ton singend, was zusammengenommen eine harmonische Oktave, die Sphärenharmonie, ergibt. Dieses Geschehen wird durch die Anwesenheit von drei weiteren weiblichen Gestalten, den Moiren, ergänzt. Allesamt sind sie Töchter der Anánkē und halten die neuen Lebenslose, welche die Seelen dort selbst am vierten Tage ihrer Wanderschaft zu ziehen haben, bereit, wie es der pamphylische Krieger beschreibt:

> „Rund um sie [Sirenen A. d. A.] aber säßen in gleicher Entfernung [...], jede auf einem Throne, *die Töchter der Notwendigkeit, die Moiren,* im weißen Gewande, mit Kränzen auf dem Haupte, Lachesis, Klotho und Atropos und begleiteten mit ihrem Gesang die Harmonie der Sirenen, Lachesis die Vergangenheit kündend, Klotho die Gegenwart, Atropos die Zukunft."[234]

In dieser geheimnisvollen Aura stehen sie nun vor den Töchtern göttlicher Abkunft, welche die Bewegungen des Alls leiten und für die Regeln im Spiel des Lebens einstehen, um ihre neuen Lebenslose zu empfangen. Dies geschieht in einem festgelegten Ritual, in welchem ein Prophet Lose aus dem Schoße der Lachesis für die Reihenfolge der Vergabe neuer Lebensmuster entnimmt, auf ein Podium steigt und sich mit folgenden Worten an die Seelen richtet:

> „Dies kündet euch die Tochter der Notwendigkeit, die jungfräuliche Lachesis. Eintägige Seelen! Dies ist der Beginn eines neuen todbringenden Umlaufes für euer sterbliches Geschlecht. Euer Los wird nicht durch den Dämon bestimmt, *sondern ihr seid es,* die sich den Dämon erwählen. Wer als erster gelost hat, der wähle zuerst die Lebensbahn, bei der er unwiderruflich beharren wird. *Die Tugend aber ist herrenlos;* je nachdem er sie ehrt oder mißachtet, wird ein jeder mehr oder weniger von ihr empfangen. Die Schuld liegt bei dem Wählenden; Gott ist schuldlos."[235]

Hier wird deutlich, dass sich die Seelen bereits in ihrem präexistenten Zustand in einem Spannungsverhältnis von Freiheit und Notwendigkeit befinden. Einerseits sind sie genötigt, einen neuen Grundriss für ihr kommendes Erdendasein zu wählen, andererseits steht dann die Ausgestaltung der neuen Laufbahn in der freien Verantwortung des Menschen – fernab jeglicher Schicksalsgläubigkeit im Sinne einer astrologischen Vorherbestimmung. Daher spricht Platon von der herrenlosen Tugend, an welcher alle Seelen teilhaben können.

Es wurde weiter oben schon erwähnt, dass jede Seele eine bestimmte Hierarchie hinsichtlich ihres Funktionsoptimums aufweisen muss, um als harmonisch gelten zu können. Und diese Harmonie ist keine der Seele inhärente Eigenschaft, sondern eine Forderung an sie. Freiheit in diesem Sinne beinhaltet demzufolge die höchste Möglichkeit der eigenen Seinsverwirklichung, die Transformation *von* der Individualität *zur* Personalität zu wollen. Um diese Möglichkeit zu ergreifen, ist zumindest der mittlere Teil des Seelenvermögens, mit der Tugend der Tapferkeit und des Mutes (ἀνδρεια/andreía), gefordert. So ist es auch kein Zufall, dass Platon in diesem bedeutenden Schlussmythos einen Krieger respektive einen Wächter diese Botschaft verkünden lässt. Denn die Wächterseele verkörpert für die erforderlichen Handlungen im Leben das ethische Ideal der Ausgewogenheit bezüglich Sanftheit und Härte, Disziplin und Enthaltsamkeit im Gebrauch von äußeren Gütern (s. Schaubild S. 145). Dirk Cürsgen bemerkt ergänzend hierzu:

> „Das Ideal des mittleren Lebens integriert die tradierte Adelsethik in die platonische παιδεία; da Wächter und Philosophen die gleiche Grundausbildung erhalten, macht Platon dieses Ideal zu einem Fundament seines Staats.“(236)

Im und durch den Bildungsgang der *paideía* (παιδεία) muss dieser Personenkreis ergo schon einiges an charakterlichen Qualitätsmerkmalen aufzuweisen haben.

Doch kehren wir zu den Töchtern der Notwendigkeit Klotho, Lachesis und Atropos zurück. Sie sind in ihrer Funktion Spinnerinnen,

Moîrai (Μοῖραι), und haben den Auftrag, den Lebensfaden für die Menschen zu spinnen, zuzuteilen und ihn schließlich abzutrennen. Die Anzahl unserer Lebenstage, von denen einer unabwendbar zum Todestag wird, bemisst sich also an der Länge ihres gesponnenen Fadens und hängt nur von ihnen ab. Nicht einmal der mächtige Zeus kann hierbei verändernd eingreifen.(237)

Der Prophet stellt nun die zu wählenden Lebensmuster vor die Seelen. Die Zahl der Lebensmuster ist dabei größer als die der anwesenden Seelen, sodass auch noch den Letzten in der Reihenfolge alle Möglichkeiten offen stehen. Die Lebensformen, berichtet „Er", sind hierbei für beide Geschlechter der unterschiedlichsten Art, sowohl tierische als auch menschliche, wobei Letztere das gesamte Spektrum an Tugendhaftigkeit (Gerechtigkeit) und Unrecht beinhalten, teils in Reinform, teils in Mischform.

> „Dabei hätte es auch an Mustern für Tyrannenherrschaft nicht gefehlt, teils lebenslänglicher, teils solcher, die mitten aus der Macht heraus zu Fall gebracht wird und mit Armut, Verbannung und Bettlerelend endigt."(238)

Die Seelenbeschaffenheit für das neue Lebenslos eines jeden bleibt indessen stets erst einmal unberührt und neu zu strukturieren, da sich ja auch der Lebenskontext geändert hat. Und exakt hierin besteht Platons Mahnrede zu einer Seelenführung (ψυχαγωγία/psychagōgia), und zwar ganz gleich, in welcher Lage und an welcher Stelle sich der Mensch in seinem *bíos* (βίος) befindet. Immer gilt es, den Blick auf das bessere, letzthin das eine Gute gerichtet zu halten, denn durch die *„Herrenlosigkeit der Tugend"* ist diese für alle ohnehin jederzeit unbegrenzt frei zugänglich.

Wendet der Mensch den Blick hiervon ab, verliert er ebenfalls die Gerechtigkeit aus den Augen, also das, was er sich selbst schuldet, was für seine Existenz Konstituens ist. Nur im Bemühen um die eigene Wesenserkenntnis, welche ja die Tugend und die Bewegungsrichtung der gesamten Seele ist, macht sich der Mensch auf die Suche nach seiner Grund-Schuld (ἀρχή αἰτία/ archḗ aitía).

Die Abkehr dieses Blickes erklärt auch, warum einst tugendhafte Seelen nun wieder aus dem Himmel kommen und an einer erneuten Losung teilnehmen müssen. In ihrer Tugendhaftigkeit orientierten sie sich an der Gewohnheit und nicht an der Philosophie, die ja bekanntlich nach den Gründen, nach dem Wesen einer Sache fragt und Einsicht verleiht.

In dieser Gewohnheit schwingt auch ein hohes Maß an Sorglosigkeit und Leichtsinn mit bei der Wahl des neu anzunehmenden Loses. Im Gegensatz dazu haben die Emporkömmlinge aus der Erde einen leidvollen und von Mühsal geprägten Weg, den sie auch an ihren Gefährten ablesen konnten, hinter sich und zeichnen sich in der anstehenden Wahl durch größere Bedächtigkeit aus, welche sich am Kriterium der Gerechtigkeit orientiert (619).

Sodann tritt ein jeder zuerst vor Lachesis, die ihm den selbst gewählten Dämon als Hüter und Vollstrecker seines zukünftigen Lebens zur Seite stellt. Dieser führt sie zu Klotho, welche das erloste Geschick an der Seele befestigt, bevor Atropos den gesponnenen Lebensfaden unabänderlich macht (620). Anschließend schreiten sie in unerträglicher Hitze über das unfruchtbare Feld der „Vergessenheit" zum Fluss „Sorglos", aus welchem jeder zu trinken hat, damit sie sich in ihrem künftigen Aufenthaltsort, auf der Erde, nur noch unvollständig an ihr vormaliges Leben erinnern können. Lediglich dem Krieger „Er" sei es untersagt gewesen, aus diesem Fluss zu trinken (621), und Sokrates fährt in seiner Erzählung zu Glaukon fort:

> „Nachdem sie sich zur Ruhe gelegt und die Mitternacht herangekommen wäre, da hätte es angefangen zu blitzen und zu beben und plötzlich seien sie, der eine nach dieser, der andere nach jener Seite hin emporgefahren zum neuen Leben, flim-

mernd wie Sterne. […] wie aber und unter welchen Umständen er wieder zu seinem Leibe gekommen, das wisse er nicht, sondern nur dies, daß er plötzlich des Morgens die Augen aufgeschlagen und gesehen habe, daß er auf dem Scheiterhaufen liege."[239]

Hier endet der Mythos vom Kreislauf der Wiedergeburten, jedoch nicht ohne vorherige Nennung zweier Seelenzustände: der *Vergessenheit* und der *Sorglosigkeit*. Diese bedürfen nun durch innere Einkehr ihrer Umwendung, der periagōgḗ (περιαγωγή), und werden so zum zentralen Anliegen in Platons Mahnrede. Nur im andenkenden Erinnern (ἀνάμνησις/anámnêsis) und vordenkender Sorge (ἐπιμέλεια/epiméleia)[240] können die in die Zeit gefallenen Seelen der wesenseigenen Bestimmung gerecht werden und ihrer Unsterblichkeit teilhaftig werden.

Sehr treffend formuliert dies Walter Hirsch:

„Was der Mensch jeweils jetzt ist, kommt aus dem, was er war; und aus dem, was er ist, folgt das, was er sein wird. Die Notwendigkeit – die Anánkē, aus deren Geschlecht der Spruch erlassen wird – legt dem Menschen die fortdauernde Unumgänglichkeit der Wahl vor, in der er immerfort das Ganze seines Lebens wählt und bestimmt. In jeder Wahl wählt die Seele ihr ‚Gericht'."[241]

Die Seele ist aber durch die Zeitlichkeit, also durch ein Vorher und Nachher, der Welt des Werdens ausgesetzt und daher der ständigen Gegenwärtigkeit größtenteils beraubt. Außerdem ist ihr wahres Wesen in der irdischen Existenz – verstellt durch zahlreiche Identifizierungen und Rollenübernahmen (in der Familie, im Beruf, in der Gesellschaft allgemein), denen niemand entgeht – nur schwerlich erkennbar, vergleichbar einer mit Seetang und Muscheln bedeckten Statue unter Wasser (Politeia 611). An welchen Werten sich die Seele im Irdischen orientiert, gilt daher zugleich als ein Gradmesser ihres Bewusstseins.

Indem sie jedoch aus freiem Willen – Plotin beschreibt es später als Fürwitz – den intelligiblen Bereich verlassen hat, verliert sie ihre Reinheit und den ungetrübten Blick auf die Wahrheit, das absolute Sein, die Totalität oder Einheit. Von ihrem Ursprung, dem Geist oder *noûs* (νοῦς) fast völlig getrennt – ein kleiner Teil der Seele, das höhere Selbst (λογιστικόν/logistikón) verbleibt stets im Geist –, befindet sie sich demzufolge in einem Interregnum, dem sinnlich wahrnehmbaren Zwischenbereich, der nur Teilhabe an dem zulässt, was immer schon da ist.

Dadurch, dass es dem pamphylischen Krieger „Er" vergönnt war, sich an dem Wasser der Sorglosigkeit zu laben, ist dieser Mythos allerdings immer präsent und aufs Neue erzählbar und kann den Menschen infolgedessen sicheres Geleit über den Fluss des Vergessens, *lêthe* (ἡ Λήθη), an das andere Ufer, der *alḗtheia* (ἀλήθεια) oder Wahrheit, geben.

Es ist an anderer Stelle bereits erwähnt worden, dass Platon ein gebrochenes Verhältnis zu traditionellen Mythen hat, folglich mit seiner Kritik an den Dichtern wie Homer und Hesiod nicht gerade sparsam umgeht und deren Erzählungen oft und gerne für seine Absichten modifiziert. In Hesiods *Theogonie* wird *Thémis* (Satzung) und nicht *Anánke* (Notwendigkeit) als Mutter der Moiren angeführt, was soviel wie die Regel der Natur, die Richtschnur des Zusammenlebens sowohl der Menschen als auch der Götter bedeutet.(242) Andere philosophische Richtungen sprechen von *Díkē* (Göttin des Rechts, der Gerechtigkeit), von *Eunomia* (gesetzliche Ordnung), von *Adrásteia* (die Unausweichliche) oder von der Göttin *Némesis* (Vergeltung), einer wilderen Form der *Díkē*, um die kosmische Ordnung wiederherzustellen. Die *Némesis* (Νέμεσις) der Heiligen Mysterien entspricht übrigens in der östlichen Weisheitslehre dem vedischen *karma*(243), dem Gesetz, welches durch disharmonische Handlungen immer neue Wiedergeburten auslöst.

Obwohl dies alles unterschiedliche Namen sind, steht hinter ihnen allen ein und dasselbe universale Prinzip oder kosmische Gesetz, die Vielheit wieder in die große Einheit zurückzuführen, welche die Matrix (Gebärmutter) sämtlicher Manifestationen ist.(244)

Kapitel IV

DER RÜCKWEG BEI PLATON

1. Die Bedeutung des Lichts – Von der sakralen zur philosophischen Bedeutung: das Höhlengleichnis

Das Assoziationsfeld von Licht ist weit:

- Bei der Geburt erblicken wir das Licht der Welt.
- Erst Licht bedingt Sehen.
- Durch Licht geschieht Gegenwart, werden wir Augenzeuge.
- Wenn Licht einfällt, kann einem etwas aufgehen, eine Idee kommen.
- In einem Gespräch kann Klarheit, Licht, geschaffen werden.

Licht spielt in unserem Bewusstsein eine bedeutende Rolle – aber nicht nur bei der physikalischen Erklärung der materiellen Welt, sondern auch in der Architektur und Kunst. In seiner profanen Bedeutung begegnet es uns in zahlreichen Kulturen in Form von Metaphern und Redewendungen des Volksmunds, welche für Leben, Hoffnung, Kraft und Glück stehen.

Die Kraft und die Wärme des Lichts lassen nahezu die gesamte biologische Existenz von ihm abhängig werden, ja, es ist gleichsam ihr Ermöglichungsgrund und dient unserer Wahrnehmung als Medium. In ihm können wir uns bewegen und orientieren.

Orientierung – allein das Wort ist schon Programm. Verweist es doch auf den Orient, die Himmelsrichtung, in welcher die ersten Sonnenstrahlen am Morgen die Dunkelheit der Nacht verdrängen, sich uns die Fülle des Seienden zeigt, wir die Dinge in der Lichtung sehen und unser Leben der dunklen Kehrseite, dem Tod, abgewandt erscheint. Das Wort „Orient“ leitet sich aus dem lateinischen *oriri* ab, welches „aufgehen, entstehen“ bedeutet. Die Symbolik des Gegensatzes von Tag und Nacht, Licht und Dunkel als beherrschende Mächte hat seit jeher im mythisch-religiösen Bewusstsein, sowohl in den hoch entwickelten als auch in den sogenannten einfachen Kulturen, einen grundlegenden Einfluss ausgeübt, tut es noch immer.[(245)]

Aus der hinduistischen Tradition, also dem östlichen Zweig der Überlieferung, ist uns bekannt, dass diese Verbindungsstelle, dieses Intervall, in dem die Nacht dem Tage weicht (sanskr. sandhya), von großer Bedeutung ist und als die günstigste Zeit zum Meditieren gilt. Dadurch, dass diese Zeit *zwischen* zwei Zonen liegt, ohne dass sie sich in einer von beiden verfängt, entspricht sie einem Bewusstseinszustand, der zwischen dem Diesseits und Jenseits liegt. Der Mensch hat hier die Möglichkeit, die personale Identitätserfahrung mit dem göttlichen Urgrund, dem Absoluten, zu machen.[(246)]

Ebenso spricht Meister Eckart (1260-1328) in seiner Predigt vom „Edlen Menschen" ausdrücklich von zwei Erkenntnisarten, welche untereinander eine deutliche Abgrenzung erfahren. Zum einen ist es die Abenderkenntnis, wenn es sich darum handelt, die Welt in ihrer Mannigfaltigkeit zu erkennen, zu analysieren (analyo = ich löse auf) und einzuteilen, welches eher der Haltung eines westlich orientierten Menschen entspricht, und zum anderen nennt er die Morgenerkenntnis. In ihr, der Aurora, sieht er, aller Bilder und Vorstellungen entledigt, die Einheit aller Kreaturen.

Im Alten und Neuen Testament, in der Mystik und überhaupt in der Geschichte der Spiritualität steht das Licht als Metapher für die Quelle des Heils, ist es Epiphanie (Aufscheinen) des Absoluten. Der Geburt Jesu werden wir an einem Datum andächtig, welches nur zwei Tage nach der Wintersonnenwende liegt. Somit stellt dieses Ereignis auch den Weg zurück ins Licht dar.

In der christlichen Liturgie erhält das Licht – symbolisiert durch Kerzen am Altar – in jedem Gottesdienst und an den wichtigsten Feiertagen wie in der Adventszeit oder am Osterfest exemplarisch seine weitläufigere sakrale Bedeutung.

So kann eine Kathedrale, aber auch ein Tempel, als Stein gewordener Himmel für das Licht stehen. Es ist gestalteter Licht-Raum, in welchen der Mensch, indem er durch das Kirchenportal eintritt, symbolhaft den Schritt zur *porta caeli,* der Himmelspforte, tätigt.[(247)] Dieser Raum ist aber durch den teilweisen Lichteinfall wiederum nur ein Verweis auf das Licht selbst, sozusagen ein Medium, eine weitere Aufforderung für den Gläubigen, in seinem religiösen und rituellen Bemühen fortzufahren.

Doch lassen viele Religionen die Menschen in der unüberbrückbaren Kluft von Geschöpf und Schöpfer, Dunkelheit und Licht stehen. Diese Dualität, in welcher sich die Gegensätze unerreichbar und unversöhnlich gegenüberstehen, ist sehr oft bewusst gewählt, um den Suchenden ihre Bedürftigkeit zu zeigen und Machtansprüche geltend zu machen. Will die Brücke ins Licht, also zum verheißenen Heil, zu Rettung und Glück, beschritten werden, bedarf dies eines Priesters (Pontifex) respektive einer strenggläubigen Ausrichtung in der jeweiligen Religion.

Dass das Göttliche Licht existiert und sich auf vielfältige Art und Weise offenbart, scheint ein gemeinsamer Grundzug vieler Religionen zu sein, von den alten Ägyptern bis in die Gegenwart.

In kaum einem anderen Kulturkreis unterscheiden sich die Betrachtungen über das Licht aber so sehr wie im antiken Griechenland, beginnend im 7. vorchristlichen Jahrhundert, in dem das Licht in höchstem Maße spiritualisiert wird.[(248)]

Im philosophischen Kontext erfährt die Bedeutung des Lichts eine erhebliche Erweiterung, so vor allem im Höhlengleichnis, welches nach Heidegger nur dann in seiner Gänze verstanden werden kann, wenn einem der Unterschied zwischen Lichtquelle (gr. *pyr,* lat. *lux*) und der von ihr abgegebenen Helligkeit (gr. *phōs,* lat. *lumen*) klar wird.[(248a)]

In der Höhle wird die Dualtiät zwischen Licht (-quelle) und Dunkelheit durch den Abkömmling des Lichts, die Helligkeit, partiell aufgelöst, indem in ihr die Dinge mehr oder weniger in Erscheinung gelangen, vernommen werden können.

Bei diesem Topos bleibt Heidegger aber nicht stehen und seine weiteren Ausführungen zur Helligkeit sind bemerkenswert. In seinen Freiburger Vorlesungen, *Vom Wesen der Wahrheit,* 1931 bis 1932, schreibt er:

> „»Helle« (»hell«) kommt von hallen und ist ursprünglich eine Kennzeichnung des *Tones* (des *Lautes*) und das Gegenteil von »dumpf«. »Hell« ist also gar nicht ursprünglich ein Charakter des Sichtbaren, sondern wurde in der Sprache erst auf das Sichtbare übertragen, auf das Feld, in dem Licht eine Rolle spielt. [...] Wenn die Bedeutung von »hell« übertragbar wird auf das Sichtbare und gleichzusetzen ist mit dem »Lichten«, seine Helle mit Licht, dann kann das nur geschehen mit Bezug auf eine Wesensverwandtschaft beider Phänomene, auf ein Moment, das Helle als Hallendes mit dem Lichte als Leuchtendem wesensgemäß gemein hat.“[(248b)]

Raphael kommt zu einer ähnlichen Schlussfolgerung:

> „*AUM* ist der Urklang, der schwingende Pfeil; das Licht ist das ursprüngliche Feuer. So kann man von leuchtendem Klang und klingendem Licht oder Feuer sprechen. »Klang«heißt auf Sanskrit *svara* und »Licht« *svar.* Klang und Licht sind vereint durch ihre grundlegende phonetische Ähnlichkeit. Wegen der Identität von Licht und Klang wird der Sänger im Ṛg Veda der »Selbstleuchtende« (svabhānavaḥ) genannt.“[(248c)]

Bei Johannes 1,1 steht geschrieben:

> »Im Anfang war das Wort, und das Wort war bei Gott, und Gott war das Wort – ’Εν ἀρχῇ ἦν ὁ λόγος, καὶ ὁ λόγος ἦν πρὸς τὸν θεόν, καὶ θεὸς ἦν ὁ λόγος«. (lat. *In principio erat verbum et verbum erat apud Deum et Deus erat verbum.*)

Der Klang (Schwingung) bildet somit das Fundament jeglicher Schöpfung und gleichermaßen deren Auflösung.

Im Sufismus, der spirituellen mystischen Dimension des Islam, begegnet uns der einprägsame Gedankensplitter „stirb, bevor du stirbst", welcher aber keinesfalls eine Aufforderung zur Selbsttötung darstellt. Denn was da sterben soll, bevor der Körper stirbt – was letztlich auch nur einen Transformationsprozess des Grobstofflichen ins Feinstoffliche darstellt –, ist das *Ego,* die *Individualität,* all das, woran wir uns zu Lebzeiten im Diesseits mit unseren Wünschen, Hoffnungen und auch Ängsten klammern und binden.

Im Sehen und Hören geschieht ein Vernehmen, können wir das Seiende, die Ideen vernehmen (noein).

Für den Freiheitsgang der Menschen in und aus der Höhle, dem Abstreifen der Fesseln auf dem Weg zur Erkenntnis respektive der Schwingungserhöhung, bleibt jedoch immer ihre Blickrichtung entscheidend. Sie darf nicht der sinnlichen Wahrnehmung und somit den Schatten, Dingen, und deren Ähnlichkeiten gelten, sondern dem Licht und seiner Quelle selbst, wie wir später noch sehen werden.

2. Die Lichtmetaphysik des Höhlengleichnisses und seine Aktualgenese

Platons Philosophie ist Lichtmetaphysik. Das Licht hat in vielen seiner Gleichnisse und Mythen eine zentrale Bedeutung, ja, es ist der Analogiebezug zum Sein und zum menschlichen Seinsverständnis schlechthin. Der Weg ans Licht, das Ringen um Erkenntnis, „die Jagd nach dem Sein ist das eigentliche Abenteuer menschlicher Existenz"[(249)] und eine implizite Forderung an die Seele. In poetischer Weise stellt Platon dies im Sonnengleichnis, im Liniengleichnis und in seinem bekanntesten Gleichnis, dem Höhlengleichnis, in der *Politeía* dar.

Philosophieren ist für Platon nicht die Mitteilung der Wahrheit, sondern das eigene Bemühen um diese. Es ist das Licht der Morgenröte, *aurora*, welche uns den Weg zeigt, um in der Heimat wieder ankommen zu können. So nährten auch schon die orphischen Priester stets ein Feuer „als lebendiges Symbol der spirituellen *Sonne*", um die Neophyten auf den ewigen *Sonnenweg* respektive den *Feuerweg* hinzuweisen.[(250)]

Im philosophischen wie im sakralen Bereich hat hier das Licht eine bemerkenswerte Bedeutung, so auch bei Platons Gleichnissen, welches über seine Symbolik als Grundlage jeglichen Lebens weit hinausgeht. Licht wird bei Platon zur Lichtmetaphysik, es verleiht nicht nur Existenz, sondern dient auch der Erkenntnis und der Weltorientierung, lässt das Wahre in der Anwesenheit (παρουσία/parousía) erscheinen. Es ermöglicht uns nicht nur das sinnliche, physische Sehen, sondern auch ein geistiges Sehen.

Das äußere Auge *ergreift* und lokalisiert mit dem Licht die Gegenstände der Welt im Raum und in ihrer Beschaffenheit, also „*wo*" und „*wie*" sie sind; das innere Auge gewährt uns, mittels geistigen Vernehmens (diánoia, nóēsis), einen Blick auf die Ideen (ideai oder eídē) und lässt uns die Dinge *begreifen*, also folgern, *„wodurch"*, *„warum"* und vor allem *„was"* sie eigentlich sind. Der menschliche Bezug dieser Art zu den Dingen ist somit ein theoretischer, wesensbestimmender, welcher die *phýsis* transzendiert und dadurch *metaphysisch* wird. Verkürzt ausgedrückt, ist es die Suche nach dem „Sein des Seienden".

Der Weg ins Licht, und somit zur Wahrheit, führt bei Platon ins Offene, ins Freie, auf eine Lichtung. Ihn zu beschreiten bedeutet, sich in der Lauterkeit auf die Ideen hin zu bewegen. Um dort anzukommen, muss der Mensch aber schon einiges hinter sich gelassen haben.

Doch Platon bietet an dieser Stelle noch einen Komparativ: die Idee des Guten (ἰδέα τοῦ ἀγαθοῦ/idéa toû agathoû). Sie ragt über das Sein hinaus, sie ist die Zusammenschau der Ideen, die in ihr bestimmungs- und unterschiedslos werden. In ihr entschwindet der Raum in die Unendlichkeit, die Zeit in die Ewigkeit. In ihr mündet die Notwendigkeit in Freiheit, sodass eine weitere Suche überflüssig wird und das Fragen nach einem „Warum" keinen Sinn mehr ergibt.[(251)] An diesem Punkt hält der Mensch nichts mehr von seiner vermeintlichen Macht in den Händen, vielmehr wird er zum Gefäß, welches durch den Geist (νους/noûs) empfängt.

Das herrliche Bild vom Höhlengleichnis gehört nicht nur zur Weltliteratur, es ist zugleich die Synthese von Platons gesamter Lehre „unter dem metaphysischen, gnoseologischen, ethischen und unter dem Aspekt der mystischen Askese".[(252)] Ferner fasst es die Formen des Wissens zusammen, welche Platon zuvor im Sonnen- und Liniengleichnis gibt. Die Basis dieses Mythos ist neben der philosophischen Reflexion durch den Logos auch die kreative Visualisierung eines Bewusstseinszustandes, welcher durch meditative Versenkung und Assimilation zum Gewahrsein der absoluten Wirklichkeit führen kann.[(253)]

Platon unterscheidet verschiedene Formen des Wissens. Genauer gesagt, ist es der Gang von unsicherem Wissen zur Gewissheit, zur Wahrheit. Letztere wird zur Maßgabe der eigenen menschlichen Handlungen, dient einem gelungenen, glücklichen Leben in der Gemeinschaft (πόλις/pólis) und lässt uns die Dinge in ihrem Seinsgehalt geistig richtig erkennen.

Wie ist das zu verstehen?

Wenn wir das Wort „Wissen" verwenden, bewegen wir uns im Grunde genommen immer schon auf platonischem Terrain. Es geht auf die indogermanische Wortwurzel *vid* zurück, wie wir es auch im Sanskritwort *vidya*, welches die metaphysische höchste Erkenntnis ausdrückt, vorfinden. Es hat die Bedeutung von „sehen", wie es beispielsweise im lateinischen *videre* (sehen), *video* (ich sehe) oder dem indischen *ved, Veden* auftaucht. *Videre* ist die latinisierte Form des griechischen *idea*, Form, Anblick, Aussehen, im Sinne eines „Schon-gesehen-Habens". Die Ideen geben die Sicht auf die einzelnen Dinge frei, gleichwohl bilden sie die Einheit der mannigfaltigen Dinge in ihrer „Was-heit", ihrer *quidditas*.

Wir sehen die alte Eiche dort drüben und erkennen sie als Eiche. Obwohl sie eine gänzlich andere Form hat als jene neben ihr, erkennen wir sie durch gemeinsame Eigenschaften mit anderen eben als eine solche, und darüber hinaus als Baum. Selbst wenn aus ihr ein Möbelstück geworden ist und sie unserer sinnlichen Wahrnehmung längst entzogen worden ist, kann sie uns geistig vor Augen treten. Platons Anliegen zielt auf das bleibend Gültige an den verschiedenen vergänglichen Erscheinungen, ergo auf ihr Wesen, welches im Gegensatz zu diesen aber abgetrennt, selbstständig und zudem außerhalb von Zeit und Raum existiert.[(254)]

Wissen, Erkenntnis hat also mit Licht und Sehen zu tun, körperlichem wie geistigem. Das geistige Sehen (ἰδεῖν/ideîn) ist für Platon ein sich Wieder-Erinnern, von ihm anámnêsis (ἀνάμνησις) genannt, dessen wir teilhaftig werden können. Genau um diese Ideen geht es Platon. Sie sind bei ihm schlechthin dauerhafte Wirkmächte und Wegweiser – und keinesfalls nur mentale Setzungen.

Hier wird einmal mehr klar, in welcher abgeschwächten Bedeutung wir heute noch das Wort „Idee“ in unserem Sprachgebrauch haben, wo es lediglich einen geeigneten Gedanken oder einen Begriff darstellt.

Der *locus classicus* von Platons Wissensformen findet sich im „Liniengleichnis“, dem mittleren der drei großen Gleichnisse Platons zwischen dem „Sonnengleichnis“ und dem wohl bekanntesten Gleichnis, dem „Höhlengleichnis“. Letzteres ist hingegen viel weniger abstrakt und zeichnet die Lage der Menschen – auch heute noch – in ihrem Alltag nach und soll für die folgenden Ausführungen als Grundlage herangezogen werden.

Das Gleichnis (Pol. 514 ff.) beginnt mit der Beschreibung von Menschen in einer Höhle, in welcher sie seit ihrer Geburt vom Kopf abwärts gefesselt sind.

> „**Sokrates.** Nächstdem mache dir nun an folgendem Gleichnis den Unterschied des Zustandes klar, in dem sich unsere Natur befindet, wenn sie im Besitze der vollen Bildung [paideía] ist und anderseits wenn sie derselben ermangelt [apaideusia]. Stelle dir Menschen vor in einer unterirdischen Wohnstätte mit lang nach aufwärts gestrecktem Eingang, entsprechend der Ausdehnung der Höhle; von Kind auf sind sie in dieser Höhle festgebannt mit Fesseln an Schenkeln und Hals; sie bleiben also immer an der nämlichen Stelle und sehen nur geradeaus vor sich hin, durch die Fesseln gehindert ihren Kopf herumzubewegen; von oben her aber aus der Ferne von rückwärts leuchtet ihnen ein Feuerschein; zwischen dem Feuer aber und den Gefesselten läuft oben ein Weg hin, längs dessen eine niedrige Mauer errichtet ist ähnlich der Schranke, die die

Gaukelkünstler vor den Zuschauern errichten, um über sie weg ihre Kunststücke zu zeigen.

Glaukon. Das steht mir alles vor Augen.

Sokrates. Längs dieser Mauer – so mußt du dir nun es weiter vorstellen – tragen Menschen allerlei Gerätschaften vorbei, die über die Mauer hinausragen und Bildsäulen und andere steinerne und hölzerne Bilder und Menschenwerk verschiedenster Art, wobei, wie begreiflich die Vorübergehenden teils reden teils schweigen.

Glaukon. Ein sonderbares Bild, das du da vorführst, und sonderbare Gestalten!

Sokrates. Nichts weiter als unseresgleichen. Denn können denn erstlich solche Gefesselten von sich selbst sowohl wie gegenseitig voneinander etwas anderes gesehen haben als die Schatten, die durch die Wirkung des Feuers auf die ihnen gegenüberliegende Wand der Höhle geworfen werden?

Glaukon. Wie wäre das möglich, wenn sie ihr Lebelang den Kopf unbeweglich halten müssen?

Sokrates. Und ferner: gilt von den vorübergetragenen Gegenständen nicht dasselbe?

Glaukon. Auch von ihnen haben sie nur Schatten gesehen.

Sokrates. Wenn sie nun miteinander reden könnten, glaubst du nicht, daß sie der Meinung wären, die Benennungen, die sie dabei verwenden, kämen den Dingen zu, die sie unmittelbar vor sich sehen?

Glaukon. Notwendig.

Sokrates. Ferner: wenn der Kerker auch einen Widerhall von der gegenüberliegenden Wand her ermöglichte, meinst du da, daß, wenn einer der Vorübergehenden gerade etwas sagte, sie dann die gehörten Worte einem anderen zulegen würden, als dem jeweilig vorüberziehenden Schatten?

Glaukon. Nein, beim Zeus.

Sokrates. Durchweg also würden diese Gefangenen nichts anderes für wahr gelten lassen als die Schatten der künstlichen Gegenstände.

Glaukon. Notwendig.

Sokrates. Nun betrachte den Hergang ihrer Lösung von den Banden und ihrer Heilung von dem Unverstand, wie er sich natürlicherweise gestalten würde, wenn sich folgendes mit ihnen zutrüge: wenn einer von ihnen entfesselt und genötigt würde plötzlich aufzustehen, den Hals umzuwenden, sich in Bewegung zu setzen und nach dem Lichte empor zu blicken, und alles dies nur unter Schmerzen verrichten könnte, und geblendet von dem Glanze nicht imstande wäre jene Dinge zu erkennen, deren Schatten er vorher sah, was, glaubst du wohl, würde er sagen, wenn man ihn versichert, er hätte damals lauter Nichtigkeiten gesehen, jetzt aber, dem Seienden nahegerückt und auf die Dinge hingewandt, denen ein stärkeres Sein zukäme, sehe er richtiger? und wenn man zudem noch ihn auf jedes der vorübergetragenen Menschenwerke hinwiese und ihn nötigte auf die vorgelegte Frage zu antworten was es sei, meinst du da nicht, er werde weder aus noch ein wissen und glauben, das vordem Geschaute sei wirklicher als das was man ihm jetzt zeige?

Glaukon. Weitaus.

Sokrates. Und wenn man ihn nun zwänge seinen Blick auf das Licht selbst zu richten, so würden ihn doch seine Augen schmerzen und er würde sich abwenden und wieder jenen

Dingen zustreben, deren Anblick ihm geläufig ist, und diese würde er doch für tatsächlich gewisser halten als die, die man ihm vorzeigte?

Glaukon. Ja.

Sokrates. Wenn man ihn nun aber von da gewaltsam durch den holperigen und steilen Aufgang aufwärts schleppte und nicht eher ruhete als bis man ihn an das Licht der Sonne gebracht hätte, würde er diese Gewaltsamkeit nicht schmerzlich empfinden und sich dagegen sträuben, und wenn er an das Licht käme, würde er dann nicht, völlig geblendet von dem Glanze, von alledem, was ihm jetzt als das Wahre angegeben wird, nichts, aber auch gar nichts zu erkennen vermögen?

Glaukon. Nein, wenigstens für den Augenblick nicht.

Sokrates. Er würde sich also erst daran gewöhnen müssen, wenn es ihm gelingen soll die Dinge da oben zu schauen, und zuerst würde er wohl am leichtesten die Schatten erkennen, darauf die Abbilder der Menschen und der übrigen Dinge im Wasser, später dann die wirklichen Gegenstände selbst; in der Folge würde er dann zunächst bei nächtlicher Weile die Erscheinungen am Himmel und den Himmel selbst betrachten, das Licht der Sterne und des Mondes schauend, was ihm leichter werden würde als bei Tage die Sonne und das Sonnenlicht zu schauen.

Glaukon. Gewiß.

Sokrates. Zuletzt dann, denke ich, würde er die Sonne, nicht etwa bloß Abspiegelungen derselben im Wasser oder an einer Stelle, die nicht ihr eigener Standort ist, sondern sie selbst in voller Wirklichkeit an ihrer eigenen Stelle zu schauen und ihre Beschaffenheit zu betrachten imstande sein.

Glaukon. Notwendig.

Sokrates. Und dann würde er sich durch richtige Folgerungen klar machen, daß sie es ist, der wir die Jahresumläufe verdanken, und die über allem waltet, was in dem sichtbaren Raum sich befindet, und in gewissem Sinne auch die Urheberin jener Erscheinungen ist, die sie vordem in der Höhle schauten.

Glaukon. Offenbar würde er in solcher Stufenfolge zu dieser Einsicht gelangen.

Sokrates. Wie nun? Meinst du nicht, er würde in der Erinnerung an seine erste Wohnstätte und an seine dortige Weisheit und an seine dortigen Mitgefangenen sich nun glücklich preisen ob dieser Veränderung, jene dagegen bemitleiden?

Glaukon. Sicherlich.

Sokrates. Wenn es damals aber unter ihnen gewisse Ehrungen und Lobpreisungen und Auszeichnungen gab für den, der die vorübergehenden Gegenstände am schärfsten wahrnahm und sich am besten zu erinnern wußte, welche von ihnen eher und welche später und welche gleichzeitig vorüberwandelten, und auf Grund dessen am sichersten das künftig Eintretende zu erraten verstand, glaubst du etwa, daß er sich danach zurücksehnen werde und die bei ihnen durch Ehren und Macht Ausgezeichneten beneiden werde? Oder nicht vielmehr, daß er, nach Homer, das harte Los wählen, nämlich viel lieber ‚einem anderen, einem unbegüterten Manne um Lohn dienen wolle‘ und lieber alles andere über sich ergehen lassen würde als im Banne jener Trugmeinungen zu stehen und ein Leben jener Art zu führen?

Glaukon. Ja, ich denke, er würde lieber alles andere über sich ergehen lassen als auf diese Weise leben.

Sokrates. Und nun bedenke auch noch folgendes: wenn ein solcher wieder hinabstiege in die Höhle und dort wieder seinen alten Platz einnähme, würden dann seine Augen nicht förmlich eingetaucht werden in Finsternis, wenn er plötzlich aus der Sonne dort anlangte?

Glaukon. Gewiß.

Sokrates. Wenn er nun wieder, bei noch anhaltender Trübung des Blicks mit jenen ewig Gefesselten wetteifern müßte in der Deutung jener Schattenbilder, ehe noch seine Augen sich der jetzigen Lage wieder völlig angepaßt haben – und die Gewöhnung daran dürfte eine ziemlich erhebliche Zeit fordern –, würde er sich da nicht lächerlich machen und würde es nicht von ihm heißen, sein Aufstieg nach oben sei schuld daran, daß er mit verdorbenen Augen wiedergekehrt sei, und schon der bloße Versuch nach oben zu gelangen, sei verwerflich? Und wenn sie den, der es etwa versuchte sie zu entfesseln und hinaufzuführen, irgendwie in ihre Hand bekommen und umbringen könnten, so würden sie ihn doch auch umbringen?

Glaukon. Sicherlich.

Sokrates. Dieses Gleichnis, mein lieber Glaukon, mußt du seinem vollen Umfang nach mit den vorhergehenden Erörterungen in Verbindung bringen: die durch das Gesicht uns erscheinende Raumwelt setze der Wohnstätte der Gefesselten gleich, den Lichtschein des Feuers aber in ihr der Kraft der Sonne; den Aufstieg nach oben aber und die Betrachtung der oberen Welt mußt du der Erhebung der Seele in das Reich des nur Denkbaren vergleichen, wenn du eine richtige Vorstellung von meiner Meinung bekommen willst, da du sie ja zu hören begehrst. Gott mag wissen, ob sie richtig ist. Was sich mir also als richtig darstellt, ist dies: in dem Gebiete des Denkbaren zeigt sich zuletzt und schwer erkennbar die Idee des Guten [idéa toû agathoû]; hat sie sich aber einmal gezeigt, so muß sich bei einiger Überlegung ergeben, daß sie für alle die Urheberin alles Rechten und Guten ist, indem sie im Sichtbaren das Licht und den Quell und Herrn desselben (die Sonne) erzeugt, in dem Denkbaren aber selbst als Herrscherin waltend uns zu Wahrheit und Vernunft verhilft, so daß also diese Idee erkannt haben muss, wer einsichtig handeln will sei es in persönlichen oder in öffentlichen Angelegenheiten.

Glaukon. Diese Meinung teile auch ich, soweit mir ein Urteil darüber zusteht.

Sokrates. So teile denn auch die folgende Ansicht mit mir und wundere dich nicht, daß diejenigen, die zu dieser Höhe gelangt sind, keine Neigung verspüren sich den menschlichen Alltagsgeschäften zu widmen; sondern ihre Seelen fühlen sich immer getrieben dort oben zu verweilen. Und so ist es doch wohl auch ganz in Ordnung, wenn anders es dem vorhin vorgeführten Bilde entsprechen soll.

Glaukon. Ja, ganz in der Ordnung.

Sokrates. Wie nun? Scheint es dir verwunderlich, wenn einer, der von den göttlichen Anschauungen her in das menschliche Jammertal herabkommt, haltungslos ist und sich recht lächerlich ausnimmt, wenn er, noch getrübten Blickes und noch nicht wieder genügend an die hiesige Finsternis gewöhnt, sich genötigt sieht in Gerichtshöfen oder anderswo um die Schatten der Gerechtigkeit zu streiten oder um die Kunstgebilde, deren Schatten sie sind, und sich in einen Wettkampf einzulassen mit der Auffassungsweise dieser Dinge von seiten solcher Leute, die niemals die Gerechtigkeit an sich geschaut haben?

Glaukon. Nicht im geringsten verwunderlich."[255]

Dies ist nun die Ausgangssituation des Gleichnisses, welches nach Auslegung verlangt, wie es ja bei Gleichnissen üblich ist. – Durch die Fesselung ist auf jeden Fall ein großer Grad an Unfreiheit gegeben, nicht nur in der Beweglichkeit, sondern auch in der Wahrnehmung, und dies von Geburt an.

Im Höhlengleichnis hat sich der Mensch, das Kind ebenso wie der Erwachsene, in der Vertikalen zu orientieren, was Platon gleich zu Beginn mit *paideía* (Bildung) wiedergibt. *Paideía*, Pädagogik, ist Erziehung, was im Englischen und in einigen romanischen Sprachen auch sehr treffend mit „education", in Anlehnung an das lateinische Verb *educare* (herausführen), wiedergegeben wird. Zwar ist seit Beginn des 20. Jahrhunderts durch reformpädagogische Bemühungen (Montessori et al.) der Focus verstärkt auf eine Erziehung „vom Kinde aus" gelegt worden und man hat wieder mehr auf die Individualität eines jeden Einzelnen einzugehen begonnen, doch Platon in diesem Sinne auszulegen, wäre eine unzulässige Verkürzung. Denn dieses „Herausführen" aus der Unmündigkeit trifft die Menschen in ihrer Gesamtheit und ist keinesfalls nur individualethisch oder nur auf die Kindheit gerichtet zu verstehen.

Um sich von den Fesseln zu lösen, bedarf es bei der anschließenden Umwendung des ganzen Menschen, und nicht nur der mentalen Erfüllung erkenntnistheoretischer Teilaspekte. Die Lösung der Fesseln und der Aufstieg nach oben sind der Indikator seines Bewusstseins. Sie verweisen auf den Anteil an göttlichem Licht, welches der Mensch bereits in seiner Seele trägt, sowie auf die Bereitschaft, sich von der Unwissenheit zu emanzipieren.

Des Menschen Seele ist Träger von animalischen, dämonischen, menschlichen und göttlichen Anlagen, die für sein Wohlergehen in eine bestimmte Ordnung zu bringen sind. Es wurde schon erwähnt, dass es im Innenverhältnis um Herrschen und Beherrscht-Werden geht. Aber kein menschliches Wesen wird jemals mit beherrschtem Verstand geboren, andernfalls wäre es nicht geboren.[(256)] Mit der Inkarnation hat sie sich aus freien Stücken von der göttlichen Einheit entfernt und in die Unwissenheit begeben. Durch fehlende Unterscheidungskraft wird sie nun zum Kampfplatz von Ängsten, Wünschen und Hoffnungen und dadurch zu Handlungen geführt, welche immer neues Karma nach sich ziehen, das sie nicht aus dem Kreislauf der Wiedergeburten entlässt.

Deshalb ist es von großer Bedeutung, dass der Mensch sich auch von den gespiegelten natürlichen Dingen im indirekten Licht des Mondes außerhalb der Höhle abwendet, um der Quelle des Lichts ansichtig zu werden.

Analog dazu steht in der *Bhagavadgītā*:

> „Licht und Dunkelheit sind die ewigen Wege der Welt. Auf dem einen geht das Wesen und kehrt nicht mehr zurück; auf dem anderen hingegen kehrt es zurück [in die Manifestation; Anmerkung von Raphael].“(257)

Seitens der östlichen Überlieferung symbolisieren diese beiden Wege den Mondweg *(pitṛyāna-Weg)* und den Sonnenweg *(devayāna-Weg)*, nachdem die Seele des Menschen seinen Körper verlassen hat und sich auf die nächste Inkarnation vorbereitet.

> „Die Mondsphäre bildet die Demarkationslinie zwischen den nicht-individuellen und jenen unteren, formalen, individuellen Zuständen; sie ist der mittlere Punkt zwischen Himmel und Unterwelt und gleichzeitig der ‚Schwellenwächter‘; wenn er überwunden wird, ist der Weg frei in die formlosen Welten; andernfalls kehrt man zurück in die Welt der Menschen.“(258)

Der Sonnenweg führt über die Sonne zum überhimmlischen Ort (ἰδέα τοῦ ἀγαθοῦ/idéa toû agathoû) in die vormenschliche Harmonie, ins Paradies, aus welchem die Seele sich einst entfernte. Begehrt sie jedoch ungesühnt Einlass zu diesem, also ohne vorher die Vernunft entwickelt zu haben, verwehren ihr geflügelte Mischwesen, die Cherubim, mit flammendem Schwert den Einlass zu jenem.(259) Von Platon erhalten wir explizit Kunde dieser beiden Wege durch die Erzählung seines Mythos' vom „Er“ (Pol. 614 s. o.).

3. Existenz, Welt und Befindlichkeit

Mit und durch die Geburt beginnt zwar die Existenz des Menschen, aber auch das Zulaufen auf den Tod, sozusagen der „count down“.

Die Existenz des jungen Menschen, also das Heraustreten, Herausstehen in die Welt, was dieses Wort ursprünglich besagt, erfolgt ohne sein Dazutun und scheint von Beginn an durch Staunen und allerlei Fragen zu bestehen, wie wir dies von Kindern kennen, die ihre unschuldigen Fragen „was ist dies?“ oder „was ist das?“ an die Eltern richten. Einige Jahre später fragt sich dann der ein oder andere, „woher komme ich?“ und „wohin gehe ich?“ oder „welchen Sinn hat das Leben überhaupt“? Hierzu hüllt sich die Welt beharrlich in Schweigen, und dem Fragenden erscheint sie wie ein dunkler Korridor, welcher an beiden Enden verschlossen ist.

Die Welt kann uns keine Sicherheit geben, denn auch in ihr nimmt alles das gleiche Ende, wie es auch auf uns zukommt. Auf die Welt zu kommen bedeutet immer auch, mit anderen zu konkurrieren und von ihnen abhängig zu sein– als Kind mit seinen Geschwistern zu wetteifern, auf die Eltern und später auf die Arbeitgeber angewiesen zu sein. Dergestalt macht der Mensch die Erfahrung, ein Individuum zu sein, ein „Ich“, das anderen gegenüberzustehen scheint. Es ist immer die je eigene Welt des Menschen in dieser. Das „Ich“ ist in seiner Setzung die erste Lüge im Leben eines Menschen.

Desgleichen die Geburt des Verstandes, welcher sich nun anschickt, die ihm begegnende Vielfalt nochmals einzuteilen, statt sie in das Eine-Viele der platonischen Ideen zu bringen. Ob es die Welt des Kindes, die Welt des Kaufmanns, die Welt des Narzissten, die Welt des Verliebten ist, immer setzt sie den anderen oder das andere voraus und ist scheinbar konstitutiv für den jeweiligen Lebensabschnitt oder die gewählte Lebensform.

Der sich als Subjekt empfindende Mensch kann anscheinend gar nicht anders, als sich die Welt zu unterwerfen – wie es ja auch die Übersetzung des Wortes „subiecere“ (unterwerfen) nahelegt –, sie zum Objekt, also zum Gegenstand zu machen.

Dadurch, dass sich der Mensch um seine Existenz kümmern muss, steht er auch ständig vor relevanten Entscheidungen, die er in privaten, beruflichen oder in öffentlichen Belangen zu fällen hat.

Das bedeutet im Umkehrschluss aber auch, für die außer Acht gelassenen Entscheidungen die Verantwortung zu tragen. Er steht somit beständig an einem Scheideweg, an welchem sich ihm die Welt zu entziehen scheint, da er mit zunehmendem Alter auch immer weniger Möglichkeiten der Sublimierung hat. Das Gefühl der Vereinzelung, der individuellen Verlorenheit und der damit einhergehenden Abhängigkeit von anderen löst oftmals Angst aus, welche wiederum zu Drogenkonsum oder anderen Exzessen führt, die den Verlust der Einheit und der Liebe kompensieren sollen. Diese bleiben auf der Suche nach Transzendenz allerdings völlig ungeeignete Mittel der Wahl.

Sich zeitlebens keine existenziellen Fragen zu stellen bedeutet jedoch, sich etwas Wesentliches schuldig zu bleiben, im waagerechten Korridor sein Leben zu fristen, ohne den vertikalen Rückweg, den Platon so trefflich in seinem Höhlengleichnis illustriert, je angetreten zu haben und somit die Aussicht auf Wahrheit und Wirklichkeit gegen unsicheres Wissen und Wahrscheinlichkeit einzutauschen.

4. Wahrnehmung und Wissen

Somit wären wir wieder beim Höhlengleichnis, welches den in die Welt entlassenen Menschen in Gesellschaft seiner Zeitgenossen, mit auf die Höhlenwand gerichtetem Blick, symbolisiert.

Dadurch, dass die vorübergetragenen Gegenstände lediglich durch einen Schattenwurf in Erscheinung treten, sind sie nur undeutlich, zweidimensional und einfarbig. Sie bilden nicht ihre entsprechende Größe ab und scheinen außerdem noch zu sprechen. Ja, den Bewohnern ist nicht einmal klar, dass es sich überhaupt um Schatten handelt, da sie keinen Umgang mit diesen Dingen haben. Sie können gar nicht „als etwas" wahrgenommen werden.

Platon bedient sich dieses Bildes, um zu zeigen, welches die gewöhnliche Lage der meisten Menschen ist, damals wie heute. In den Schatten, sogar den eigenen, wird die Wirklichkeit, die Wahrheit, die Echtheit gesehen bzw. vermutet und hierüber wird sogar noch gestritten. Dieser Bereich der Wahrnehmung, der für Erkenntnis gehalten wird, aber nichts anderes als Vermutung (εἰκασία/eikasía) ist, scheint keiner anderen Wirklichkeit das Feld räumen zu wollen. Erst wenn man die Menschen ihrer Fesseln entledigte, würden sie die künstlichen Objekte oder Lebewesen sehen, wäre es ihnen möglich, der Wirklichkeit ein Stück näher zu kommen, sie als wahrer zu erfassen.

Durch die unmittelbarere Wahrnehmung (αἴσθησις/aisthēsis) wird der Mensch ein Augenzeuge. Vorerst noch in der Helligkeit des künstlichen Lichts, gewinnt er in seinen Aussagen über die Dinge an Vertrauen und wird in der Mitteilung an andere verlässlicher. Diesen Bereich nennt Platon πίστις/pístis, feste Überzeugung, Verlässlichkeit, Glaube.[(260)] Hier ist es dem Menschen später auch möglich, durch sinnliche Erfahrung Einblick in die Anfertigung künstlicher Gegenstände zu erlangen, jedoch ohne Angabe von Gründen.

Die Dinge zeigen sich vorerst zwar in ihrer korrekten Größe, sind aber noch unscharf und scheinen zudem zu sprechen. Die Meinungen über sie können durchaus zutreffend sein, und wir vertrauen ja auch häufig auf das Wissen und die lange Erfahrung von anderen, auf die sogenannten Expertenmeinungen.

Es handelt sich auf dieser Stufe, nach Platon, um ein Wissen, „dass" etwas so und so ist, aber nicht um ein Wissen, „warum". In unserem Alltag bringen wir das sprachlich etwa durch Formulierungen wie „ich meine, dass" oder „ich glaube, dass" zum Ausdruck Die Handwerker (χειροτέχναι/cheirotéchnai) meinen beispielsweise aus Erfahrung zu wissen, wie man ein Haus baut, weil sie es schon viele Male so gemacht haben. Dass es aber nicht zusammenfällt, bedingt durch die Auswahl richtiger Materialien und exakte statische Berechnung, dieses Wissen obliegt nur einem Techniker, der zudem die Gründe (ἀρχαί/archaí) anzugeben vermag, dem Archi-tekten.

Die Atmosphäre der Wissensvermittlung ist jedoch geprägt von Streit, Rechthaberei und Eitelkeiten und die Bereitschaft zur Perspektivenübernahme fehlt völlig.

Der Bereich der Höhle ist gekennzeichnet durch die Trias der Schatten, der künstlichen Gegenstände (τέχνη ὄντα/téchnē ónta) und des künstlichen Feuers. Und diese wiederholt sich, wenn der Mensch aus der Höhle tritt, aber mit einem bedeutenden Unterschied. Es begegnen ihm zunehmend natürliche Dinge, welche also ihr Aufgehen in sich selbst tragen (physei onta, natura) und nicht der menschlichen Hand bedürfen (ποιητικά/poiētiká). Zudem erscheinen diese Dinge jetzt im natürlichen Licht, zuerst indirekt als Schatten auf dem Wasser im Mondschein, dann im Sonnenlicht selbst.

Der Mensch befindet sich aber noch auf der Wissensstufe der *pístis* (πίστις), und obwohl die Dinge sich von selbst entwickeln, gehören sie dem Werden an. Es bedarf einer erneuten Umwendung für einen höheren Wahrheitsgehalt auf dem Weg zu den Ideen, genauer gesagt, einer Abwendung von den natürlichen Dingen (φυσικά/physiká) durch die sinnliche Wahrnehmung, hin zum Verstand (διάνοια/diánoia) und von diesem zu einem Überstieg (Metaphysik) durch eine Betrachtung mit dem inneren Auge, der Vernunft (νοῦς/noûs).

Es ist von großer Wichtigkeit, diese beiden platonischen Erkenntnisarten zu differenzieren und sie nicht synonym zu verwenden. Sinnbildlich ist dieser Bereich nun bei Platon der intelligible Bereich, der dem der Meinung (δόξα/dóxa) nun gegenübersteht und gesichertes Wissen bietet (ἐπιστήμη/epistḗmē).

Verstandeserkenntnis wird bei Platon vor allem durch die mathematischen Wissenschaften der Geometrie und Arithmetik realisiert.[(261)] Die von ihnen zugrunde gelegten Prinzipien wie zum Beispiel ein Winkel, ein Kreis oder eine Gerade dienen ihnen als Hypothese (Unterlage), sind naturunabhängige Idealformen für weitere folgerichtige Berechnungen und Beweisverfahren. Die Hypothesen selbst werden aber von den Wissenschaftlern fraglos vorausgesetzt.[(262)] Was eine Zahl, ein Quadrat oder gar eine leere Menge ist, ist eben keine Frage der Mathematik, sondern eine philosophische.

So bleiben auch solcherart gewonnene Ergebnisse (μαθηματα/máthēmata) im Hinblick auf die Ideen weiterhin etwas defizitär. So verhält es sich auch in vielen anderen wissenschaftlichen Bereichen, in welchen die von ihnen stillschweigend vorausgesetzte Axiomatik nicht hinterfragt wird. Und so spricht der Arzt von Gesundheit, der Biologe von Leben, der Jurist von Gerechtigkeit, der Theologe von Gott, ohne jedoch über die Prämissen Rechenschaft abzulegen.

In solch einem Erkennen zeigt sich uns immer etwas *als* etwas und wir befinden uns stets in einer Subjekt-Objekt-Spaltung, aufgrund derer wir Menschen und Dinge hinsichtlich ihrer Vorbildlichkeit, ihrer Fähigkeit und ihrem Vermögen einordnen, kurz: auf ihre Tugend hin (ἀρετή/aretḗ), im Sinne von Tauglichkeit, beurteilen.

Die Erkenntnisfrage, „was etwas ist“, ist aber überdies die Frage nach ihrer Quelle bzw. ihrer Herkunft (γένος/génos), ihrem Ursprung. Wahre Freundschaft, ein schöner Mensch, eine gute Tat – sicherlich können diese Prädikate an einzelnen Personen auftreten. Doch sind sie durch die Anhaftung am Einzelnen ständig Bedrohte der Zeit. Der schöne Mensch altert, der wahre Freund zeigt sich mit seiner guten Tat als interessengeleitet, um für sich etwas zu erlangen usw. Indem Platon fragt, „was etwas ist“, geht er in seiner Suche nach sicherem Wissen über die Selbstverständlichkeit einer bloßen Beschreibung an der jeweiligen Erscheinung hinaus, denn die Tugenden, welche er beschreibt, sind weniger anthropologischer als vielmehr ontologischer Art.

Der Verstand ist Klarheit, aber Klarheit ohne Tiefe, so formulierte das vor zweihundert Jahren F. W. J. Schelling. Und das heute mehr als zu Zeiten Platons, da Philosophie und Wissenschaften noch nicht getrennt waren.

In der *diánoia* (διάνοια) bewegt sich der Mensch diskursiv in seinem Denken und bringt es zu beachtlichen Ergebnissen durch Messverfahren und der Aussagenlogik, welche durch widerspruchsfreie Verknüpfungen zu einer bestimmten Gewissheit durch Definitionen kommen und hierdurch schon einen gewissen Anteil am Sein haben. Allerdings bleibt eine solche Erkenntnis immer begrenzt, was das Wort *fines* (lat. Grenze) ja auch zum Ausdruck bringt. Doch gibt es ein Wissen, das diesem in der Seinsordnung noch vorgeordnet ist: die Vernunfterkenntnis (νόησις/noêsis) und die aus dem Geist (νοῦς/noûs) erkannten Dinge (νοητά/noêta). Das Verb *noein* (sehen, einsehen) steckt zudem bereits schon in *diánoia* (Verstandeserkenntnis). *Noûs* ist für Platon eine geistige Ordnungsinstanz – für die Seele des Menschen wie für den Kosmos – und unterscheidet sich eben nochmals deutlich von dem durch sie Geordneten. Diesen Superlativ zu erfassen ist bei Platon am Ende langer philosophischer

Anstrengungen mittels dialektischer Methode oder durch Intuition möglich.

Das heißt, im ersten Bereich werden die Hypothesen der Wissenschaftler vom Dialektiker bzw. vom Philosophen als das behandelt und erkannt, was sie de facto sind: nämlich subjektiv gesetzte, legitime Ausgangspunkte, welche daraufhin aber ebenfalls zu hinterfragen und aufzuheben sind.

Es ist gleichsam der wichtige Unterschied zwischen *verstehen*[(263)] und *begreifen*, zwischen dem rationalen, analytischen Akt des Verstandes, welcher immer intentional bleibt, also einem Zweck dient, und der Assimilation respektive der Synthese der Vernunft, wobei diese eine Erweiterung meines Bewusstseins einschließt, da ich die Gegebenheiten umfassen, synthetisieren und für meine Lebensausrichtung praktisch wirksam werden lassen kann. In dieser Haltung kommt die Würde eines Menschen zum Ausdruck, was in der östlichen Philosophie als *dharma*[(264)] bezeichnet wird.

5. Die Zweite Seefahrt: deúteros ploûs

Durch die *noetische* Erkenntnis (Vernunfterkenntnis), die das höchste kognitive und intuitive Vermögen eines Menschen bereitstellt, können die Ideen und, von ihnen ausgehend, die Idee des Guten (ἰδέα τοῦ ἀγαθοῦ/idéa toû agathoû), als allmächtige Herrscherin mittels der Dialektik erfasst werden.

In der Vernunfterkenntnis wird die Mittel-Zweck-Intentionalität, an deren Ende Werke und Handlungen stehen, hinter sich gelassen und ist nunmehr Selbstzweck. Hierfür hatten die Griechen den Begriff *theōría* (θεωρία). In der *theōría* wird das Sein sein gelassen, sie ist im höchsten Grade ein kontemplativer Akt, deren Intention „nur" der Einsicht dient. Durch den dialektischen Weg kann dem Menschen wahres Wissen (ἐπιστήμη/epistḗmē) zuteilwerden, indem er die Welt der Phänomene (δόξα/dóxa) hinter sich lässt. Jene Fertigkeit, die der richtigen Fragestellungen und ihrer Antworten, welche den versammelnden Blick in die Ideen zulässt und selbst diese noch in eine Einheit bringt, bezeichnet Platon als ein Geschenk der Götter, welches von Prometheus den Menschen überbracht wurde.[(265)]

Es bedeutet, den sich auf die Sinne stützenden Blick auf die körperlichen Phänomene zum Zwecke der Forschung nun auf den Bereich der Metaphänomene zu richten, welche aber nur durch die *lógoi* (λόγοι) zu erreichen sind, also einem richtigen gedanklichen Schließen, welches das Physische transzendiert und daher metaphysisch, intelligibel ist. Platon zufolge erklären sich nun die schönen, großen und kleinen, aber auch guten Dinge nicht mehr durch ihre eigenen Elemente, sondern anhand ihrer Teilhabe an der Schönheit an sich, an der Größe an sich, an der Kleinheit an sich sowie an dem Guten an sich.

Diese zweite – *noumenale* – Existenzebene des Seins neben der phänomenalen ist sogar deren Voraussetzung, ihr herrschendes Prinzip. Sehr eindrücklich beschreibt er dies in seinem Dialog *Phaidon* (99 f) mit dem Terminus *deuteros plous* (δεύτερος πλους), einer Metapher aus der antiken Nautik, welche soviel wie „zweite Fahrt" bedeutet. Gemeint ist damit das Fortsetzen der Fahrt mit Rudern, um nicht in der Flaute liegen zu bleiben. Sie ist gegenüber der „ersten Fahrt" mit vollen Segeln bei Weitem beschwerlicher und aufwendiger. Mit der „ersten Seefahrt" meint Platon die Forschungsmethode der Naturphilosophen, welche auf die Sinneswahrnehmungen setzen, mit der „zweiten Seefahrt" die neue dialektische Methode, deren Wahl die richtigen Begriffe und die entsprechenden Hypothesen sind und die schließlich den *noetischen* Einblick in die Ideen freigeben können.

Hierzu bemerkt Giovanni Reale eindrücklich:

> „Nach der platonischen ‚zweiten Seefahrt‘ – und zwar *nur* nach derselben – kann man erst von *körperlich* und *unkörperlich, sinnlich* und *übersinnlich, empirisch* und *metaempirisch, physisch* und *überphysisch* sprechen. Und im Lichte dieser Kategorien – und zwar ausschließlich in ihrem Lichte – erweisen sich die alten Naturphilosophen als Materialisten und die physische Welt und die Natur nicht mehr als die Totalität der Dinge, die *sind*, sondern nur noch als die Totalität der Dinge, die *erscheinen*. Die Philosophie hat die *intelligible Welt* erschlossen, den Bereich jener Realitäten, die *nicht sichtbar, sondern nur denkbar sind.*“[(266)]

Durch und mit dem Höhlengleichnis zeigt Platon, dass die Ideen, und nur diese, den Ermöglichungsgrund für die Vielzahl der uns umgebenden Dinge darstellen. Sie sind die Lichtmächte des Seins, Ausdruck der Einheit, welche das Viele in die Existenz der Veränderung, des Werdens und damit in die Zeitlichkeit entlassen. Ideen sind das universale Prisma, welche den Lichtstrahl in die verschiedenen Schwingungen, Klänge und Formen der sinnlichen Wahrnehmung zuführen. Sie selbst, die Ideen, sind unveränderlich, ewig, aber nicht im Sinne von unendlich aneinandergereihten Zeitpunkten, sondern im Sinne ständiger Gegenwart, Anwesenheit (παρουσία/parousía) und dienen stets als Paradigma oder Prototyp, als ontologisches Modell, für das aus ihnen hervorgehende Seiende. Sie stellen eine eigene Wirklichkeit dar, die sich eben durch die Eigenschaften der Unveränderlichkeit und des Selbststandes, durch ihre Autarkie oder Perseität, auszeichnen und sich der Manipulierbarkeit des Subjekts entziehen.

Die versammelnde Schau (σύνοψις/sýnopsis), ergo die Einheit in dieser Vielheit zu erkennen, ist aber den meisten Menschen nicht möglich, da sie sich allzu gerne an ihren Handlungen (πράγματα/prágmata) und Werken (ποιητικά/poiētiká, ἔργα/érga) orientieren.

Sie sind nur vom Dialektiker unter ihnen zu erkennen, welcher dazu imstande ist, mit dem *noetischen* Blick des Intellekts das Sein (ὄν/on) durch die *lógoi* (Begriffe) zu enthüllen.

> „… und ich fürchtete, ich möchte an der Seele völlig erblinden, wenn ich mit den Augen die Dinge betrachtete und sie mit den übrigen Sinnen alle zu erfassen versuchte. Es erschien mir demnach notwendig, zu den Begriffen meine Zuflucht zu nehmen und an ihrer Hand das wahre Wesen der Dinge zu erforschen."(267)

Wie schwer es jedoch der Mehrzahl der Menschen fällt, die manifestierten Phänomene den nicht sinnlichen Ideen unterzuordnen, verdeutlicht eine Anekdote, welche uns von Diogenes Laertios überliefert ist, als Platon vor einem Kreis fremder Zuhörer einmal seine Ideenlehre erläuterte und hierbei von „Tischheit" und „Becherheit" sprach. Die Einwände ließen nicht lange auf sich warten und ein Teilnehmer ergriff das Wort und richtete es an Platon:

„Tisch und Becher, Platon, sehe ich, Tischheit und Becherheit aber ganz und gar nicht."

Darauf Platon: „Das ist klar, denn Augen, um Tisch und Becher zu sehen, hast du, Verstand, um Tischheit und Becherheit zu schauen, aber nicht."(268)

Der Bereich des Werdens, also der der Phänomene, ist immer nur Abbild, Kopie des Seins, und somit gegenüber seinem Urbild, den Ideen, auch stets mehr oder weniger defizitär.

Der erkenntnistheoretische Gehalt bleibt auf dieser Ebene – der zeitlich-räumlichen – immer relational und kommt hinsichtlich seiner Begründungen aus der Kreiskausalität nicht heraus, da er sich dem Absoluten und Unendlichen nicht öffnen kann.

> „Jedes Phänomen ist nichts anderes als eine Wirkung, und obwohl man manchmal von der Entdeckung der Ursache einer

bestimmten Wirkung spricht, kann man sagen, dass jene Ursache ihrerseits die Wirkung einer anderen vorher existierenden Ursache ist. Das *relationale Universum* ist nichts anderes als Ursache-Wirkung-Ursache-Wirkung und so weiter. Aber die Ursache der Ursachen ist jenseits des relationalen Universums, jenseits der Welt der Namen und der Formen, jenseits der Welt der Wirkungen."[(269)]

Die Dialektik oder die *zweite Seefahrt* ist also *das* Distinktionsmerkmal eines Philosophen im platonischen Sinn, eines Philosophen, der imstande ist, mittels seines Intellekts die Verknüpfungen der Phänomene zu den Ideen, den Ideen untereinander und durch deren Synthese schließlich die Totalität zu *intuieren*. Die Welt des Werdens, *kósmos aisthētós* (κόσμος αἰσθητός), zeichnet sich hierdurch als Kontur einer Vorstufe, eines Zwischenstadiums ab, nämlich bezüglich der Welt des Seins, *kósmos noêtos* (κόσμος νοητός).

> „Wir haben also, wie es scheint, gefunden, daß die vielerlei üblichen Vorstellungsweisen der großen Menge hinsichtlich des Schönen und was sonst dieser Art ist, in der Mitte schweben zwischen dem Nichtseienden [Werden, Welt der sinnlichen Wahrnehmung A. d. A.] und dem unbedingt Seienden."[(270)]

Bei diesem Aufstieg, *anábasis* (ἀνάβασις), des Sich-Befragens und Rechenschaft-Ablegens bedient sich der Philosoph zwar des Verstandes (διάνοια/diánoia), aber nur bei der Auswahl der richtigen *lógoi* (Begriffe). In der *noetischen Intuition*, der Einheits- oder Identitätserkenntnis, ist der Wissensdurst bereits gelöscht, die Bewegung und die Zeit haben ein Ende gefunden, alles ist von Stille umgeben und die Unumkehrbarkeit bezüglich der Entstehung der Dinge aus einer völlig anderen Richtung kann vernommen werden. Dies ermöglicht, das sichtbar werden zu lassen, was bereits seit Ewigkeiten in uns ist. Dies ist jedoch kein aktiver Prozess mehr, wie es auch die

Herkunft des Wortes „Intuition“ deutlich macht. Aus dem Lateinischen kommend, leitet es sich von *intueri* ab, „was soviel wie ‚betrachten‘ und ‚erwägen‘ meint, aber eigentlich ‚angeschaut werden‘ bedeutet, woraus sich auch sein passiver Sinn von Eingebung und ahnendem Erfassen herleitet.“(271)

Diesen Akt des Geschehens, fernab jedweder Mitteilbarkeit und Gelehrsamkeit, beschreibt Platon, ebenso wie im Höhlengleichnis, im Rückgriff auf die Metapher des Lichts:

> „Wenigstens gibt es von mir selbst keine Schrift darüber und wird auch keine geben. Denn es steht damit nicht so, wie mit anderen Lehrgegenständen: es läßt sich nicht in Worte fassen, sondern aus lange Zeit fortgesetztem, dem Gegenstande gewidmetem wissenschaftlichen Verkehr und aus entsprechender Lebensgemeinschaft tritt es plötzlich in der Seele hervor wie ein durch einen abspringenden Funken entzündetes Licht und nährt sich dann durch sich selbst.“(272)

Dieses Zitat verdient darüber hinaus besondere Aufmerksamkeit, zeigt es doch das Verhältnis von Schriftlichkeit und Mündlichkeit an. Herausragende Persönlichkeiten wie Platon, Pythagoras und Shankara, welche mit Sicherheit eingeweiht waren, wussten sehr wohl, an wen sie sich mit welchen Worten wenden konnten. Die schriftlichen Notationen aber weisen hier einen grundsätzlichen Mangel auf, da sie auch in die Hände von ungeeigneten Lesern gelangen und nicht befragt werden können, wohingegen der Dialektiker ein Gespräch führen oder zu einem Sachverhalt gänzlich schweigen kann. Im Gespräch muss auf jeden Fall über das Gesagte Rechenschaft abgelegt werden, und das ist in hohem Maße eine Kunst, welche – neben der natürlichen Anlage – von Wissen und Übung begleitet sein muss (*Phaidros* 269).

Zu Recht wird von einigen Autoren, vornehmlich von der Tübinger Schule, betont, dass die schriftlichen platonischen Dialoge nicht als „dogmatisch autarke Werke“ konzipiert wurden, vielmehr wurden sie bewusst aporetisch offen gehalten, um mit der „höherrangigen mündlichen Hilfe“ in weiteren Unterredungen, in einem eigens bestimmten Personenkreis, Klarheit zu erlangen.(273)

Ferner verweist Thomas Szlezák auf das nahezu unbedachte Motiv des Verbergens und Zurückhaltens von Wissen und Weisheit in der Platon-Forschung hinsichtlich seiner Schriften. Platon wusste nur zu gut, wann er einen Dialog in einer Aporie enden ließ. Eine derartige Vorgehensweise scheint uns im gegenwärtigen Wissenschaftsbetrieb mit seinem Impetus der Wahrheitssuche fremdartig. Denn Veröffentlichungen in schriftlicher Form sind in der Wissenschaft seit dem 17. Jahrhundert eine unabdingbare Voraussetzung und es würde wohl kaum jemand auf den Gedanken kommen, einen bedeutenden wissenschaftlichen Ertrag der Allgemeinheit in Schriftform vorzuenthalten.(274) Auf dem initiatischen Weg der Philosophie Platons liegt der Sachverhalt jedoch diametral anders.

> „Da die Bedeutung der Rede Seelenleitung ist, so muß wer ein tüchtiger Redner werden will notwendig wissen, wie viele Arten der Seele es gebe: Es sind ihrer so und so viele und ihre Beschaffenheit ist die und die, infolge wovon die einen Menschen so werden, die andern so.“(275)

In der östlichen Überlieferung zeigt sich die gleiche Konkordanz. Dort werden die heiligen Schriften in die *Śruti* und *Smṛti* unterteilt. Erstere beruhen auf Inspiration oder spiritueller Erleuchtung, entsprechen somit dem abspringenden platonischen Seelenfünklein und sind die selbst erfahrenen Einsichten von Eingeweihten in die letzte Wirklichkeit. Die *Smṛti* hingegen beziehen sich auf die Autorität der *Śruti* und sind eine von Gelehrten nachgeordnete Sammlung niedergelegter Schriften, welche der Erinnerung und dem Studium dienen.(276)

6. Raum und Zeit bei Platon

In der Identifikation, nur ein grobstofflicher Körper zu sein, liegt, nach Raphael, die Tragödie unserer menschlichen Existenz. Wir halten uns selbst für etwas, das wir gar nicht sind, bzw. wir denken, dass wir „ein einfaches, relatives und endliches Raum-Zeit-Volumen-Gefüge“(277) sind. An anderer Stelle bemerkt er: „Was wir deinen oder meinen Körper nennen, ist nichts anderes als ein Hell-Dunkel, dem es nicht rechtzeitig gelingt zu erscheinen, bevor es wieder verschwindet.“(278) Aber durch die Orphik und die Botschaft Platons wissen wir, dass wir ein Widerschein des Göttlichen sind und somit auch allzeit an ihm teilhaben.

Doch so schön und anschaulich das Höhlengleichnis zu lesen ist, seine Auslegung generiert auch Schwierigkeiten und neue Fragen. Die Erkenntnisformen sind für uns in ihrer Hierarchie (ἱερὰ ἀρχή/hierá archḗ = heilige Ordnung) durch die Lektüre zwar geordnet, da wir sie von außen einsehen, doch dürfen wir nicht vergessen, dass dies der Blick eines Menschen, genauer gesagt, eines Philosophen ist, der die Ideen schon gesehen hat.

Ferner dürfen wir auch nicht annehmen, uns schon weit außerhalb der Höhle zu befinden, nur weil wir Quanten- und Astrophysik betreiben und den Wahrheitsanspruch, die Welt erklären zu können, längst an die Beweiskraft einer technisierten Wissenschaft abgetreten haben, welche mit Gleichnissen, Mythen und Metaphysik gar nichts zu tun haben möchte, obwohl deren Ergebnisse inzwischen eine bemerkenswerte Affinität zum bisher Gesagten aufweisen. Die Quantentheorie, welche in den ersten drei Jahrzehnten des 20. Jahrhunderts von Physikern wie Einstein, Bohr, Schrödinger, Heisenberg, Planck und einigen anderen(279) formuliert wurde, stellte für sie anfänglich ein unüberwindbares Mysterium dar und erforderte eine völlig neue Sichtweise – man kann im platonischen Sinne von einer *periagōgḗ* (περιαγωγή) sprechen – auf Raum, Zeit und Materie. In der Quantentheorie kann nicht länger von Materie im Sinne kleiner, unteilbarer Atome, was das Wort ja auch besagt, ausgegangen werden, vielmehr erweist sich der subatomare Bereich selbst als ein weiter, leerer Raum. Die Physikergruppe erbrachte auch den Nachweis, dass das Licht eine Doppelnatur besitzt, nämlich Teilchen und Welle zugleich ist, und deren Beobachtung darüber hinaus vom jeweiligen Beobachter des Experiments beeinflusst wird. Demokrits Atommodell, aristotelische Logik, cartesianische Mechanik und die newton'sche Gravitationstheorie finden hier, wenn überhaupt, nur noch marginale Berücksichtigung.

Damit legten die Physiker nahe, dass unser Universum nicht länger als ein Mechanismus von vielen kleinen, voneinander unabhängig existierenden Teilen im Raum angesehen werden kann, sondern als ein *einheitliches Ganzes,* das in Interdependenz steht. Durch die Formulierung der allgemeinen Relativitätstheorie gehen auch die grundlegenden Begriffe von *Plenum* und *Vakuum*, die bis dato zur Erklärung des Atomismus dienten, ineinander über. *Contraria sunt complementa* stand auf dem Wappen von Niels Bohr.

> „Wo ein Massekörper ist, da ist auch ein Gravitationsfeld, und dieses Feld manifestiert sich als Krümmung des Raumes, der den Körper umgibt. Es ist jedoch nicht so, daß das Feld den Raum füllt und ihn ‚krümmt'. Die beiden sind identisch, das Feld *ist* der gekrümmte Raum. […] Materie und Raum werden somit als untrennbare und zusammenhängende Teile eines einzigen Ganzen gesehen."[(280)]

Teilchen sind also eine energetisch verdichtete Konzentration des Feldes selbst, mit entsprechendem Schwingungsgrad. In den letzten Jahren ist es Forschern gelungen, in großen Linearbeschleunigern reines Licht in Materie umzuwandeln. Die umgekehrte Durchführung, Materie in Licht respektive Energie umzuwandeln, demonstrierten uns die Amerikaner in ihrem Feldversuch durch den Abwurf zweier Atombomben auf Japan gegen Ende des Zweiten Weltkriegs.

Diese energetischen Zusammensetzungen im Raum, genauer gesagt, im Quantenfeld, entsprechen bei Platon der sinnlich wahrnehmbaren *chṓra* (χώρα/materia secunda) und Raphael bemerkt hierzu:

> „Je tiefer wir in das Zusammengesetzte, die Masse oder die sichtbar wahrnehmbare χώρα hinabsteigen, desto mehr nehmen *Licht*, Leichtigkeit, *Freiheit* und Wirkungsmöglichkeiten ab. Je mehr wir uns der Quelle des Seins annähern, desto mehr nehmen Licht, Leichtigkeit, Freiheit und Wirkungsmöglichkeiten zu."(281)

Das für uns Wahrnehmbare im Sinne von Objekten, Körpern oder Volumina

> „ist nichts anderes als geometrisch geformte χώρα. Und da die χώρα in kontinuierlicher Bewegung ist, tauchen die Körper der sinnlich wahrnehmbaren Ebene auf, gestalten sich nach einem Modell und verschwinden, mitgerissen von der Bewegung des Werdens (*māyā*)."(282)

Die Leere zwischen den Quanten darf aber keineswegs als absolut angesehen werden, da in ihr weitere Koordinatensysteme wie das feinstoffliche wirken. Schließlich erfolgt die Prägung durch die Ideen, welche in der intelligiblen χώρα (materia prima) als reine Potenz ihre Aufnahme finden. Letzteres hat aber mit dem physikalischen Raum der Wissenschaftler nichts mehr zu tun.

Hinsichtlich der Frage, was diese Koagulationen bewirkt, stehen die Wissenschaftler erneut vor einem bis dato von ihnen noch nicht enthüllten Mysterium, welches jedoch von Platon schon beantwortet wurde: durch die *Ideen*, welche von der nichtmanifesten *intelligiblen chṓra* aufgenommen werden können. Sie ist sozusagen die Grundlage für die Gebärerin, Mutter Natur, auch *phýsis* oder *prakṛti* genannt, welche die Dinge durch Polarisation, erneut in ihrer Gegensätzlichkeit, auf ihren jeweilig verschiedenen Schwingungsebenen, der keimhaft-kausalen, feinstofflichen sowie der grobstofflichen, vereinigt und manifestiert, uns somit in Erscheinung bringt.

Die *chṓra* bei Platon stellt neben dem Feuer, der Luft, dem Wasser und der Erde das fünfte Element dar und ist das feinste unter ihnen, welches zudem keinen atomaren Aufbau mehr besitzt. Es wird auch als Quintessenz, materia prima, Äther und im Vedanta als *ākāsha* bezeichnet. Letzterer Terminus wurde häufig von dem Anthroposophen Rudolf Steiner verwendet. Die *chṓra* durchdringt und erfüllt das gesamte Universum, und was in sie eingeprägt wird, erhält, wie oben schon erwähnt, physische Repräsentanz, sie ist sozusagen das Antezedens für die anderen vier Elemente.

Das metaphysische Fundament für Ereignisse solcherart steht jedoch außerhalb dieses Raum-Zeit-Kontinuums und der von uns als Wirklichkeit angenommenen Vielfalt, sogar noch über den Ideen. Es ist die Idee des Guten (ἰδέα τοῦ ἀγαθοῦ/idéa toû agathoû) respektive das Eine-Eine bei Platon.

Nur durch sie zeigt sich der Lichtcharakter alles Seienden, was von den Griechen schon früh durch die Verehrung Apollons, Gott des Lichts und der Einheit, zum Ausdruck kam. Hierzu wurde weiter oben schon einiges ausgeführt.

So ist auch die Intention des Höhlengleichnisses zu verstehen. Platon sagt, dass dies ein Gang von der Unbildung zur Bildung (παιδεία/paideía), zur Erkenntnis ist. Und in dieser Bewegung ist es der Weg zum Licht aller Lichter, um dies mit einem Terminus aus der *Muṇḍaka Upaniṣad* (II, II, 8-9) wiederzugeben.

Die Beschwerlichkeit dieses Weges zeigt sich einmal mehr dadurch, dass der Mensch, unabhängig von seinem Erkenntnisstand, diese Stufe beharrlich als gesamte Wirklichkeit ansieht, jenseits derer nichts mehr zu entbergen ist (ἀλήθεια/alḗtheia[(283)]).

Vor allem in der Höhle ist ein Wissen „als etwas" schwer möglich und die Umwendung (περιαγωγή/periagōgḗ) zur nächst höheren Erkenntnisebene verläuft oft auch schmerzhaft, weil sie eine völlig andere Einstellung voraussetzt, vielleicht sogar eine komplette Revision meiner Bildung erfordert, um den Irrtum einzugestehen. Diese Fesseln sind nicht wörtlich zu verstehen, sie repräsentieren meine Idiosynkrasien, also meine Vorlieben, meine Vorurteile, meine Abneigungen und Zuneigungen, meine Gewohnheiten, kurzum, meine tägliche Einbahnstraße.

Diese gewaltige, kathartische Umwendung kann nun auf zwei Arten geschehen und ist alles andere als ein leichtes Unterfangen. Zum einen durch Innenrevision des Menschen selbst oder durch Inanspruchnahme fremder Hilfe, also von jemandem, der schon Einblick in die Seinsabstufungen genommen hat. Beide Arten stellen für Platon jedoch eher seltene Möglichkeiten dar, da sie eine unabdingbare Voraussetzung erfüllen müssen: das Verlangen nach Transzendenz. Dazu Sokrates:

> „Das wäre denn, wie es scheint, nicht eine Umwendung so leichter Art wie die der Scherbenstücke im Scherbenspiel, sondern eine Umkehrung der Seele aus [periagōgḗ] einer Art nächtlichen Tages zum wahren Tag, d. h. zu jenem Anstieg, der zum Sein führt und den wir für die wahre Philosophie erklären werden."[(284)]

Hier wird deutlich, wer diesen Höhlenweg aufwärts überhaupt gehen soll. Nicht einem Blinden soll hier etwa Sehvermögen verliehen werden, sondern einem, der schon etwas dahinter erkennen kann respektive den Érōs in sich trägt. Solchen Menschen gilt das Bemühen, die Fesseln abzunehmen.

Wirkliche Freiheit und Vertrautheit stellen sich somit für einige wenige Bewohner erst außerhalb der Höhle ein, wenn man sich vom sinnlich wahrnehmbaren Bereich lösen kann und das Reich der immateriellen Wesenheiten, sprich die Ideen, als den prägenden Grund (arché-typos) für Ersteren erkennt.

> „Denn eben darin liegt ja das Bedenkliche des Unverstandes, daß man, ohne schön, gut und verständig zu sein, sich gleichwohl einbildet, man sei allen Anforderungen gewachsen. Wer nun nicht glaubt bedürftig zu sein, der trägt natürlich auch kein Verlangen nach dem, dessen er nicht zu bedürfen glaubt.“[(285)]

Im Höhlengleichnis aber lediglich den Bildungsgang des Philosophen abzulesen, wäre eine unzureichende Auslegung, denn neben dem Aspekt unterschiedlicher Wissensformen, welche dem Menschen die Möglichkeit geben, seine Stellung in der Seinsordnung zu finden, kommt der handlungstheoretische, also ethisch-politische Aspekt ebenfalls zum Ausdruck.

Das Höhlengleichnis als Mythos in seiner plastischen Darstellung orientiert sich an den Bewegungen der Menschen in Raum und Zeit, hat somit durchaus aktualen Bezug. Außerdem illustriert es den Bezug der Bewohner zur Freiheit respektive Unfreiheit auf ihrem Erkenntnisgang, sich von dem zu lösen, was bisher für einen selbst Gültigkeit zu haben schien, hin zu dem, was für die reine Erkenntnis, einen höheren Freiheitsgrad notwendig ist und der menschlichen Seele Geleit geben kann, also ihrem Bewusstsein und ihren damit verbundenen Werten.

Der Weg ins Licht und somit zur Wahrheit führt bei Platon ins Offene, ins Freie, auf eine Lichtung. Er ist der bedeutende Schritt in die Lauterkeit und zu den Ideen. Aber letztlich ist Freiheit[(286)] bei Platon immer auch Herrschaft, – Herrschaft der Vernunft durch die göttliche Seele im Menschen!

„Von allem, was wir unser nennen, ist nächst den Göttern die Seele das Göttlichste; denn sie ist unser innerstes Eigentum. Was aber unser ist, ist durchweg für alle zweifacher Art, nämlich einerseits Höheres und Edleres, dem die Herrschaft zukommt, anderseits Niedrigeres und Unedleres, dem das Dienen zukommt. Unter dem was unser ist, muß nun das Herrschende immer den Vorzug haben vor dem Dienenden."[(287)]

Nur durch die Vernunft – sofern sich der Mensch ihrer zu bedienen vermag – kann die Seele richtig geordnet werden, als strukturierte Einheit sich in ihrer Ausrichtung den Ideen und der Idee des Guten (ἰδέα τοῦ ἀγαθοῦ/idéa toû agathoû) widmen. Die Ideen sind das form- und haltgebende Prinzip für den Charakter eines jeden. Sie befreien ihn von Emotionen und Affekten und ermöglichen es dem Menschen, sein Bewusstsein und seinen Wertekanon auszuprägen und folglich als Person aufzutreten. Sie geben ihm sichere Orientierungspunkte in einer diskontinuierlichen Welt, anhand derer der Mensch „wie auf einem Floße der Gefahr trotzend durch das Leben" segeln kann (Phaidon 85).

7. Érōs – oder warum wahre Liebe kein Gefühl ist

Der Vermittler dieser Einheit tritt nun als Akteur auf: Érōs (Ἔρως). Er steht für diejenigen bereit, welche nicht die Fähigkeit besitzen, sich auf dem ausschließlich philosophischen Weg, qua dialektischer Methode, der reinen Ideen-Erkenntnis (γνῶσις/gnôsis) zu widmen. Eros ist der philosophische Liebhaber, der die Menschen in das große Arcanum der Liebe entführt, indem er sie ständig zur Jagd nach dem Schönen antreibt.

Und bei diesem rastlosen Verlangen und Begehren, nicht nur nach leiblicher, sondern auch nach seelischer Vereinigung, wird das sichtbar, was den Menschen fehlt.

In der griechischen Mythologie wird *Érōs* von Hesiod wie folgt beschrieben:

> „Zuerst nun war das Chaos (*gähnende Leere* des Raumes), danach die breitbrüstige Gaia, niemals wankender Sitz aller Unsterblichen, die den Gipfel des beschneiten Olymps und den finsteren Tartaros bewohnen in der Tiefe der breitstraßigen Erde; weiter entstand Eros *(Liebesbegehren)*, der schönste der unsterblichen Götter, der gliederlösende, der allen Göttern und Menschen den Sinn in der Brust überwältigt und ihr besonnenes Denken."[(288)]

Diese Benennung des *Érōs* bei Hesiod ist allerdings, wie Robert Böhme darlegt, auf Orpheus zurückzuführen.[(289)] Die Orphiker bedachten *Eros* auch noch mit weiteren Namen – *Phánēs* oder *Protogones Phaeton*, der „erstgeborene Leuchtende".[(290)] In beiden Namen kommt die Wortwurzel (phan) für Licht, phôs (φῶς) vor, und somit ist er derjenige, der etwas in die Erscheinung, in die Anwesenheit (παρουσία/parousía) bringt. In der orphischen Lesart ist *Érōs* zweigeschlechtig, trägt die Samen aller Götter und Menschen in sich und gilt als Schöpfer des Himmels, der Erde und des Mondes aus dem *cháos* (χάος). Sein strahlend weißes Gewand, das silberne Ei, erlaubte es den anderen Menschen nicht, ihn von Angesicht zu Angesicht wahrzunehmen, dies konnte nur die heilige Nacht.[(291)]

Eros ist die den Kosmos bewegende und durchwaltende Instanz, „der vor Liebe überströmende Impuls, der alles Existierende von der Potenz zum Akt führt".[(292)] Dass *kósmos* (κόσμος) nicht nur die Bedeutung „Welt" hat, sondern auch schöne Ordnung und Schmuck, wie es heute noch das Wort „Kosmetik" zeigt, wurde weiter oben bereits erwähnt.

Durch und mit seiner Liebe bringt Érōs Dinge zusammen, die zusammengehören, beseitigt mangelhafte Zustände und löst Dualitäten auf. Érōs wirkt durch Gesetzmäßigkeiten, die Raphael wie folgt beschreibt:

> „– dem Gesetz des gelenkten *dynamischen Willens,* das die Lebensentwicklung in die richtige und intelligente Richtung führt; es ist die ‚Spannkraft', die für die Einheit des Vorhabens nötig ist.
>
> – dem Gesetz der *Anziehung,* damit eine gegenseitige magnetische Wechselbeziehung zwischen allen Elementen des Kosmos hergestellt werden kann – sei es bei den Wesen oder bei den Formen (denn jedes vitale Element wird von einem anderen angezogen, so wie das Ganze vom Prinzip angezogen).
>
> – dem Gesetz der *Kohäsion,* um die Gesamtheit des Lebens zu vereinen und zusammenzuhalten. So drängt Eros im makro- und mikrokosmischen Bereich zur polaren Vereinigung [...]."[(293)]

Bereits hier zeichnet sich ab, dass Liebe mehr ist als ein Gefühl, als eine Emotion des Verlangens nach Sexualität und Nähe. Sie ist vielmehr ein aktives Unterfangen der Persönlichkeitsentwicklung, zu deren Gelingen Demut, Disziplin, Reife und Selbsterkenntnis erforderlich sind. Ja, sie ist, nach Erich Fromm, eine regelrechte Kunst, die es zu erlernen gilt.[(294)]

Érōs ist die philosophische Sehnsucht, erfüllt von seelischem Zeugungsdrang, der die körperliche Leidenschaft letztlich sublimieren muss, um die Menschen nicht in ihrem profanen Akt der sinnlichen Liebe, und folglich dem Bereich des Werdens, in Knechtschaft zu halten. In der Liebe zum unveränderlichen Schönen (καλόν/kalón), gleichsam dem Bildungsgang zur Idee des Schönen, vollzieht die Seele ihren göttlichen Auftrag und Liebe wird somit reine Erkenntnis (νόησις/nóēsis).

Die philosophische Liebe – *Erotik* im platonischen Sinn – transzendiert die Welt der Formen und körperlichen Zusammensetzungen und erhellt das menschliche Bewusstsein. Auf diesem kontemplativen Weg drückt sie sich als ein universales Prinzip aus, jenseits sentimentalen Begehrens, von Forderungen nach Anerkennung und interessegeleiteten Wünschen anderen Menschen gegenüber.

Platon stand der körperlichen Liebe keineswegs ablehnend gegenüber, wie das oft mit dem Terminus der „platonischen Liebe", im Sinne völliger Enthaltsamkeit, fälschlicherweise kolportiert wird. Vielmehr sollte sie als Impulsgeber weiterer Betrachtungen dienen:

> „Von schlechter Art aber ist jener gemeine Liebhaber, der den Körper mehr liebt als die Seele. Ist er doch nicht einmal beständig, denn was er liebt, hat ja selbst keinen Bestand; denn zugleich mit dem Hinschwinden der Blüte des Körpers, dem seine Liebe galt, macht er sich auf und davon, allen seinen Reden und Versprechungen zum Hohn."[(295)]

Zudem war die Knabenliebe (παιδεραστία/paiderastía) zu jener Zeit in Griechenland weit verbreitet, beinhaltete aber darüber hinaus auch die Verantwortung, die Erziehung (παιδεία/paideía) und Bildung der Knaben zu übernehmen.

Doch es lohnt sich allemal beim *Symposium*, einem der Meisterdialoge des *Corpus Platonicum,* zu verweilen. Gastgeber dieser feierlichen Tafel ist der Tragödiendichter Agathón, dessen Sieg beim Lenäenfest (416 v. Chr.) als Anlass zu einem Gastmahl genommen wird. Sokrates betritt die Szenerie allerdings erst, als die Tische und Schüsseln bereits weggeräumt worden sind, die Flötenbläserin entlassen wurde und man sich anschickt, den bedeutenderen Teil, das Trinkgelage, zu eröffnen. Vorweg einigt man sich, auf Anregung des

Phaidros hin, dem in der allgemeinen Wahrnehmung stark vernachlässigten Gott Eros, durch den uns ja die Philosophie näher gebracht werden soll, reihum Lobpreisungen abzuhalten.

> „Ist es nicht eine Schande, mein Erixymachos, daß es für so manche andere Götter Hymnen und Päane gibt, die die Dichter auf sie gemacht haben, während auf den Eros, diesen uralten und gewaltigen Gott, kein einziger aus der großen Schar der Dichter je auch nur irgendein Loblied gedichtet hat."(296)

In der Tat scheint Eros im alten Griechenland kein offiziell verehrter Gott gewesen zu sein, welchem rituelle Huldigungen zuteil wurden. Diese erbrachte man seiner Mutter, Aphrodite, die die personifizierte Gottheit der Liebe, Schönheit, Fortpflanzung und Begierde war.

Gerhard Krüger bemerkt diesbezüglich:

> „Die Hervorhebung des Eros ist neu, und sie ist aufschlußreich für die geistige Luft, in der die Philosophie erwächst. Wenn die Männer des ‚Gastmahls' – bei aller Verschiedenheit [...] – im Lobe des Eros doch einig sind, dann ist damit gesagt, daß sie alle, gemessen an der Religion der Vorzeit, Neuerer sind."(297)

Die Göttin Aphrodite in ihrer anmutigen Schönheit möchte als Frau verführen und hinreißen. Dadurch ist sie folglich keine Liebende, welche sich nach dem Gegenpart verzehrt. Eros jedoch verspürt einen Mangel, eine Bedürftigkeit, und um diese zu beseitigen, wird er von der Zugkraft der Philosophie geführt, begibt sich somit auf den Weg. Diese Ermangelung ist aber nicht einfach ein Verlangen oder Streben nach dem, was man nicht hat, sondern eine Intuition im Hinblick auf das, was nicht immer zur Verfügung steht: die Weisheit.

Hier wird auch sichtbar, dass Eros keine Gottheit ist, denn die Götter haben es nicht nötig, weise zu werden, da sie es bereits sind (vgl. 203). Ebenso wenig tragen Menschen den Eros in sich, welche sich einbilden, allen Anforderungen gewachsen zu sein, denn kein dummer Mensch wird je an seiner Dummheit leiden. Da sich die Götter aber nicht direkt zu den Menschen gesellen, „vollzieht sich aller Verkehr und alle Zwiesprache der Götter mit den Menschen durch Vermittlung [...], sei es im Wachen oder Schlaf" (203) infolge eines Daimons, Eros.

Sokrates berichtet, was Diotima ihm auf seine Frage antwortet:

> „Wer sind denn also, Diotima, die Philosophierenden, wenn es weder die Weisen noch die Toren sind? Das ist doch nunmehr schon jedem Kinde klar, versetzte sie, daß die zwischen beiden in der Mitte Stehenden es sind, zu denen auch Eros gehört: denn was wäre schöner als die Weisheit? Eros aber ist Liebe zu allem Schönen, folglich ist Eros notwendig ein Philosoph; als Philosoph aber steht er in der Mitte zwischen einem Weisen und einem Toren. Auch dies hat seinen Grund in seiner Geburt; stammt er ja doch von einem weisen und bemittelten Vater ab und von einer Mutter, die weder weise noch bemittelt ist. So steht es, mein lieber Sokrates, mit dem Wesen dieses Dämons."[(298)]

Indem Eros nach allem Schönen strebt, strebt er auch nach dem Guten, denn das Gute ist im antiken Verständnis immer auch schön (καλὸς καὶ ἀγαθός/kalós kaí agathós bzw. καλοκἀγαθία/kalokagathía).

Dieses Streben nach Einheit verdeutlicht Platon zuerst – wie sollte es anders sein – durch einen Mythos, der von Aristophanes vorgetragen wird. Die Menschen in ihrem irdischen Zustand gehen fehl, wenn sie annehmen, dass dieser auch ihr ursprünglicher ist. Vielmehr waren sie in langer Vorzeit androgyn, also nicht getrennt in die Polaritäten „männlich und weiblich", und hatten die Gestalt einer Kugel. Ausgestattet waren sie mit vier Armen und Beinen sowie mit zwei Gesichtern. An Kraft und Stärke waren sie den Göttern nahezu ebenbürtig, was diesen zunehmend missfiel. Daher beschlossen sie unter der Führung des Zeus, dieser Hybris Einhalt zu gebieten und die Doppelwesen zu trennen (189 f). Aus dieser Trennung, welche ontologisch den Verlust der Totalität symbolisiert, erwächst das Verlangen nach Wiedervereinigung, und Eros fungiert auf diesem Weg als Steuermann der Seele (ψυχή κυβερνήτης/psychḗ kybernḗtēs). Durch die Kugelgestalt der Wesen verweist Platon außerdem auf deren Abkunft von Sonne, Mond und Erde hin und bettet sie zudem in die mystische Beziehung zum Kosmos. Die Kugel beziehungsweise die Kreisform ist seit jeher ein Zeichen der Vollkommenheit und Fülle, weil „sie nichts anderes als die Ausstrahlung des Pols, des Punkts bzw. des sich selbst stets identischen einen Zentrums darstellt."[(299)]

Das dem Eros eigentümliche Verlangen und Begehren erklärt Platon durch einen weiteren, von ihm modifizierten Mythos: dem seiner Abstammung (vgl. 203). Durch diesen Mythos wird Eros in seiner doppelten Natur dargestellt und Platons Verständnis von Philosophie klar umrissen. Als Eltern werden von Platon *Poros* (Πόρος), Sohn der *Mêtis* (Μῆτις = Klugheit), und *Pénia* (Πενία) genannt, welche leider oft unzutreffend mit „Reichtum" und „Armut" wiedergegeben werden. *Poros*, abgeleitet vom Verb *perãn* (πέραν = durchdringen, ist der „kluge Wegfinder" durch einen Fluss, ein Fährmann, der die Stellen kennt, um sicher an das andere Ufer übersetzen zu können. *A-poros* (ἄπορος)„ ist dagegen die Ausweglosigkeit (vgl. das Wort „Aporetik"), das Nicht-Erreichen, wie man sie in vielen platonischen Dialogen des Öfteren vorfindet. *Pénia* stammt vom Verb *pénomai* (πένομαι) und hat die Bedeutung von harter, mühseliger Arbeit und ständiger Sorge und Unruhe.[(300)] Sie entspricht der sinnlich wahrnehmbaren Körper-Form in der Welt der Notwendigkeit, die ihre metaphysische Grundlage jedoch in *Poros* hat.[(301)] Als Sohn der *Pénia* befindet sich Eros dementsprechend immer auch in Bedürftigkeit, in einem Zustand des Mangels. Was ist aber nun das vom Vater Ererbte?

Hierzu Platon:

> „Vom Vater her ist er der listige Späher nach dem Schönen und dem Guten, tapfer, waghalsig und unermüdlich, ein gewaltiger Jäger, unerschöpflich im Ersinnen von Anschlägen, dabei beseelt von lebhaftestem Streben nach Erkenntnis der Wahrheit und nie verlegen um Auskunft, der Weisheit Freund (Philosoph) sein lebelang [...], niemals also ist er der Mittel völlig ledig, niemals aber auch wirklich reich. Zwischen Weisheit und Unwissenheit hält er die Mitte."(302)

Diese Mitte oder dieses Dazwischen stellt jedoch keinen Dauerzustand des Eros dar. Denn Platon bezeichnet ihn als einen „gewaltigen Jäger", woraus sich von vornherein ergibt, dass er sein Ziel, die Weisheit, auch erreichen kann und es nicht nur ein uferloses Bestreben nach ihr ist. Ein Ankommen, wenn auch nur für wenige, ist also möglich, so wie es auch im Höhlengleichnis und im *Phaidros* illustriert wird.

Das dahinterstehende Motiv der Eros-Liebe ist die Suche nach Glück, nach einer gelungenen eigenen Lebensgestaltung (εὐδαιμονία/eudaimonía), und die Schönheit – respektive das *Gute,* das Diotima mit ihr gleichsetzt (204) – sind hierbei immer die Zugkraft. In ihrem Verlangen und dem Verständnis des *Guten*, welches sie zur *Eudaimonie* führen soll, haben die Menschen aber unterschiedliche Auffassungen, welche beispielsweise in sportlicher Betätigung, im Erwerbsleben oder in zahlreichen Hobbys ihren Ausdruck finden. Doch sie sind nur partikulare, tastende Versuche im Hinblick auf das *Gute* und das Wissen dessen, was ihnen wirklich nottut. Da sie dem Bereich der Notwendigkeit, des Werdens und damit der Vergänglichkeit angehören, haben sie nicht das Unvergängliche, Ewige im Blick. Sokrates möchte von Diotima nun wissen, welche Betätigung es denn sein sollte, und bekommt folgende Antwort:

„Es ist dies die Zeugung im Schönen, dem Körper wie der Seele nach. […] Alle Menschen nämlich, mein lieber Sokrates, tragen Zeugungsstoff in sich, ihr Körper nicht bloß sondern auch ihr Geist [treffender wäre der Ausdruck Seele, da im griechischen Text nach Schleiermacher die ψυχήν (psychê) genannt wird, nicht νοῦς (noûs), A. d. A.], und sobald sie das gehörige Alter erreicht haben, trägt unsere Natur Verlangen nach Zeugung."(303)

Die Eros-Liebe trägt das Geschenk in sich, das Schöne zu erkennen, sei es als manifestiertes Abbild oder in ihrem Archetypos, das möchte uns Diotima mitteilen. Die Tatsache einer Reaktion auf das verschiedene Schöne, das Eine *und* das Viele bei Platon, zeigt, dass wir die Idee des Schönen schon in uns tragen und an ihr teilhaben (vgl. μέθεξις/méthexis).

In dieser Sogwirkung richtet sich der Zeugungsdrang, vor allem der jüngeren Menschen, auf den somatischen Aspekt (208). Getragen von der Hoffnung auf Unsterblichkeit, verlieren sie sich in der Liebeslust und meinen, mit der Zeugung von Kindern auf Ewigkeit einen Platz im Gedächtnis der Menschen erhalten zu können.

Aber diese extravertierte Bedürfnisbefriedigung mit einem kurzen Moment der Ekstase perpetuiert immer neue Dualitäten, denn „der Akt wird nämlich zu etwas, was ein ‚Anderes', das Kind, zum Leben erweckt".(304) Auf dieser Ebene findet aber nur die zeitlich begrenzte Fortsetzung der Gattung, in Form vieler weiterer individueller Existenzen, statt, und der Versuch, das Sein zu erreichen, bleibt vergebens. Entscheidet sich der Mensch dazu, seinen Durst nur auf diese Weise zu stillen, setzt er einen schicksalhaften Kreislauf von Wiedergeburten in Gang und bestätigt das, was er von Natur aus am meisten in sich trägt, die körperliche Begierde.

Eine vollständige Verschmelzung zweier Körper ist auf der grobstofflich-physischen Ebene nicht möglich, da hier das Gesetz der

Verdrängung gilt. Die Liebe, im Sinne einer Integration und Durchdringung, kann sich erst auf der feinstofflichen Ebene der Seelen ereignen.

Somit ist das seelische Zeugungsverlangen höher anzusehen als das körperliche, denn die Seele ist das den Körper *bewegende* und *formende* Prinzip und daher würdevoller als dieser.

In dieser psychischen Schwangerschaft erkennt die Seele ihre wahre Abstammung: Es sind nicht die leiblichen Eltern, sondern es ist der Geist (νοῦς/noûs). Hier halten die Seelen nun Ausschau nach anderen schönen Seelen, um gemeinsam geistige, schöne Dinge und Tugenden zu gebären, und schätzen die körperliche Schönheit gering, vor allem dann, wenn es an seelischer Schönheit mangelt.

Die Abstufung ist eine mehrfache und Diotima spricht mahnend zu Sokrates:

> „... ob du aber auch für die letzte und höchste Weihe, die auf dem richtigen Wege zu erreichen der Zweck des Bisherigen war, schon empfänglich genug bist, weiß ich nicht."[(305)]

Die Schönheit nur in der menschlichen Gestalt finden zu wollen, würde einen großen Mangel an Erkenntnis verraten, so Diotima, denn die Schönheit ist sowohl an vielen anderen Menschen als auch an anderen Dingen sichtbar. Hat ein junger Mensch dieses erkannt, sollte es ihm gelingen, seiner maßlosen Leidenschaft Einhalt zu gebieten und sich eben den seelischen Angelegenheiten zuzuwenden, wie dem Streben nach Weisheit, der Pflege von Freundschaften und der Einhaltung der Gesetze in der täglichen *Praxis* (210).

Dies ist der Schritt von der *amor singularis* zur *amor universalis*, von der individuellen, körperlichen Schönheit zum Schönen selbst, und stellt eine qualitative Erhöhung dar. In der anfänglichen Hinwendung zu einem anderen Körper liegt zwar eine dyadische Trennung vor, aber sie beinhaltet trotzdem ein häufig übersehenes, sakrales Momentum, denn es ist die Bewegung zweier Archetypen, von Mann und Frau, aufeinander zu, welches die Getrenntheit in der Einheit, in der Androgynie, aufheben möchte. Die fleischliche Liebe erlaubt aber nur für einen kurzen Augenblick, den der Ekstase, die Getrenntheit in die Einheit zu überführen, bevor die Individuen erneut in die Temporalität zurückfallen.

Aufschlussreich ist hier die etymologische Bedeutung des Wortes *amor. Amor,* die Liebe, ist nicht nur die römische Entsprechung zum griechischen Liebesgott *Eros*, sondern bedeutet in der wörtlichen passivischen Übersetzung „ich werde geliebt". Des Weiteren ist es ein Kompositum, bestehend aus dem Präfix *a* „ohne" und dem Substantiv *mors* „Tod", was zusammengesetzt mit *Tod-losgikeit*, Unsterblichkeit wiedergegeben werden kann.[(306)]

Aus metaphysischer Sicht ist der Fortpflanzungsakt „das Symbol für die Umarmung des Himmels und der Erde, aus der die Wesen entstanden sind. Sie ist die Versinnbildlichung der Harmonie und der Vereinigung der Gegensätze."[(307)]

Platon illustriert uns dies anhand seines Mythos' von den Kugelmenschen (s. o.), welche aufgrund ihrer Hybris in zwei Geschlechter geteilt wurden und sich seitdem auf der Suche nach Wiederherstellung ihres ursprünglichen Zustands in der Welt der Notwendigkeit, also dem Zwang zu handeln, und der Konflikte befinden.

Und exakt an diesem Übergang von der *amor singularis* zur *amor universalis* beginnt die Liebe, kein Gefühl der Zuneigung, keine Emotion mehr zu sein, welche sich von Anziehung und Abneigung steuern lässt, also psychologischer Ordnung ist, sondern zu einem Prozess der Erkenntnis zu werden, da sie sich in ihrem philosophischen Reflexionsgang an den Universalien, also an der Wahrheit, ausrichtet. Bis sie endlich zu einem einzigen Schönen, der *Idee des Schönen* oder sogar der *Idee des Guten* anlangt.

Sokrates wird von Diotima belehrt:

> „Und dieses Schöne stellt sich dem Beschauer nicht als ein Gesicht oder in der Gestalt von Händen oder von sonst etwas Körperhaftem [dar], ebenso wenig aber auch als irgendeine Art von Rede oder wissenschaftlicher Erkenntnis, auch nicht als etwas, das in irgendeinem anderen ist, sei es in einem lebenden Wesen oder sei es auf Erden oder im Himmel [...], sondern rein für sich und mit sich in unabänderlicher Daseinsform verharrend ...“(308)

Und bekommt dies jemals ein Mensch zu sehen, so sollte es ihm wertvoller sein als alles Gold der Welt (211).

Hier drängen sich Parallelen zum Neuen Testament auf, in welchem Jesus zu seinen Aposteln spricht:

> „Wer Vater oder Mutter mehr liebt als mich, ist meiner nicht würdig, und wer Sohn oder Tochter mehr liebt als mich, ist meiner nicht würdig.“ Und: „Denkt nicht, ich sei gekommen, um Frieden auf die Erde zu bringen. Ich bin nicht gekommen, um Frieden zu bringen, sondern das Schwert.“(309)

Jesus fordert hier von seinen Anhängern die Liebe zu Gott als universales Prinzip ein und das Schwert dient symbolisch als „Schwert der Unterscheidung“ dieser beiden Formen der Liebe.

Nicht ohne Hintergedanken richtet sich Diotima im Stil einer Mahnrede an den Dialektiker Sokrates, denn Eros ist auch die Kraft, welche die Dialektik bewegt, und Diotima lässt es offen, ob man durch sie das *Eine-Eine* erschauen kann. Daher spricht sie auch von Weihen – im Sinne einer operativen Mystik –, die zu empfangen aber immer Reinigung und Kontemplation, also den Weg in die Innerlichkeit (Initiation), voraussetzen.

Und dieses Entdecken der intelligiblen Glückseligkeit, welche hinter dem formalen Widerschein liegt, ist das höchste Vermögen der Seele.[310] In ihr gibt es keine Subjekt-Objekt-Spaltung mehr, das Differenzverhältnis zwischen Liebendem und Geliebtem löst sich auf, indem es ineinander übergeht, identisch wird. Liebe wird zur Identitätserkenntnis und trägt daher ihren Daseinsgrund in sich selbst und offenbart ihren machtvollen, vereinigenden „Einfluss, der die Gnade der Freude ausströmt".[311] Diese Eros-Liebe ist ein selbstloser Akt des Gebens, weil sich ihr Reichtum durch Schenkung immer weiter vervielfacht.

Hierzu Raphael:

> „... Liebe ist *Verstehen*, und Verstehen bedeutet: umfassen, umarmen, enthalten, einschließen, mit Intelligenz verstehen, verkörpern, einbeziehen sowie den anderen oder das andere *integrieren*, bis die *Einheit* verwirklicht ist. Im Verständnis lösen sich all die Dualitäten einer ruhelosen Psyche auf: Daraus erwächst der Frieden des Herzens.
> Das Verständnis ist *göttliche Weisheit.* Das Verständnis hebt die Distanzen auf, weil es keinen Widerspruch erzeugt; es kritisiert nicht, weil es eben versteht, und es urteilt nicht, weil es erkennt, dass alles an seinem richtigen Platz ist."[312]

Eros ist also der Daimon des Dazwischen-Seins, lateinisch *inter-esse*, der aber zugleich nach einem Ertrag, nach einem Zins sucht, wie das ja im englischen Sprachraum mit dem Wort *interest* wiedergegeben wird. Léon Robin bemerkt hierzu treffend:

> „Mais de ce que l'Amour n'est pas beau, ni bon, il ne s'ensuit pas qu'il soit laid et mauvais. Car, de même qu'il y a un milieu entre la science et l'ignorance [...]. On dira donc de l'Amour qu'il est quelque chose d'intermédiaire entre le beau et le laid, entre le bon et le mauvais."[313]

8. Sorge um die Seele

Die Liebe bietet sich der Seele, welche einst im Bereich der Ideen gelebt hat, an, ihre Flügel wieder erneut wachsen zu lassen und ihr die nötige Leichtigkeit zu geben, um sich in ihre einstige Heimat, die göttlichen Gefilde, erheben zu können.(314)

Wir sollten uns vor Augen halten, dass für Platon die menschliche Geburt und somit die Annahme eines Körpers immer auch einen Fall der Seele, das Verlassen ihrer intelligiblen oder geistigen Sphäre darstellt, wodurch sie viel von ihrem göttlichen Wissen verloren hat, und die Erde symbolisch einen Ort der Illusionen, des Vergessens und der Unkenntnis repräsentiert. Dieses gilt es nun mühsam wieder in Erinnerung zu rufen. Doch zunächst blicken wir nur in Richtung Höhlenwand, ein Blick auf die Ideen ist uns vorerst verwehrt.

Das Zitat eingangs dieses Buches „... zu lieben heißt, nach seinem eigenen Wesen zu fragen" erhält jetzt eine tiefere Bedeutung. Denn, sofern ich liebe, von etwas oder jemandem berührt bin, muss ich mich auch fragen, als wen oder was ich mich selbst wahrnehme, was mein Wesen(315) ausmacht.

In allen Zweigen der Überlieferung, des Westens wie des Ostens (einschließlich der christlichen Lehre), besteht hinsichtlich des menschlichen Wesens Übereinstimmung. Für das Christentum sind es *Geist, Seele* und *Körper*, für das antike Griechenland, *noûs* (νοῦς), *psyché* (ψυχή) und *sôma* (σῶμα), und nach dem Vedanta besteht das Wesen des Menschen aus *ātman, jīvātman* und *ahaṃkāra*, und zwar immer in dieser Abfolge. Der mittlere Teil, in unserer Terminologie die Seele oder *psyché*, stellt die Gelenkstelle zwischen Geist und Materie dar.

Ob dementsprechend die Zeugung nun im intelligiblen oder im sinnlichen Teil stattfindet, ist folglich davon abhängig, als was ich mich definiere, welches Bewusstsein ich habe. Es ist sicherlich kein

Geheimnis, dass sich viele Menschen lediglich als körperliche, organische Zusammensetzung wahrnehmen und der Seele in diesem Geschehen gar keine oder nur eine geringe Rolle zukommen lassen. Dabei möchte Platon uns genau darauf hinweisen, dass wir in erster Linie eine feinstoffliche Seele sind, die einem Körper anhaftet, dessen Prinzip sie ist, und dass der Körper für seine Bewegungen auf sie angewiesen ist, sie aber niemals auf ihn.

Hinsichtlich ihrer inneren Struktur benötigt die Seele ebenfalls eine bestimmte Ordnung, welche weiter oben als Gerechtigkeit, dikaiosýnē (δικαιοσύνη), dargelegt wurde. Gerechtigkeit aber in dem Sinne, dass ich nicht nur danach frage, was ich anderen schuldig bin, sondern vor allem, was ich mir selbst schulde, was überhaupt mein Wesen ist. Und diese Ausrichtung der Seele, sofern sie sich erheben möchte, ist, nach Platon, eine heilige Pflicht (δικαίος/dikaios), wie sie auch in der Tempelinschrift zu Delphi zum Ausdruck kommt:

„γνῶθι σεαυτόν/gnôthi seautón" – Erkenne dich selbst.(316)

Man könnte es auch mit Kant wiedergeben: „Pflicht ist die Notwendigkeit einer Handlung aus Achtung fürs Gesetz",(317) genauer gesagt, für das Gesetz der kosmischen Wohlgeordnetheit, über die zu Anfang dieses Kapitels einiges ausgeführt wurde.

Die Liebe, wie Platon sie verstanden haben möchte, ist nicht nur die Suche nach einem anderen fehlenden Teil bzw. Partner, zu welcher die Schönheit den Anreiz gibt, um die dyadische Spaltung zu überwinden und somit zur vermeintlichen Einheit zu gelangen. Nein, sie ist der Schritt in eine völlig andere Dimension. Liebe ist die Vergeistigung der Sinnlichkeit, um dies mit Nietzsches Worten wiederzugeben, welche die egoistische Fixierung auf den anderen Menschen hinter sich lässt und die Seele zu ihrem Ursprung, zu ihrer Quelle zurückführt.

Sokrates zitiert Diotima:

> „... die Liebe beschränkt sich also nicht auf die größte und verfängliche Liebe. [...] Es geht nun zwar die Rede, fuhr sie fort, daß diejenigen lieben, die ihre andere [leibliche] Hälfte suchen; ich aber behaupte, daß die Liebe weder auf die Hälfte geht noch auf das Ganze, wenn es nicht eben auch, mein Freund, ein Gutes ist ..., denn die Menschen lieben nichts anderes als das *Gute*."[(318)]

Unter diesem Guten (αγαθόν/agathón) versteht Platon, einfach wiedergegeben, Glück (εὐδαιμονία/eudaimônia), im Sinne eines gelingenden, tugendhaften Lebens, wobei Tugend immer als seelischer Ordnungswert zu verstehen ist, und zwar nicht nur in unserem diesseitigen kurzen Aufenthalt, sondern auch im Jenseits und den sich erneut anschließenden Inkarnationen, wie das bereits auch in den Jenseitsmythen (s. o.) dargelegt wurde.

Somit wird das, was von jedem Menschen angestrebt wird, zugleich Ziel und Richtschnur des menschlichen Handelns, deren höchste inhaltliche Erfüllung der Mensch jedoch nur durch die Transzendenz der Leiblichkeit erreicht, das heißt, wenn er dem rationalen Seelenteil bei der Frage nach seinem *Wesen* die Führung respektive die *Sorge* um sie überlässt. In der Aufforderung zur *Selbsterkenntnis*, nach dem eigenen Wesen oder nach der Seele zu fragen, fallen Ethik, Ontologie und Metaphysik zusammen, werden in das Innere des Menschen verlegt und vom rituellen religiösen Kontext dahingehend entkoppelt, dass ein jeder für sein geistiges Wohl nun die eigene Verantwortung trägt. Darin liegt die geistige Revolution, die von Sokrates ausging und noch immer nachwirkt.

Die Angleichung an das Sein (ὁμοίωσις/homoíōsis), welche das Ziel und den Sinn im menschlichen Leben ausmacht, erreicht der Mensch nach Werner Jaeger:

„… nur durch die vollendete Herrschaft über sich selbst nach dem Gesetz, das er in seiner eigenen Seele durch Forschen findet. Der echt griechische Eudaimonismus des Sokrates zieht aus dieser Zurückverweisung des Menschen auf die Seele als seinem eigensten Herrschaftsbereich eine neue Kraft …"[(319)]

Dass das wahrhaft Göttliche in uns die Seele ist und nicht unser grobstofflicher Körper, war keinem so bewusst wie Sokrates. Sai Baba macht uns darauf aufmerksam, dass sein Name auch seine Identität offenbart und gleichermaßen unser Programm sein sollte. Die Silbe *So* heißt im Vedanta „Er" und *kratos* kommt von „Herrschaft" und bedeutet soviel wie „creator", Schöpfer. Sokrates ist also Schöpfer, Herrscher über sich selbst, göttlich![(320)]

Um also ein besserer Mensch zu werden, bedarf es in erster Linie der Pflege und der Fürsorge unserer Seele. Für sie, als den göttlichen und unsterblichen Teil in uns, tragen wir allein die Verantwortung, wenn wir zum Reich der Ideen oder zum überhimmlischen Ort gelangen wollen. Abschließend teilt uns Platon in einem seiner schönsten Texte, *Alkibiades*, seine Botschaft mit:

Sokrates. Nun also, durch welche Kunst sorgen wir denn für uns selbst?

Alkibiades. Ich weiß es nicht zu sagen.

Sokrates. Aber so weit waren wir doch einverstanden, daß es nicht eine Kunst ist, durch die wir irgend etwas von dem was zu uns gehört besser machen können, sondern durch die wir uns selbst besser machen?

Alkibiades. Du hast recht.

Sokrates. Würden wir nun jemals erkannt haben, welche Kunst einen Schuh verbessert, wenn wir keine Kenntnis vom Schuh hätten?

Alkibiades. Unmöglich.

Sokrates. Und ebensowenig, welche Kunst die Ringe verbessert, wenn wir keine Kenntnis vom Ring hätten.

Alkibiades. Unstreitig.

Sokrates. Wie also? Können wir irgendwie erkennen, welche Kunst uns selber besser macht, wenn wir nicht wissen, was wir selbst sind?

Alkibiades. Unmöglich.

Sokrates. Ist es nun etwas Leichtes sich selbst zu erkennen und war der etwa ein Windbeutel, der diesen Spruch [*gnôthi seautón*] im Tempel zu Delphi anbrachte? Oder ist es eine schwierige Aufgabe und nicht jedermanns Sache?

Alkibiades. Mir, mein Sokrates, kam es oft so vor, als wäre es jedermanns Sache, oft aber auch wieder, als wäre es schwieriger als sonst irgend etwas.

Sokrates. Aber, mein Alkibiades, mag es nun leicht sein oder schwer, für uns steht die Sache doch so: haben wir uns Klarheit darüber verschafft, so sind wir damit auch im Klaren über das Wesen der *Fürsorge* [*epiméleia*] für uns selbst; andernfalls wird uns das ewig verborgen bleiben.

Alkibiades. So ist es.

Sokrates. Wohlan denn, wie läßt sich das ‚Selbst' seinem eigentlichen Wesen nach erkennbar machen? Denn dann würden wir vielleicht auch finden, was wir selbst sind. Sind wir aber über diesen Begriff noch im Unklaren, so ist es unmöglich.

Alkibiades. Du hast recht.

Sokrates. Nun aufgemerkt, beim Zeus! Mit wem sprichst du jetzt? Doch wohl mit keinem anderen als mit mir?

Alkibiades. Ja.

Sokrates. Und ich mit dir?

Alkibiades. Ja.

Sokrates. Sokrates ist also der Sprechende?

Alkibiades. Gewiß.

Sokrates. Und Alkibiades der Hörende?

Alkibiades. Ja.

Sokrates. Und wenn Sokrates spricht, so geschieht das doch durch Vermittelung der Rede?

Alkibiades. Wie anders?

Sokrates. Sprechen und sich der Rede bedienen ist deiner Ansicht doch ein und dasselbe?

Alkibiades. Allerdings.

Sokrates. Ist nun dabei nicht der Brauchende (der sich der Sache Bedienende) von der gebrauchten Sache zu unterscheiden?

Alkibiades. Wie meinst du das?

Sokrates. Der Schuster z. B. schneidet mit dem Werkmesser, mit dem Kneif und anderen Werkzeugen.

Alkibiades. Ja.

Sokrates. Ist also nicht zu unterscheiden zwischen der Person des Schneidenden, also des die Werkzeuge Handhabenden, und den Werkzeugen, deren er sich bedient?

Alkibiades. Selbstverständlich.

Sokrates. Dieser Unterschied trifft doch wohl auch zu auf das Instrument des Zitherspielers und den Zitherspieler selbst?

Alkibiades. Ja.

Sokrates. Darauf eben wollte ich mit jener meiner Frage hinaus, ob zwischen dem Brauchenden und der Sache, deren er sich bedient, immer ein Unterschied anzunehmen ist.

Alkibiades. Das ist wohl der Fall.

Sokrates. Was gilt nun vom Schuster? Schneidet er bloß mit den Werkzeugen oder auch mit der Hand?

Alkibiades. Auch mit der Hand.

Sokrates. Also auch dieser bedient er sich?

Alkibiades. Ja.

Sokrates. Und bedient er sich bei seiner Arbeit auch der Augen?

Alkibiades. Ja.

Sokrates. Der Brauchende aber ist zu unterscheiden von der gebrauchten Sache? Darüber waren wir ja einig.

Alkibiades. Ja.

Sokrates. Also Schuster und Zitherspieler sind etwas anderes als die Hände und Augen, mit denen sie arbeiten.

Alkibiades. Offenbar.

Sokrates. Bedient sich nun der Mensch nicht auch seines ganzen Körpers?

Alkibiades. Gewiß.

Sokrates. Der Brauchende aber und das Gebrauchte waren zweierlei?

Alkibiades. Ja.

Sokrates. *Also ist der Mensch etwas anderes als sein Körper?*

Alkibiades. So scheint es.

Sokrates. Was ist nun also der Mensch?

Alkibiades. Das weiß ich nicht zu sagen.

Sokrates. Doch, du weißt es. Nämlich: er ist das sich des Körpers Bedienende.

Alkibiades. Ja.

Sokrates. Was wäre es nun anderes, was sich desselben bedient, als die Seele?

Alkibiades. Nichts anderes.

Sokrates. Doch wohl als Herrscherin über ihn?

Alkibiades. Ja.

Sokrates. Und was nun das folgende anlangt, so glaube ich, wird niemand etwa abweichender Ansicht sein.

Alkibiades. Nun, was denn?

Sokrates. Daß der Mensch von dreien eines sein müsse.

Alkibiades. Welche drei wären das?

Sokrates. Entweder Seele, oder Körper oder beides zusammen als vereinigtes Ganze.

Alkibiades. Zweifellos.

Sokrates. Nun waren wir aber doch darüber einverstanden, der Mensch sei nichts anderes als das den Körper Beherrschende?

Alkibiades. Gewiß.

Sokrates. Beherrscht nun etwa der Körper sich selbst?

Alkibiades. Keineswegs.

Sokrates. Denn er ist ja eben das Beherrschte, wie wir behaupteten.

Alkibiades. Ja.

Sokrates. Er kann also schwerlich das Gesuchte sein.

Alkibiades. Nein, wie es scheint.

Sokrates. Nun, so herrscht also wohl das vereinigte Ganze über den Körper und dieses wäre demnach der Mensch?

Alkibiades. Vielleicht wohl.

Sokrates. Nichts weniger als dies. Denn wenn das eine von beiden nicht mit an der Herrschaft beteiligt ist, so kann unmöglich das vereinigte Ganze herrschen.

Alkibiades. Richtig.

Sokrates. Da nun also weder der Körper noch das vereinigte Ganze der Mensch ist, was bleibt dann für das Wesen des Menschen noch übrig? Entweder, so sollte ich meinen, ist es gar nichts, oder, wenn etwas, dann nichts anderes als die Seele.

Alkibiades. Das trifft wohl zu.

Sokrates. Verlangst du nun noch einen deutlicheren Nachweis dafür, daß die Seele der Mensch ist?

Alkibiades. Nein, beim Zeus, ich halte das Gesagte für hinreichend.

Sokrates. Fehlt dem Nachweis auch die volle Schärfe, so genügt er uns doch, auch in seiner bescheideneren Form. Denn die volle Schärfe der Erkenntnis würde erst dann erreicht sein, wenn wir das erforscht haben, was wir jetzt übergangen haben, weil es eine zu umständliche Untersuchung erfordert.

Alkibiades. Und was ist das?

Sokrates. Es geht zurück auf meine frühere Bemerkung, die dahin lautete, es gelte zunächst das eigentliche Wesen des

‚Selbst‘ zu ergründen. Tatsächlich aber haben wir nicht das eigentliche ‚Selbst‘, sondern nur den einzelnen Menschen hinsichtlich seines ‚Selbst‘ betrachtet, und vielleicht genügt das. Denn als wesentlichstes Stück an uns werden wir doch die Seele anerkennen und nichts anderes.

Alkibiades. Gewiß nichts anderes.

Sokrates. Und so ist es doch wohl eine ganz zutreffende Ansicht, daß, wenn ich und du miteinander durch die Rede verkehren, dies ein Verkehr der Seele mit der Seele ist?

Alkibiades. Unstreitig.

Sokrates. Darauf also lief es hinaus, wenn ich kurz vorher sagte, daß Sokrates mit Alkibiades spricht, indem er sich dabei der Rede bedient: nicht an dein Gesicht, wie es scheint, sondern an den Alkibiades richtet er seine Worte, das heißt an seine Seele.

Alkibiades. Davon bin ich überzeugt.

Sokrates. *Unsere Seele also sollen wir kennen lernen, das ist der Sinn des Spruches* [gnôthi seautón], *der uns zur Selbsterkenntnis auffordert.*“(321)

* * *

Antonio Canova, Amor (Érōs) umarmt Psyche, 1793.
(Detail einer Skulptur, Louvre/Paris)

Seele und zweifache Zeugung des Erôs

Erläuterung zum Schaubild

Die Seele (psyché, jīvātman) ist das Verbindungsglied (syndesmos) zwischen Geist (noûs) und Materie respektive Körper (sôma). Erôs, die Zeugungskraft, aber auch der Durst nach Göttlichem, bestimmt, auf welcher Ebene – der sinnlich wahrnehmbaren oder der geistigen – die „Zeugung" geschieht (vgl. Symposion), das heißt, ob der Weg zurück in die Einheit und Freiheit wiedererinnert (anamnêsis) und gegangen werden kann oder ob wir in der Mannigfaltigkeit und Zerstreuung bleiben und dort vor dem Hintergrund der Not-wendigkeit unsere Erfahrungen machen müssen.

Gemäß der Cakren-Lehre befinden sich entlang unserer Wirbelsäule sieben Haupt-Cakren, Orte, an denen Körperliches und Seelisches miteinander energetisch verschmelzen. Das mittlere Cakra, das Herz-Cakra, wird durch zwei Dreiecke symbolisiert. Die Spitze des einen Dreiecks weist dabei nach oben, die des anderen nach unten. Im spirituellen Kontext steht das Dreieck für die ausgewogene Verbindung von Körper, Seele und Geist. Ferner ist die Ausrichtung der Spitze ein Indikator dafür, in welche Richtung sich die Energie bewegt. Zeigt sie nach oben, weist sie in den Himmel und steht für die erhöhende spirituelle Kraft. Ihre Elemente sind Feuer (tejas, Klarheit und Glanz) sowie Luft (vāyu). Nach unten ausgerichtet, deutet sie durch die tellurischen Elemente Erde (prithivī) und Wasser (ap) einen geringeren Schwingungszustand an.

Dem Herz-Cakra (anāhata) kommt eine zentrale Bedeutung zu, denn es ist der Kreuzungspunkt, der den Weg unserer Reise bestimmt. Falls es Erôs gelingt, das Mannigfaltige und Viele in der platonischen „Idee" wieder zu versammeln, dann werden sich die Blütenblätter

Seele und zweifache Zeugung des Eros

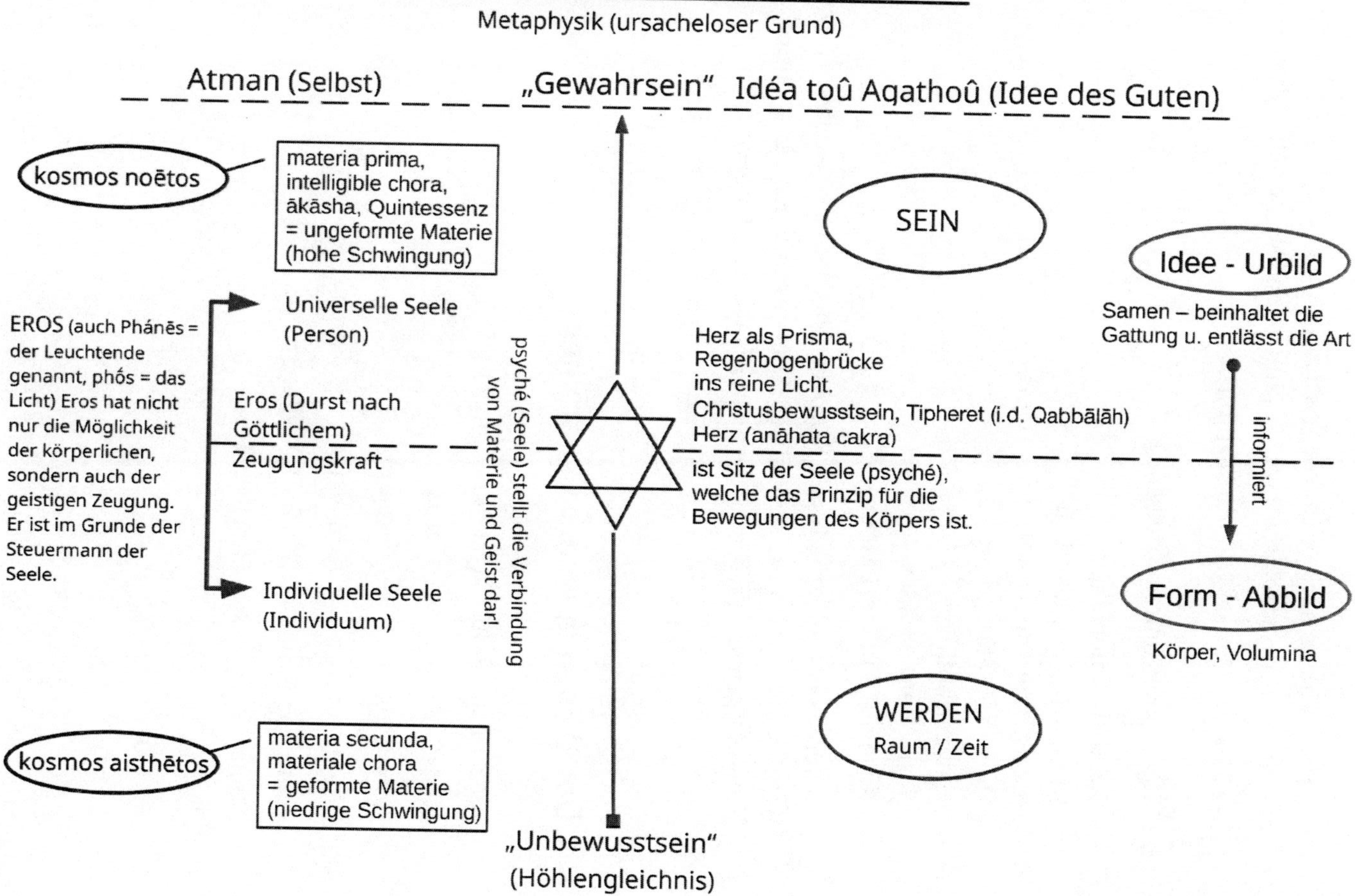

des Herz-Cakras nach oben, zur Spiritualität und letztlich zur Metaphysik, dem ursachelosen Grund, ātman (Selbst) beziehungsweise der Idee des Guten (idéa toû agathoû), öffnen.

Diese Cakren sind (aufsteigend):

- Steißbein (mūlādhāra),
- Kreuzbein (svādhishthāna),
- Solarplexus (manipūra),
- Herz (anāhata),
- Hals (vishuddha),
- Stirn (ājnā) und das
- Kronen-Cakra (sahasrāra).

Letzteres liegt außerhalb des Körpers, oberhalb des Kopfes. Auch wenn manche Cakren semantische Entsprechungen zu grobstofflichen Organen haben, sind sie nicht mit diesen identisch.

Das Wesen in seiner Gesamtheit

Idéa toû agathoû	(Idee des Guten)	
Noûs	(Geist)	
Logistikon	(Vernunft)	}
Thymoeides	(Mutartige)	} Psyché (Seele)
Epithymêtikon	(Begierde)	}
Sôma	(Körper)	

Überblick (Auszug) und Symbolik des „Wesens" im östlichen und westlichen Zweig der Überlieferung

Leib	Seele	Geist
sôma	psyché (pneuma)	noûs
fremdbewegt	selbstbewegt	unbewegt
ahaṁkāra (sthūla)	jīvātman	ātman(brahman)
Erde/Wasser	Luft/Wind	Äther/Feuer
Salz/Blei	Quecksilber II	Schwefel
mūladhara	anāhata	ājñā
Form/Quantität	Qualität	reines Bewussts.
individuelles Feuer	ausstrahlendes Feuer	unverwesliches Feuer
grobst. materiell	feinst. energetisch	essenz. prinzipial
Nigredo	Albedo	Rubedo
tamas	rajas	sattva
Volumina	Linie	Punkt
Wachzust. (jāgrat)	Traumzust. (svapna)	Tiefschlaf suṣupti
A	U	M
3	2	1
Brahmā	Viṣṇu	Īśa (Śiva)
rot	schwarz	braun
vaiṣvānara	taijasa II	prājña
Assiah	Yezirah	Briah
Nephesh (Körper)	Rūah (Seele)	Neshāmāh(Geist)
Konkretes	Besonderes	Allgemeines

<.................................... Interaktion und Auflösung ....>

Ein weiser Lehrer lehrt nicht, sondern leert.

C. M.

ANHANG

Anmerkungen / Quellenhinweise

1. Richard Reschika bemerkt in seinem Buch „Goldgrund der Welt. Ernst Jüngers poetische Metaphysik" (Bonn 2020, S. 472 f), dass dieser Begriff auf den italienischen Theologen und Gelehrten Agostino Steuco (1496/97-1548) zurückgeht und seine weitere Prägung von Gottfried Wilhelm Leibniz (1646-1716) erhielt.
2. Bocheński, Joseph, Wege zum philosophischen Denken, Freiburg 1991, S. 42
3. Vgl. Walther Kranz, Die griechische Philosophie, Stuttgart 1955, S. 21
4. Vgl. Bertrand Russel, Philosophie des Abendlandes, Zürich 2009, S. 11
5. Vgl. Raphael, Feuer des Gewahrseins, Bielefeld 2008, S. 20
6. Vgl. Kurt Hübner, Die Wahrheit des Mythos, München 1985, S. 274
7. Jung, C. G./Kerényi, Karl, Mythologie, Zürich 1951, S. 17
8. Vgl. Georg Scherer, Philosophie, Berlin 2003, S. 38 f
9. Gadamer, Hans-Georg/ Fries, Heinrich, Mythos und Wissenschaft, Freiburg 1981, S. 35
10. Armstrong, Karen, Eine kurze Geschichte des Mythos, München 2007, S. 122
11. Eliade, Mircea, Das Heilige und das Profane, Frankfurt a. M. 1990, S. 85
12. Raphael, Orphik, Schalksmühle 2015, S. 9
13. Ebd., S. 11
14. Vgl., ebd., S. 12
15. Eliade, Mircea, Mythen, Träume und Mysterien, Salzburg 1961, S. 20
16. Vgl. Raphael, Orphik, Schalksmühle 2015, S. 13
17. Ebd., S. 11
18. Eliade, Mircea, Mythos und Wirklichkeit, Frankfurt a. M. 1988, S. 27
19. Ebd., S. 29
20. Dialektik bedeutet bei Platon, durch richtige Gesprächsführung die Vielheit in einer *Idee* zu versammeln. Hierzu ist Unterscheidungsvermögen die Voraussetzung. Im Vedanta entspricht dies über *viveka* (Unterscheidungsvermögen) den *jñānamarga* (Erkenntnisweg) *zu beschreiten.*
21. Paul Virilio, ein französischer Philosoph und Urbanist, ist den Entwicklungen und Veränderungen, die den Menschen durch Technik entstehen, auf sehr gründ-

liche Weise nachgegangen. Siehe hierzu auch vom Autor: „Technikphilosophie bei Paul Virilio – Dromologie – “, Würzburg 2002

22. Vgl. Claude Lévi-Strauss, Mythos und Bedeutung, Frankfurt a. M.1980
23. Gadamer, Hans-Georg/ Fries, Heinrich, Mythos und Wissenschaft, Freiburg i. Br. 1981, S. 29
24. Lévi-Strauss, Claude, Mythos und Bedeutung, Frankfurt a. M. 1980, S. 29
25. Ebd., S. 15
26. Siehe hierzu vor allem: Hans Blumenberg, Die Arbeit am Mythos, Frankfurt a.M. 1979
27. Armstrong, Karen, Eine kurze Geschichte des Mythos, München 2007, S. 33
28. Ebd.
29. Vgl. Mircea Eliade, Das Heilige und das Profane, Frankfurt a. M. 1990, S. 87
30. Vgl. Karen Armstrong, Eine kurze Geschichte des Mythos, München 2007, S. 43 f
31. Raphael, Die Wissenschaft der Liebe, Grafing 2008, S. 32
32. Ebd., S. 20
33. Vgl. Walter Burkert, Antike Mysterien, München 1994, S. 12
34. Ebd., S. 15
35. Raphael, Feuer der Philosophen, Bielefeld 2010, S. 85
36. Burkert, Walter, Antike Mysterien, München 1994, S. 16
37. Vgl. Raphael, Feuer der Philosophen, Bielefeld 2010, S. 86
38. Raphael, Advaita Vedanta, Bielefeld 2006, S. 107
39. Vgl. Walter Burkert, Antike Mysterien, München 1994, S. 15
40. Raphael, Orphik, Schalksmühle 2015, S. 92
41. Vielfach wird hier die Abstammung aus Thrakien oder auch Ägypten genannt. Eine vergleichende Übersicht über den Forschungsstand liefert Walter Burkert in: Die Griechen und der Orient, München 2004
42. Wili, Walter, Orphische Mysterien, in: Eranos-Jahrbuch, Zürich 1944, Bd. XI, S. 88 f
43. Otto, Walter F., Dionysos, Mythos und Kultus, Frankfurt 1933, S. 81
44. Vgl. Platon, Gesetze 815c, Hamburg 1998
45. Otto, Walter F., Dionysos. Mythos und Kultus, Frankfurt 1933, S. 84
46. Held, Klaus, Treffpunkt Platon, Stuttgart 2001, S. 107
47. Walter, F., Otto, Dionysos, Mythos und Kultus, Frankfurt a. M. 1933, S. 189
48. Vgl. Mircea Eliade, Ewige Bilder und Sinnbilder, Frankfurt a. M. 1998, S. 83
49. Vgl. Mircea Eliade, Mythen, Träume und Mysterien, Salzburg 1961, S. 245.
50. Vgl. Mircea Eliade, Ewige Bilder und Sinnbilder, Frankfurt a M. 1998, S. 168 ff

51. Vgl. Mircea Eliade, Mythen, Träume und Mysterien, Salzburg 1961, S. 26

52. Vgl. Paul Deussen, Geschichte der Philosophie, Leipzig 1911, S. 17. Weiter bemerkt er: „Unter der plastischen Hand der Griechen sind sie [die Götter A. d. A.] ganz und gar zu menschlich fühlenden und strebenden, nur über gewisse Schranken der Menschennatur hinausgehobenen Wesen umgewandelt. Zeus und Hera sind ein sehr menschenähnliches Ehepaar geworden, Apollon und Ares, Athena und Aphrodite erscheinen als ideale Typen menschlicher Bestrebungen und Tätigkeiten."

53. Vgl. Walter Wili, Orphische Mysterien, in: Eranos-Jahrbuch, Zürich 1944, Bd. XI, S. 62

54. Vgl. Uvo Hölscher, Die Odyssee, München 1990, S. 14

55. Aufgrund der stilistischen Eigentümlichkeiten dieser beiden großen Epen – die Ilias umfasst ca. 16000 Hexameter, die Odyssee ca. 12000 – ist die Urheberschaft Homers nicht unumstritten. Im Hinblick auf die „homerische Frage", wie sie die Forschung bezeichnet, stehen sich zwei Anschauungen gegenüber: Einerseits die sogenannte Liedertheorie, die von der Komposition ursprünglich selbstständiger Lieder ausgeht, andererseits die unitarische Auffassung, die in der „Ilias" und in großen Teilen der „Odyssee" Homer als Autor erkennt. Ebenso ungeklärt ist, ob Homer die schriftliche Fixierung der beiden Epen selbst vorgenommen hat oder ob diese erst nach seiner Zeit erfolgte.

56. Vgl. Homer, Ilias, Stuttgart 2010, 392 f

57. Vgl. Wolfgang Schadewaldt, Die Anfänge der Philosophie bei den Griechen, Frankfurt a. M. 1978, S. 54

58. Vgl. Karl Kerényi, Mythologie der Griechen, 2 Bde., München 2001, S. 19

59. Hesiod, Werke und Tage, Stuttgart 2007, S. 25

60. Vgl. Werner Jaeger, Paideia I, Berlin 1954, S. 28

61. Vgl. Wolfgang Schadewaldt, Die Anfänge der Philosophie bei den Griechen, Frankfurt a. M., S. 76 f

62. Hesiod, Werke und Tage, Stuttgart 2007, Anmerkung S. 70: „Die (von Hesiod korrigierte) Vorstellung von den sich verschlechternden Weltaltern stammt aus dem Orient. Der Mythos geht, wie man aus dem sogenannten Töpferorakel, einer ägyptischen Apokalypse des 2. Jahrhunderts v. Chr., weiß, auf persisches Gedankengut zurück: die persische Apokalypse *Bahman Yast*. Darin lässt Ahura Mazda (der allwissende Schöpfergott) den Zarathustra einen Baum mit vier Zweigen (aus Gold, Silber, Kupfer, Eisen) schauen, die dieser als Bild für die vier Weltalter deutet. Diese Vorstellung entstammt letztlich der indischen Yogalehre, die gleichfalls vier Weltalter und fortlaufende Verschlechterung kennt."

63. Ebd., 11 f

64. Vgl. Bruno Snell, Die Entdeckung des Geistes, Göttingen 2008, S. 52

65. Vgl. Werner Jaeger, Die Theologie der frühen griechischen Denker, Stuttgart 1953, S. 22

66. Vgl. Wolfgang Schadewaldt, Die Anfänge der Philosophie bei den Griechen, Frankfurt 1978, S. 83
67. Vgl. Hesiod, Theogonie, Stuttgart 1999, S. 96.
68. Hesiod, Theogonie, Stuttgart 1999, 5 f.
69. In Verszeile 144 und 195 erklärt er beispielsweise die Namensherkunft der Kyklopen und der Aphrodite.
70. Vgl. Raphael, Orphik, Schalksmühle 2015, S. 28
71. Rohde, Erwin, Psyche, Leipzig 1894, S. 11
72. Vgl., ebd., S. 21
73. Archäologische Funde (1927) in Mesopotamien, nahe der Stadt Ur, zeigen eine voll entwickelte Lyra. Das Musikinstrument wird 2500 Jahre vor unserer Zeitrechnung zurückdatiert und könnte, so die Hypothese, in die Wirkzeit des Orpheus fallen und die Annahme seiner Herkunft aus dem vorderen Orient untermauern. Vgl. Johanna Aulich, Orphische Weltanschauung der Antike und ihr Erbe bei den Dichtern Nietzsche, Hölderlin, Novalis und Rilke, Frankfurt a. M. 1998, S. 26.
74. Die Zahl Sieben hatte schon in der Antike – und nicht nur in Griechenland – eine ganz besondere Symbolik. Sie steht u. a. für die biblische Erschaffung der Welt in sieben Tagen, die sieben Weltwunder, die sieben Meere, die sieben Planeten und die sieben Weltsphären. In der Vorstellung des frühen Griechentums wird der Kosmos durch die Zahl Sieben gegliedert. „1. Erde (in drei Arten: harte, weiche, warm-feuchte), 2. Wasser (gleichfalls in drei Arten: Fluß-, Sumpf-, Meerwasser), 3. Luft, 4. Mond, 5. Sonne, 6. Sterne, 7. Firmament.“ Aus: Walther Kranz, Kosmos und Mensch in der Vorstellung des frühen Griechentums, Göttingen 1938, Bd. 2, S. 127. Vgl. auch: Ernst Cassirer, Philosophie der symbolischen Formen, Darmstadt 1987, S. 115
75. Vgl. Raphael, Orphik, Schalksmühle 2015, S. 32
76. Edouard Schuré, Die großen Eingeweihten, Köln 2006, S. 197. EA: Les grandes initiés, Paris 1889
77. Raphael, Orphik, Schalksmühle 2015, S. 30 f
78. Euripides, Der Kyklop, 646-648
79. Raphael, Orphik, Schalksmühle 2015, S. 104 f
80. Vgl. ebd., S. 32
81. Vgl. Der neue Pauly, Bd. 9, Enzyklopädie der Antike, Stuttgart 2000, S. 61
82. Vgl. ebd.
83. Vgl. Johanna Aulich, Orphische Weltanschauung der Antike und ihr Erbe bei den Dichtern Nietzsche, Hölderlin, Novalis und Rilke, Frankfurt a. M. 1998, S. 30
84. Die Heldensage berichtet hier von dem liebeslustigen Poseidon, dem Bruder des Zeus. Obwohl Poseidon verheiratet war, suchte er ständig Liebesabenteuer. Die

schöne makedonische Prinzessin, von der in der Sage erzählt wird, hieß Theophane, die „als Göttin Erscheinende". Sie wurde von vielen Freiern aufs Äußerste bedrängt, und Poseidon half ihr aus dieser Lage, indem er sie raubte und auf eine Insel brachte. Um weiteren Nachstellungen der Freier zu entgehen und die Freuden der Liebe mit ihr genießen zu können, verwandelte er sie in ein Schaf und sich selbst in einen Widder. Ihr Kind war ein kleiner goldener Widder, der fliegen konnte. Vgl. Karl Kerényi, Mythologie der Griechen, 2 Bde. München 2001, S. 145

85. Vgl. Der neue Pauly, Bd. 9, Enzyklopädie der Antike, Stuttgart 2000, S. 64
86. Vgl. Der kleine Pauly, Lexikon der Antike, München 1972, S. 357
87. Vgl. Otto Kern, Die Religion der Griechen, Bd. 1, Halle (Saale) 1926, S. 146
88. Vgl. Werner Jaeger, Die Theologie der frühen griechischen Denker, Stuttgart 1953, S. 74 f
89. Vgl. Homer, Ilias, Stuttgart 2010, S. 161
90. Vgl. Bruno Snell, Die Entdeckung des Geistes, Göttingen 2000, S. 19 f sowie Ilias 11, 334
91. Vgl. Johanna Aulich, Orphische Weltanschauung der Antike und ihr Erbe bei den Dichtern Nietzsche, Hölderlin, Novalis und Rilke, Frankfurt a. M. 1998, S. 32 f
92. Euripides, Polyidos, Berlin 1922, Fr. 638
93. Vgl. Werner Jaeger, Die Theologie der frühen griechischen Denker, Stuttgart 1953, S. 103 f
94. Vgl. Erwin Rohde, Psyche, Leipzig 1894, S. 185
95. Platon, Gesetze VI, Hamburg 1998, 782
96. Raphael, Orphik, Schalksmühle 2015, S. 32 f
97. Ebd., 76 f
98. Vgl. Dorothea Frede, Die Orphik – Mysterienreligion oder Philosophie? In: Der Orpheus-Mythos von der Antike bis zur Gegenwart, Hamburg 2003, S. 229 u. 231
99. Raphael, Orphik, Schalksmühle 2015, S. 36
100. Ebd., S. 56
101. Vgl., ebd. S. 81
102. Ebd., S. 94
103. Ebd., S. 93
104. Plutarch, Moralphilosophische Schriften, Stuttgart 1997, Fragment 178
105. Aus: Raphael, Orphik, Schalksmühle 2015, S. 58 f
106. Ebd., S. 57
107. Raphael, Orphik, Schalksmühle 2015, S. 28 f
108. Diels, Hermann/Kranz, Walther, Die Fragmente der Vorsokratiker, 3 Bde., Bd.1, Berlin 1961, Fr. 1

109. Vgl. Walter Wili, Orphische Mysterien, in: Eranos-Jahrbuch, Zürich 1944, Bd. XI, S. 93
110. Vgl. Erwin Rohde, Psyche, Leipzig 1894, S. 191
111. Vgl. Frédéric Lionel, Das Vermächtnis des Pythagoras, Grafing 1990, S. 15 f
112. Diogenes Laertius, Leben und Lehre der Philosophen, Stuttgart 1998, Buch IX, S. 21
113. Vgl. Wolfgang Röd, Geschichte der Philosophie, München 1988, Bd. I, S. 116
114. Raphael, Parmenides. Über die Anordnung der Natur, Schalksmühle 2012, S. 35
115. Ebd., S. 43-47
116. Vgl. Klaus Held, Treffpunkt Platon, Stuttgart 2001, S. 53 f
117. Vgl. ebd.
118. Parmenides, 3. Fragment, S. 231, DK 1961 und Raphael, Parmenides, Über die Anordnung der Natur, Schalksmühle 2012, S. 51
119. Ebd., S. 51
120. Ebd., S. 89
121. Rohde, Erwin, Psyche, Leipzig 1894, S. 194
122. Diels, Hermann/Kranz, Walther, Die Fragmente der Vorsokratiker 3 Bde., Bd.1, Berlin 1961, Empedokles Fr. 3
123. Ebd., Fr. 115
124. Ebd., Fr. 117 und 118
125. Ebd., Fr. 137
126. Vgl., Michael Erler, Platon, München 2006, S. 15
127. Vgl. Joseph M. Bocheński, Wege zum philosophischen Denken, S. 42, 1991
128. Vgl. Walter Wili, Eranos-Jahrbuch 1944, Bd. XI, S. 85
129. Vgl. Heinrich Rombach, Der Ursprung, Freiburg 1994, S. 143
130. Siehe hierzu das weiter oben angeführte Zitat von Plutarch, S. 69
131. Für eine ausführliche Darstellung bietet sich das Buch „Alternative Lebensform?“ von Arno Baruzzi, Alber-Verlag, Freiburg 1985, an.
132. Oligarchie und Demokratie waren zu dieser Zeit die beiden vorherrschenden politischen Systeme, welche sich abwechselten.
133. Platon, Gesetze, 875
134. Raphael, Initiation in die Philosophie Platons, Bielefeld 2001, S. 83
135. Vgl. Michael Erler, Platon, München 2006, S. 134
136. Platon, Timaios, 89-90
137. Politeia 368 f
138. Ebd., 435

139. Aristoteles, Metaphysik, 980a, Stuttgart 1970
140. Plotin, Enneaden IV 8, 2, GA Hamburg 1956
141. Ebd., IV 3,6
142. Platon, Philebos, 30
143. Pan-en-theos (πᾶν ἐν θεός) heißt, *alles* ist *in Gott* enthalten, so auch die Welt, welche aber von Gott überstiegen, transzendiert wird. Der Pantheismus setzt hingegen die Welt und somit das Werden mit Gott gleich, betrachtet sie als identisch mit ihm. Der Ausdruck wurde von Karl Christian Friedrich Krause 1828 geprägt, in seinem Sinngehalt jedoch schon von Novalis 1798 verwendet. Siehe HWPh.
144. Raphael, Feuer der Philosophen, Bielefeld 2010, S. 40 f
145. Platon, Phaidon, 65
146. Diels, Hermann/Kranz, Walter, Die Fragmente der Vorsokratiker, 3 Bde., Berlin 1961 Bd.1, Fr. 88
147. Platon, Phaidon 70
148. Ebd., 71
149. Vgl. Karl Bormann, Platon, Freiburg 1987, S. 98. Vor allem ist auch das sehr tiefgründige Buch *Phaidon* von Theodor Ebert, Göttingen 2004, zu erwähnen.
150. Platon, Phaidon, 72
151. Diogenes Laertios, Leben und Lehre der Philosophen, Stuttgart 1998, S. 4-5
152. Diels, Hermann/Kranz, Walther, Die Fragmente der Vorsokratiker, 3 Bde., Berlin 1961, Fr. 129
153. Phaidon 74-75
154. Vgl. Peter M. Steiner, Psyche bei Platon, Göttingen 1992, S. 61
155. Platon, Phaidon 77
156. Ebd., 78
157. Vgl. Plutarch, Moralphilosophische Schriften, Stuttgart 2010, S. 194
158. Diels, Hermann/Kranz, Walther, Die Fragmente der Vorsokratiker, 3 Bde., Berlin 1961, Fr. 8
159. Vgl. Thomas Alexander Szlezák, Platon: Meisterdenker der Antike, München 2021, S. 264
160. Platon, Phaidon, 79
161. Vgl. Karl Bormann, Platon, Freiburg 1987, S. 108
162. Platon, Phaidon 103
163. Platon, Phaidon 105
164. Platon, Phaidros 245
165. Ebd., 245 f

166. Platon unterscheidet zehn Arten von Bewegungen, wohingegen wir uns heute überwiegend nur noch mit der Ortsbewegung beschäftigen. Diese sind: 1. Kreisbewegung, 2. geradlinige Bewegung, 3. Zerspaltung, 4. Verbindung, 5. Wachstum (Zunahme), 6. Abnahme, 7. Entstehung, 8. Vergehen, 9. das unbewegt Bewegende, 10. das sich selbst und alles andere Bewegende (Seele), somit Erstursache.
167. Platon, Phaidros 246
168. Vgl., ebd.
169. Siehe hierzu die Stellen im Timaios 69 ff und in der Politeia 440 f
170. Platon, Phaidros 253 f
171. Vgl. Karl Bormann, Platon, Freiburg/München 1987, S. 146
172. Aus: Raphael, Parmenides, Über die Anordnung der Natur Schalksmühle 2012, 1. Fragment
173. Kaṭha Upaniṣad, I, III, 3-9, in: Raphael, Māṇḍūkyakārikā – Jenseits von Śivas Tanz, Freiburg 2001, S. 18. Die Einfügungen in den eckigen Klammern stammen vom Autor.
174. Bezüglich weiterer Konkordanzen sei auf die Bücher von Raphael verwiesen.
175. Thomas Alexander Szlezák, Der Begriff „Seele" als Mitte der Philosophie Platons, in: Über die Seele, Berlin 2010, S. 24
176. „Der pädagogische Bezug" im Sinne H. Nohls wird hier völlig obsolet.
177. Bollnow, O. F., Wesen und Wandel der Tugenden, Frankfurt a. M. 1958, S. 21
178. Siehe hierzu: Hannah Arendt, Eichmann in Jerusalem, München 2005
179. 1 Kor 13,13
180. Vgl. Werner Jaeger, Paideia, Bd. 1, Berlin 1954, S. 26
181. Platon, Gorgias 518a, Lg 765e, 903b in der Übersetzung von Friedrich Schleiermacher, GA WBG 1990
182. Schäfer, Christian, Platon-Lexikon, Darmstadt 2007, S. 286
183. Platon, Gorgias 506d-e, In der Übersetzung von Friedrich Schleiermacher, GA WBG 1990
184. Vgl. Platon, Pol. 352-353
185. Vgl. Franz Vonessen, Das Unglaubliche der Wahrheit, Zug/Schweiz 1994, S. 61
186. Platon, Nomoi, 710
187. Platon, Phaidon, 69
188. Siehe hierzu das Kapitel „Tod und Wiedergeburt oder Auferstehung", in: Raphael, Feuer der Philosophen, Bielefeld 2010, S. 139
189. Ebd., S. 141
190. Vgl. ebd.
191. Siehe hierzu: Arno Baruzzi, Freiheit, Recht und Gemeinwohl, Darmstadt 1990 Vgl. Platon, Gorgias 477

192. Baruzzi, Arno, Die Zukunft der Freiheit, Darmstadt 1993, S. 35
193. Vgl. Franz Vonessen, Das Unglaubliche der Wahrheit, Zug/Schweiz 1994, S. 305 ff
194. Platon, Kratylos, 399
195. Vgl. Cicero, Tuskulanische Gespräche, München 1959, S. 163
196. Vgl. Platon, Timaios, 69b ff. Der mittlere Seelenteil erfährt bei Platon in der Lokalisation des Körpers nochmals eine zweifache Trennung.
197. Pieper, Josef, Das Viergespann, München 1964, S. 20
198. Vgl. Raphael, Initiation in die Philosophie Platons, Bielefeld 2001, S. 38
199. Platon, Gesetze, 897
200. Platon, Timaios, 88
201. Pieper, Josef, Das Viergespann, München 1964, S. 22
202. Die Griechen zur Zeit Platons hatten drei Begriffe für Freiheit: *Eleutheria*, was Freiheit im allgemeinsten Sinne betrifft, also niemandem anderen dienen zu müssen, sein eigener Herr sein. Etymologisch kommt die Wurzel dieses Begriffs bspw. noch in dem Städtenamen „Leutkirch" vor. Der zweite ist *Autarkeia*, autark, was soviel bedeutet wie eine selbstgenügsame Lebensform zu wählen. Der dritte heißt *Autonomia* und bedeutet, sich selbst das Gesetz geben. Dieser Begriff gewinnt vor allem seit der Neuzeit an großer Bedeutung. Hinsichtlich der *Autarkeia* unterscheiden Platon und Aristoteles vier bzw. drei Formen des Lebensvollzugs: 1. Kaufmanns-Erwerbsleben (nur bei Platon, bíos chrēmatistikós). 2. Genussleben (bíos apolaustikós). 3. Politisches Leben, also sich in die Gemeinschaft einbringen (bíos politikós). 4. Sein Leben der Theorie widmen, Einblick in das Immerwährende, die Ideen, erlangen (bíos theōrētikós)
203. Vonessen, Franz, Das Unglaubliche der Wahrheit, Zug/Schweiz 1994, S. 93
204. Negative Freiheit und positive Freiheit, Freiheit *von* und Freiheit *zu*.
205. Vgl. Platon, Politeia 427 f
206. Bemerkung von Beate Schleep. Gedächtnisprotokoll eines Gesprächs 2017 auf dem Rückweg zum Flughafen.
207. Platon, Gesetze, 896
208. Raphael, Initiation in die Philosophie Platons, Bielefeld 2001, S. 8
209. Platon, Kratylos, 400c
210. Vgl. Raphael, Initiation in die Philosophie Platons, Bielefeld 2001, S. 92
211. Vgl. Walter Wili, Eranos-Jahrbuch 1944, Bd. XI, S. 102 und Walter Wili, Versuch einer Grundlegung der Platonischen Mythopoiie, Zürich 1925, S. 75
212. Most, Glenn, Platons exoterische Mythen, in: Platon als Mythologe, Darmstadt 2002, S. 11 ff
213. Vgl. Dirk Cürsgen, Die Rationalität des Mythischen, Bochum 2000, S. 17
214. Erler, Michael, Platon, München 2006, S. 57 ff

215. Vgl. ebd.
216. Cürsgen, Dirk, Die Rationalität des Mythischen, Bochum 2000, S. 27 ff
217. Platon, Politeia, 377
218. Diels, Hermann/Kranz, Walther, Die Fragmente der Vorsokratiker, 3 Bde., Berlin 1961, Fr. 21 B 11 und 14
219. Platon, Politeia, 379
220. Platon, Gorgias, 523-524
221. Vgl. Michael Erler, Platon, München 2006, S. 56
222. Vgl. Glenn Most, in: Platon als Mythologe, Darmstadt 2002, S. 18
223. Ebd., S. 19
224. Vgl. Platon, Gorgias 524 f
225. Platon, Phaidon 107
226. Platon, Phaidon, 108 f
227. Platon, Phaidon, 109 ff
228. Vgl. Platon, Phaidon, 113
229. Ebd., 107
230. Vgl. Wilfried Eisele, Jenseitsmythen bei Platon und Plutarch, in: Lebendige Hoffnung – ewiger Tod, Leipzig 2007, S. 322
231. Platon, Politeia, 614
232. Vgl., Alois Stenzel, Platon der Erzieher, Darmstadt 1961, S. 182
233. Platon, Politeia, 616
234. Ebd., 617. Hier kann man durchaus einen Vergleich zur Karmalehre des östlichen Zweiges der Überlieferung ziehen. Denn auch sie weist bezüglich ihrer Temporalität eine Dreigliederung auf: āgāmikarman (zukünftiges Karma), prārabdhakarman (Karma, welches sich gegenwärtig auswirkt) und sancitakarman (Karma, welches in vergangenen Inkarnationen angehäuft wurde). Siehe hierzu: Martin Mittwede, Spirituelles Wörterbuch Sanskrit – Deutsch, Dietzenbach 2013
235. Ebd. Kursivsetzung C. M.
236. Cürsgen, Dirk, Die Rationalität des Mythischen, Dissertation, Berlin 2000, S. 67
237. Vgl. Karl Kerényi, Die Mythologie der Griechen Bd. 1, München 2001, S. 32
238. Platon, Politeia, 618
239. Platon, Politeia, 621
240. Vgl. Walter Hirsch, Platons Weg zum Mythos, Berlin 1971, S. 335
241. Ebd. 335
242. Vgl. Karl Kerényi, Die Mythologie der Griechen Bd. 1, München 2001, S. 82
243. Vgl. Raphael, Advaita Vedānta, Bielefeld 2006, S. 112

244. Vgl. Raphael, Orphik, Schalksmühle 2015, S. 76 f

245. Vgl. Ernst Cassirer, Philosophie der symbolischen Formen, Bd. II, Darmstadt 1953, S. 119

246. Vgl. Die Upanishaden, München 2008, S. 77 f

247. Vgl. Hartmut Böhme, Das Licht als Medium der Kunst, Antrittsvorlesung, Berlin 1994

248. Vgl. Werner Beierwaltes, Lux intelligibilis, Diss., München 1957

248a. Vgl. Heidegger, Martin, Vom Wesen der Wahrheit, GA Bd. 34, Frankfurt 1997, S. 26

248b. Ebd., S. 54 f

248c. Raphael, Der Feuerweg der Qabbālāh, Grafing 2008, S. 41

249. Fink, Eugen, Metaphysik der Erziehung, Frankfurt a. M. 1970, S. 35

250. Raphael, Orphik, Schalksmühle 2015, S. 31

251. Platon, Politeia, 509b

252. Raphael, Initiation in die Philosophie Platons, Bielefeld 2001, S. 92

253. Vgl. ebd.

254. Vgl. Platon, Timaios 51ff

255. Platon, Politeia, 514-518

256. Vgl. Philosophia Perennis, Reinigung der Sphäre des *kāmamanas* (Teil II), Übersetzt von Beate Schleep für die Freiburger Gruppe, Dezember 2013, Āśram Vidyā Rom

257. Raphael, Bhagavadgītā, Schalksmühle 2014, Kap. VIII, S. 218, Sutra 26

258. Ebd., S. 219

259. Vgl. Erich Fromm, Die Kunst des Liebens, Frankfurt a. M. 1980, S. 17

260. Historisches Wörterbuch der Philosophie (HWPh.), Herausgegeben von Joachim Ritter und Karlfried Gründer, Darmstadt 1989 , Band 7, S. 975

261. Vgl. Platon, Politeia, 510 ff

262. Vgl. ebd., insbesondere 7. Brief 342 ff

263. Von Hobbes haben wir den Satz: „Ubi ergo generatio nulla… ibi nulla philosophia intelligitur" (De Corpore I,1 sect.8). Was bedeutet, dass der Mensch nur Einblick in die von ihm selbst verfertigten Dinge erhalten kann.

264. *Dharma* bezeichnet im Sanskrit Ordnung, Pflicht des Menschen, Gerechtigkeit und Tugend. Er entspricht somit der platonischen Gerechtigkeit, dikaiosýnē. Dharma ist letztlich das, was die Würde eines Menschen ausmacht. Vgl. Martin Mittwede, Spirituelles Wörterbuch Sanskrit-Deutsch, Dietzenbach 2013

265. Platon, Philebos, 16

266. Reale, Giovanni, Zu einer neuen Interpretation Platons, Zürich 1993, S. 148

267. Platon, Phaidon, 99

268. Diogenes Laertios, 6, 53

269. Raphael, Feuer der Philosophen, Bielefeld 2010, S. 120

270. Platon, Politeia 479

271. Reschika, Richard, Und plötzlich ist Klarheit. Christliche Erleuchtungserlebnisse von Paulus bis heute, München 2012, S. 116

272. Platon, Siebenter Brief, 341

273. Szlezák, Thomas Alexander, Der Begriff „Seele" als Mitte der Philosophie Platons, in: Über die Seele, Berlin 2010. Ders., Platon und die Schriftlichkeit der Philosophie, Berlin 2004

274. Vgl. Thomas Alexander Szlezák, Platon lesen, Stuttgart/Bad Canstatt 1993, S. 22 f

275. Platon, Phaidros 271

276. Huxley, Aldous, Die ewige Philosophie, Roßdorf 2018

277. Raphael, Feuer der Philosophen, Bielefeld 2010, S. 117

278. Raphael, Tat Twam Asi, Bielefeld 2006, S. 104

279. Die Quantentheorie wurde von Max Planck im Jahre 1900 begründet. Auf dem Gebiet der speziellen (1905) und der allgemeinen (1916) Relativitätstheorie ist vor allem Albert Einstein zu nennen. Wertvolle Ergebnisse hinsichtlich der Quantenmechanik und ihrer Berechnung lieferten 1926 die Physiker Max Born, Heisenberg, und Jordan und Paul Dirac.

280. Capra, Fritjof, Das Tao der Physik, Bern/München/Wien, 1984, S. 206

281. Raphael, Feuer der Askese, Bielefeld 2009, S. 153. Zur weiteren Vertiefung hierzu dienen aus den Werken Raphaels: Feuer der Askese, Kap. „Der Raum"; Initiation in die Philosophie Platons, Kap. „Platonischer Dualismus"; Feuer der Philosophen, Kap. „Zeit, Raum, Erkenntnis"; Feuer des Gewahrseins, Kap. „Mahapuruṣa, puruṣa und prakṛti im Advaita Vedanta".

282. Raphael, Initiation in die Philosophie Platons, Freiburg 2002, S. 47

283. Alêtheia heißt auf Griechisch Unverborgenheit. Etymologisch setzt sich das Wort aus dem Stamm „leth-" und einem alpha privativum „a", im Sinne von „un" zusammen. Lḗthē ist in der griechischen Mythologie der Fluss des Vergessens. Ihm wird also das Vergessene entrissen. Vgl. Mythos des „Er", Platon, Politeia, 621

284. Platon, Politeia 521

285. Platon, Gastmahl, 203 ff

286. Stufengang der negativen Freiheit *(von)* zur positiven Freiheit *(zu)*; Muße (scholê):
1. Freiheit *von* Arbeit, Technik, Wirtschaft *zu* Genuss, Lust
2. Freiheit *von* Genuss, Lust, Gebrauch *zu* Politik
1. Freiheit *von* Politik *zu* Theorie

287. Platon, Gesetze, 726

288. Hesiod, Theogonie, Stuttgart 2005, S. 13

289. Vgl. Robert Böhme, Der Sänger der Vorzeit, Bern 1980, S. 17

290. Vgl. Karl Kerényi, Mythologie der Griechen, Band 1, München 2001, S. 92

291. Vgl. ebd.

292. Raphael, Die Wissenschaft der Liebe, Grafing 2008, S. 59

293. Ebd., S. 60 f

294. Vgl. Erich Fromm, Die Kunst des Liebens, Frankfurt a. M. 1980, Vorwort

295. Platon, Symposion, 183

296. Ebd., 177

297. Krüger, Gerhard, Eros und Mythos bei Platon, Frankfurt a. M. 1978, S. 20

298. Platon, Symposion, 204

299. Raphael, Advaita Vedānta, Bielefeld 2006, S. 41

300. Vgl. Raphael, Initiation in die Philosophie Platons, Freiburg i. Br. 2002, S. 103

301. Vgl. Raphael, Die Wissenschaft der Liebe, Grafing 2008, S. 66

302. Platon, Symposion, 203

303. Ebd., 206.

304. Evola, Julius, Die große Lust. Metaphysik des Sexus, Bern 1998, S. 134

305. Platon, Symposion/Gastmahl, 210

306. Vgl. Julius Evola, Die große Lust. Metaphysik des Sexus, Bern 1998, S. 111. Weiterführende philosophische und mythologische Untersuchungen unter dem Aspekt des Sakralen der sinnlichen Liebe finden sich in den Schriften von Julius Evola (Die große Lust. Metaphysik des Sexus), und Vladimir Solov'ev (Der Sinn der Liebe). Vgl. hierzu auch: Richard Reschika, Das Versprechen der Ekstase. Eine philosophische Reise durch das erotische Werk von Georges Bataille und Julius Evola.

307. Raphael, Wissenschaft der Liebe, Grafing 2008, S. 20

308. Platon, Symposion, 211

309. Bibel, Einheitsübersetzung der Heiligen Schrift, Aschaffenburg 1983, Mt 10,27 und Mt 10,34

310. Vgl. Raphael, Die Wissenschaft der Liebe, Grafing 2008, S. 79

311. Ebd., S. 33

312. Ebd., S. 36 f

313. Robin, Léon, La théorie platonicienne de l'Amour, Paris 1964, S. 10
„Aber was von der Liebe zu sagen ist, dass sie weder schön, noch gut und dass daraus auch nicht folgt weder hässlich noch schlecht zu sein. Denn genau so ist, dass

es eine Mitte gibt zwischen Wissenschaft und Unkenntnis [...]. Man wird also von der Liebe sagen, dass es etwas zwischen dem Schönen und dem Hässlichen, zwischen dem Guten und dem Bösen ist."

314. Siehe hierzu vor allem Platons *Phaidros* im *Corpus Platonicum*

315. In seiner Schrift *Was ist Dialektik?* vermerkt Reiner Winter: „Hegel hat darauf aufmerksam gemacht, dass im Wort ‚Wesen' das Partizip Perfekt des Verbs ‚sein' enthalten ist. Dies zeigt sprachlich an, dass im Wesen das Gewesene aufgehoben ist." (www.reiner-winter.de)

316. Vgl. Platon, Phaidros, 229

317. Kant, Immanuel, Grundlegung zur Metaphysik der Sitten, Hrsg. von Bernd Kraft und Dieter Schönecker, Hamburg 1999. AA 400, 20

318. Platon, Symposion, 205

319. Jaeger, Werner, Paideia, Bd. II, Berlin 1954, S. 94

320. Vgl. Georgios Bebedelis, Griechische Philosophie. Vorträge aus den Jahren 2004 bis 2016, Skript S. 130 f

321. Platon, Alkibiades der Erste, 128-130

Bildnachweis Seite 237:
Antonio Canova: Amor und Psyche, Paris, Louvre (1793). Von Sailko – Eigenes Werk, CC BY 3.0, https://commons.wikimedia.org/w/index.php?curid=30218792

Bibliographie

Arendt, Hannah
Eichmann in Jerusalem, München 2005

Aristoteles
Metaphysik, Stuttgart 1970

Armstrong, Karen
Eine kurze Geschichte des Mythos, München 2007

Aulich, Johanna
Orphische Weltanschauung der Antike und ihr Erbe bei den Dichtern Nietzsche, Hölderlin, Novalis und Rilke, Frankfurt 1998

Baruzzi, Arno
Alternative Lebensform?, Verlag Karl Alber Freiburg 1985

Baruzzi, Arno
Die Zukunft der Freiheit, Darmstadt 1993

Baruzzi, Arno
Freiheit, Recht und Gemeinwohl, Darmstadt 1990

Bebedelis, Georgios
Griechische Philosophie. Vorträge aus den Jahren 2004 bis 2016, Skript

Beierwaltes, Werner
Lux intelligibilis, Diss., München 1957

Bibel
Einheitsübersetzung der Heiligen Schrift, Aschaffenburg 1983

Blumenberg, Hans
Die Arbeit am Mythos, Frankfurt 1979

Bocheński, Joseph
Wege zum philosophischen Denken, Freiburg 1991

Böhme, Hartmut
Das Licht als Medium der Kunst, Antrittsvorlesung, Berlin 1994

Böhme, Robert
Der Sänger der Vorzeit, Bern 1980

Bollnow, O. F.
Wesen und Wandel der Tugenden, Frankfurt 1958

Bormann, Karl
Platon, Freiburg 1987

Burkert, Walter
Die Griechen und der Orient, München 2004

Burkert, Walter
Antike Mysterien, München 1994

Capra, Fritjof
Das Tao der Physik, Bern/München/Wien 1984

Cassirer, Ernst
Philosophie der symbolischen Formen, Darmstadt 1987

Cicero
Tuskulanische Gespräche, München 1959

Cürsgen, Dirk
Die Rationalität des Mythischen, Bochum 2000

Der kleine Pauly
Lexikon der Antike, München 1972

Der neue Pauly
Enzyklopädie der Antike, Stuttgart 2000

Deussen, Paul
Geschichte der Philosophie, Leipzig 1911

Diels, Hermann/Kranz, Walther
Die Fragmente der Vorsokratiker, 3 Bde., Berlin 1961

Ebert, Theodor
Phaidon, Göttingen 2004

Eisele, Wilfried
Jenseitsmythen bei Platon und Plutarch, in: Lebendige Hoffnung – ewiger Tod, Leipzig 2007

Eliade, Mircea
Das Heilige und das Profane, Frankfurt 1990
Mythen, Träume und Mysterien, Salzburg 1961
Mythos und Wirklichkeit, Frankfurt 1988
Ewige Bilder und Sinnbilder, Frankfurt 1998

Erler, Michael
Platon, München 2006

Euripides
Der Kyklop, Berlin 1922

Evola, Julius
Die große Lust. Metaphysik des Sexus, Bern 1998

Fink, Eugen
Metaphysik der Erziehung, Frankfurt 1970

Frede, Dorothea
Die Orphik – Mysterienreligion oder Philosophie? In: Der Orpheus-Mythos von der Antike bis zur Gegenwart, Hamburg 2003

Fromm, Erich
Die Kunst des Liebens, Frankfurt 1980.

Gadamer, Hans-Georg/Fries, Heinrich
Mythos und Wissenschaft, Freiburg 1981

Heidegger, Martin
Vom Wesen der Wahrheit, GA Bd. 34, Frankfurt 1997

Held, Klaus
Treffpunkt Platon, Stuttgart 2001

Hesiod
Theogonie, Stuttgart 1999
Werke und Tage, Stuttgart 2007

Hirsch, Walter
Platons Weg zum Mythos, Berlin 1971

Hobbes, Thomas
De Corpore, Hamburg 1967

Hölscher, Uvo
Die Odyssee, München 1990

Homer
Ilias, Stuttgart 2010

Hübner, Kurt
Die Wahrheit des Mythos, München 1985

Huxley, Aldous
Die ewige Philosophie, Roßdorf 2018

Jaeger, Werner
Paideia I, Berlin 1954
Die Theologie der frühen griechischen Denker, Stuttgart 1953

Jung, C. G./Kerényi, Karl
Mythologie, Zürich 1951

Kant, Immanuel
Grundlegung zur Metaphysik der Sitten, Hamburg 1999, AA 400 20 (Immanuel Kant, *Gesammelte Schriften*. Hrsg.: Bd. 1–22 Preussische Akademie der Wissenschaften, Bd. 23 Deutsche Akademie der Wissenschaften zu Berlin, ab Bd. 24 Akademie d. Wissenschaften zu Göttingen, Berlin 1900ff., AA IV, 400)

Kerényi, Karl
Mythologie der Griechen, 2 Bde., München 2001

Kern, Otto
Die Religion der Griechen, Bd. 1, Halle (Saale) 1926

Kranz, Walther
Die griechische Philosophie, Stuttgart 1955

Krüger, Gerhard
Érōs und Mythos bei Platon, Frankfurt 1978

Laertius, Diogenes
Leben und Lehre der Philosophen, Stuttgart 1998

Lévi-Strauss, Claude
Mythos und Bedeutung, Frankfurt 1980

Lionel, Frédéric
Das Vermächtnis des Pythagoras, Grafing 1990

Mittwede, Martin
Spirituelles Wörterbuch Sanskrit – Deutsch, Dietzenbach 2013

Morisch, Claus
Technikphilosophie bei Paul Virilio. Dromologie, Würzburg 2002

Most, Glenn
Platons exoterische Mythen, in: Platon als Mythologe, Darmstadt 2002

Otto, Walter F.
Dionysos, Mythos und Kultus, Frankfurt 1933

Philosophia Perennis
Reinigung der Sphäre des kāmamanas (Teil II), Übersetzt für die Freiburger Gruppe, Dezember 2013, Āśram Vidyā Rom.

Pieper, Josef
Das Viergespann, München 1964

Platon (GA)
Gesamtausg. (Griechisch-Deutsch) von Friedrich Schleiermacher, Darmstadt 1990

Platon (GA)
Sämtliche Dialoge, herausgegeben, übersetzt und erläutert von Otto Apelt, Hamburg 1998

Plotin
Enneaden, GA, Hamburg 1956

Plutarch
Moralphilosophische Schriften, Stuttgart 1997

Raphael
Initiation in die Philosophie Platons, Bielefeld 2001

Orphik, Schalksmühle 2015

Advaita Vedānta, Bielefeld 2006

Feuer der Askese, Bielefeld 2009

Feuer der Philosophen, Bielefeld 2010

Feuer des Gewahrseins, Bielefeld 2008

Parmenides. Über die Anordnung der Natur, Schalksmühle 2012

Tat Twam Asi, Bielefeld 2006

Bhagavadgītā – Gesang der Glückseligen, Schalksmühle 2014

Die Wissenschaft der Liebe, Grafing 2008

Māṇḍūkyakārikā – Jenseits von Śivas Tanz, Freiburg 2001

Der Feuerweg der Qabbālāh, Grafing 2008

Reale, Giovanni
Zu einer neuen Interpretation Platons, Zürich 1993

Reschika, Richard
Goldgrund der Welt. Ernst Jüngers poetische Metaphysik, Bonn 2020

Reschika, Richard
Und plötzlich ist Klarheit. Christliche Erleuchtungserlebnisse von Paulus bis heute, München 2012
Das Versprechen der Ekstase. Eine philosophische Reise durch das erotische Werk von Georges Bataille u. Julius Evola, Bochum/Freiburg 2011.

Robin, Léon
La théorie platonicienne de l'Amour, Paris 1964

Röd, Wolfgang
Geschichte der Philosophie, München 1988

Rohde, Erwin
Psyche, Leipzig 1894

Rombach, Heinrich
Der Ursprung, Freiburg 1994

Russel, Bertrand
Philosophie des Abendlandes, Zürich 2009

Schadewaldt, Wolfgang
Die Anfänge der Philosophie bei den Griechen, Frankfurt 1978

Schäfer, Christian
Platon-Lexikon, Darmstadt 2007

Scherer, Georg
Philosophie, Berlin 2003

Schuré, Edouard
Die großen Eingeweihten, Köln 2006. EA: Les grandes initiés, Paris 1889

Szlezák, Thomas Alexander
Der Begriff „Seele" als Mitte der Philosophie Platons, in: Über die Seele, Berlin 2010, S. 24
Platon – Meisterdenker der Antike, München 2021
Platon lesen, Stuttgart-Bad Cannstatt 1993

Snell, Bruno
Die Entdeckung des Geistes, Göttingen 2008

Solov'ev, Vladimir
Der Sinn der Liebe, Hamburg 1985

Steiner, Peter M.
Psyche bei Platon, Göttingen 1992

Stenzel, Alois
Platon der Erzieher, Darmstadt 1961

Vonessen, Franz
Das Unglaubliche der Wahrheit, Zug/Schweiz 1994

Wili, Walter
Orphische Mysterien, in: Eranos-Jahrbuch, Zürich 1944, Bd. XI

Winter, Reiner
Was ist Dialektik?, www.reiner-winter.de

Lexika

Historisches Wörterbuch der Philosophie, 13 Bände, Hrsg. von Joachim Ritter, Darmstadt 1972

Der neue Pauly. Enzyklopädie der Antike, Stuttgart 2000

Der kleine Pauly. Lexikon der Antike, München 1972

Schäfer, Christian, Platon-Lexikon, Darmstadt 2007

Mittwede, Martin, Spirituelles Wörterbuch Sanskrit – Deutsch, Dietzenbach 2013

Bibel. Einheitsübersetzung der Heiligen Schrift, Aschaffenburg 1983

Wörterbuch der antiken Philosophie, Hrsg. von Christoph Horn und Christof Rapp, München 2002.

Glossar

adrásteia (altgr.): Wörtliche Übersetzung: Die Unausweichliche. Prinzip der universalen Ordnung und Harmonie

advaita vedānta (sanskr.): Metaphysische Lehre der Nicht-Dualität von Shankara

ahaṃkāra (sanskr.): Ich-Sinn, Individualität. Die Vorstellung, ein von allen anderen getrenntes Wesen zu sein

albedo (lat.): Weißung, Scheidung, alchemistischer Begriff

alḗtheia (altgr.): Wörtlich „Unverborgenheit", Wahrheit. Etwas ans Licht bringen, indem es dem Fluss des Vergessens, lêthe, wieder entrissen wird

ājñā (sanskr.): Stirncakra

anábasis (altgr.) Aufstieg

anāhata (sanskr.): zentrales cakra, Herzcakra

anámnēsis (altgr.): Wiedererinnerung der Seele an ihre göttliche Abstammung

andreía (altgr.): Tapferkeit, Männlichkeit, Lauterkeit. Sie ist die zu realisierende Tugend des zweiten Seelenteils bei Platon

aporetisch (altgr.): ausweglos. Leitet sich von Poros, dem Vater des Eros ab, und bedeutet einen Weg finden

archḗ (altgr.): Grund, Herrschaft, Ordnung, Prinzip, Quelle

archétypos (altgr.): Prägung, Urbild, welches als Vorlage für Vervielfältigungen dient, eîdos bei Platon

arête (altgr.): Tugend, Vorzüglichkeit, Bestheit. Entspricht dem lateinischen virtus. Dient bei Personen zur Beschreibung ihres Charakters, bei Gegenständen wird damit die funktionale Eignung beschrieben

askêsis (altgr.): Körperliche und geistige Übungen zur Überwindung der Begierden und Affekte

assiah (hebr.): körperlich, konkret, Begriff der Qabbālāh

ātman (sanskr.): Unsichtbare Grundlage alles Anwesenden. Eigenschaftsloses, absolutes Prinzip des Lebens

AUM (sanskr.): heilige Silbe „OM". Ihr entsprechen auch Zahlen und Farben

Brahmā (sanskr.): Schöpfergott des Universums

briah (hebr.): das höchste Prinzip und Ursache jeglicher Manifestation, Begriff der Qabbālāh

cakra (sankr.): Cakren sind subtile Energiezentren zwischen dem physischen und feinstofflichen Körper des Menschen

chôra (altgr.): Raum, Platz. Siehe materia prima und materia secunda. Bei Platon entspricht die intelligible chôra dem Äther

daímōn (altgr.): Bezeichnet eine unbegreifliche Kraft, eine göttliche Macht. Bei Platon nimmt dieses Wesen die Stellung zwischen den Göttern und den Menschen ein und hat die Funktion der Vermittlung (Érōs)

devayāna-Weg (sanskr.): Weg nach Norden. Sonnenweg oder auch Weg, der zu den Göttern führt und ein hohes Bewusstsein repräsentiert. Transzendiert die Individualität und befreit von neuen Inkarnationen

dharma (sanskr.): Ordnung, Gesetz, Pflicht eines Menschen, Tugendhaftigkeit, Gerechtigkeit. Dharma drückt die Würde eines Menschen aus. Entspricht bei Platon der Dikaiosýnē (Gerechtigkeit)

diánoia (altgr.): Lat. ratio. Denken, Verstand. Nimmt gegenüber dem noûs und der dóxa eine Mittelstellung ein

dikaiosýnē (altgr.): Gerechtigkeit. Platon verwendet diesen Terminus als Ordnungsbegriff, um die unterschiedlichen Seelenteile in Harmonie zu bringen. Eine der vier Kardinaltugenden. Siehe auch Idiopragie-Postulat

dikê (altgr.): Recht, Gerechtigkeit, auch Göttin des Rechts. Entspricht der lateinischen iustitia

dóxa (altgr.): Bloße Meinung

eîdos (altgr.): Lat. forma. Aussehen, Gestalt, Form. Leitet sich ebenso wie idea (schon gesehen haben) von der indogermanischen Wurzel „vid“ für „sehen“ ab und ist bei Platon untrennbar mit dem intelligiblen Bereich verknüpft

epistḗmē (lat.): Sicheres Wissen. Steht im Gegensatz zur dóxa

epithymētikón (altgr.): Begierde. Bei Platon der unterste, aber der größte Seelenteil eines Menschen. Seine Bewegung erfolgt überwiegend durch das Lust-Unlust-Prinzip

epopteía (altgr.): Höchste Einweihung in die Eleusinischen Mysterien

ethos (altgr.): Lebensgewohnheiten. Hängt eng mit dem älteren Wort äthos (Aufenthalt, Lebensraum) zusammen

eudaimonía (altgr.): Glück, Glückseligkeit, ein gelungenes Leben führen. Heißt wörtlich übersetzt: einen guten (eu) Schutzgeist (daímōn) haben

guṇa (sanskr.): Grundeigenschaften, bestehend aus sattva, rajas, tamas, welche in einem bestimmten Gleichgewicht stehen sollten. Ist dies nicht der Fall, hat das Manifestationen zur Folge

hyperouránios tópos (altgr.): Überhimmlischer Ort der Wahrheit. Er liegt bei Platon außerhalb des Himmelsgewölbes

idéa toû agathoû (altgr.): Idee des Guten. Urgrund allen Seins. Selbst die Ideen verdanken ihre Existenz der i.t.a.

idiopragie-Forderung (altgr./dt.): Forderung, dass jeder Mensch sich seinen Begabungen gemäß in die Gemeinschaft einbringen soll

Īśa (Śiva) (sanskr.): Śiva gilt als Gott der Auflösung und Umwandlung. Er steht in enger Verbindung mit den zwei anderen Gottheiten Brahmā und Viṣṇu

jāgrat (sanskr.): Wachheit, einer der vier Bewusstseinszustände

jīvātman (sanskr.): Individualseele

katábasis (altgr.): Abstieg

kṣatriya (sanskr.): Zweiter Stand einer Gemeinschaft mit der Aufgabe, diese zu beschützen. Entspricht bei Platon dem Wächterstand

logistikón (altgr.): Rationaler, vernünftiger Seelenteil, welcher die Seele führen soll

lógos (altgr.): Rede, Gespräch, Begründung, Satz, Aufzählung, Sammlung, Rechenschaft

materia prima (lat.): Erste Materie. Urstoff. Entspricht der intelligiblen chôra bei Platon. Quintessenz

materia secunda (lat.): Zweite, bereits existierende und geformte Materie. Entspricht bei Platon der sinnlich wahrnehmbaren chôra

metaphysik (abgeleitet von gr.: tá metá tá physiká): Lehre vom jenseits des Physischen Liegenden; Erforschung der letzten Prinzipien

metempsýchōsis (altgr.): Seelenwanderung. Weitere gebräuchliche Ausdrücke hierfür: Transmigration, Palingenese, Reinkarnation, Wiedergeburt

méthexis (altgr.): Teilhabe. Bei Platon Teilhabe an den Ideen

mūladhara (sanskr.): unterstes cakra am Sitz der Wirbelsäule

nephesh (hebr.): Körper, Begriff der Qabbālāh

neshāmāh (hebr.): Geist, Begriff der Qabbālāh

nigredo (lat.): Schwärze, Zersetzung, alchemistischer Begriff

noetische Intuition (altgr./lat.): Unmittelbares Erkennen der Ideen. Überbewusste Eingebung, Identitätserkenntnis

noûs (altgr.): Vernunft, reiner Geist

paideía (altgr.): Bildung, Erziehung. Steht bei Platon auch synonym für den lebenslangen Prozess der Seelenumwendung

Panentheismus (altgr.): Pan-en-theos heißt, *alles* ist *in* Gott enthalten, so auch die Welt, welche aber von Gott überstiegen, transzendiert, wird. Der Ausdruck wurde von Karl Christian Friedrich Krause 1828 geprägt, in seinem Sinngehalt jedoch schon von Novalis 1798 verwendet

Pantheismus (altgr.): „All-Gott-Lehre". Setzt die Natur und Gott gleich

parousía (altgr.): Anwesenheit, Gegenwart der Ideen in den Dingen

periagōgḗ (altgr.): Umwendung. Bei Platon im Besonderen die Umwendung der Seele

philosophia perennis (lat.): Immerwährende Philosophie, ewige Wahrheit

phrónesis (altgr.): Klugheit, lat. prudentia. Sie vermag sowohl das Besondere als auch das Allgemeine zu umgreifen

phýsis (altgr.): Lat. Natura. Aus sich selbst hervorgehen

pístis (altgr.): Glaube

pitṛyāna-Weg (sanskr.): Weg nach Süden. Er geht über die Sphäre des Mondes nicht hinaus und eine Befreiung aus dem formalen Zustand ist nicht möglich. Führt zu immer neuen Inkarnationen

prājña (sanskr.): s. suṣupti

prâxis (altgr.): Handlung, Tat. Heißt wörtlich übersetzt auch Durchgang, Durchfahrt

psychê (altgr.): Seele, lat. anima

rajas (sanskr.): Das zweite der drei guṇa. Steht für Aktivität, Leidenschaft und Wagemut. Entspricht bei Platon thymoeidés

rūah (hebr.): Seele, Begriff der Qabbālāh

rubedo (lat.): Vereinigung, alchemistischer Begriff

sattva (sanskr.): Eines der drei guṇa. Steht für Ausgewogenheit, Klarheit und Licht. Entspricht bei Platon logistikón

smṛti (sanskr.): Erinnerung, Tradition. Von Menschen niedergelegte Schriften, um die göttliche Offenbarung der Śruti weiterzugeben

sōphrosýnē (altgr.): Klugheit, Besonnenheit, vernünftige Einsicht

śruti (sanskr.): Das Gehörte. Heilige Erkenntnis, welche die direkte göttliche Offenbarung ausdrückt

suṣupti (sanskr.): traumloser Tiefschlaf, wird auch prājña genannt

svapna (sanskr.): Traumzustand, wird auch taijasa genannt

tamas (sanskr.): Das dritte der drei guṇa. Steht für Verblendung, Unwissenheit. Entspricht bei Platon epithymētikón

taijasa (sanskr.): s. svapna

thargelion (altgr.): Bezeichnung für den 11. Monat im attischen Kalender. Entspricht der Zeit Mitte April bis Mitte Mai

theōría (altgr.): Lat. contemplatio. Bedeutet ursprünglich das Gewahren eines Gottes. Geistiges sich Versenken, um Einblick in das Sein zu erlangen. Sie ist die höchste Form der prâxis

thymoeidés (altgr.): Das Mutartige. Der mittlere Seelenteil bei Platon. In seiner Staatslehre repräsentiert er den Stand der Wächter

upaniṣaden (sanskr.): Upaniṣad heißt wörtlich übersetzt: Das Sitzen zu Füßen des Meisters, um die heilige Lehre zu empfangen. Sie stellen den Schluss der Veden dar

vaiṣvānara (sanskr.): s. jägrat

veda (sanskr.): Höchste Erkenntnis. Bezeichnung für die ältesten, heiligen Texte der indischen Literatur, welche das wiedergeben, was von den Weisen gesehen wurde. Die Veden haben einen göttlichen Ursprung und sind daher nicht von Menschen geschaffen

Viṣṇu (sanskr.): Gilt als Gott der Erhaltung und Ordnung

yezirah (hebr.): feinstofflich, Form annehmend, Beginn der Schöpfung, Begriff der Qabbālāh

Über den Autor

Claus Morisch, Jahrgang 1960, studierte Philosophie, Psychologie und Pädagogik in Augsburg und promovierte 2002 über die Technikphilosophie bei Paul Virilio (Dromologie, Würzburg 2002). Anschließend mehrjährige Lehrtätigkeit an der Universität Augsburg. Heute wohnt er bei Freiburg im Breisgau.

10-2024

POMASKA-BRAND VERLAG
Edition »fabrica libri«
Holthausen 1 | 58579 Schalksmühle
Tel. 02355-903339
info@pomaska-brand-verlag.de
www.pomaska-brand-verlag.de